高等院校财经类（金融学）规划教材

高 等 院 校 转 型 发 展 特 色 教 材

宏观经济学原理与应用

李 坚 吴云勇 王春花 主 编

吴 琼 李纪周 刘 龙 副主编

Principles and Applications of Macroeconomics

经济科学出版社

Economic Science Press

图书在版编目（CIP）数据

宏观经济学原理与应用/李坚，吴云勇，王春花主编．
—北京：经济科学出版社，2015.11
ISBN 978 - 7 - 5141 - 6210 - 3

Ⅰ. ①宏…　Ⅱ. ①李…②吴…③王…　Ⅲ. ①宏观
经济学 - 高等学校 - 教材　Ⅳ. ①F015

中国版本图书馆 CIP 数据核字（2015）第 258692 号

责任编辑：孙丽丽
责任校对：杨晓莹
责任印制：李　鹏

宏观经济学原理与应用

李　坚　吴云勇　王春花　主　编
吴　琼　李纪周　刘　龙　副主编
经济科学出版社出版、发行　新华书店经销
社址：北京市海淀区阜成路甲 28 号　邮编：100142
总编部电话：010 - 88191217　发行部电话：010 - 88191522
网址：www. esp. com. cn
电子邮件：esp@ esp. com. cn
天猫网店：经济科学出版社旗舰店
网址：http：//jjkxcbs. tmall. com
北京密兴印刷有限公司 印装
787 × 1092　16 开　11 印张　270000 字
2016 年 1 月第 1 版　2016 年 1 月第 1 次印刷
ISBN 978 - 7 - 5141 - 6210 - 3　定价：26. 00 元
（图书出现印装问题，本社负责调换。电话：010 - 88191502）
（版权所有　侵权必究　举报电话：010 - 88191586
电子邮箱：dbts@ esp. com. cn）

前　言

为了适应 21 世纪应用型人才培养的目标要求，本着"应用为本、学以致用"的办学理念，我们组织有关人员编写了《宏观经济学原理与应用》这本教材。本书是全国应用型本科院校财经类（金融学）规划教材。

本书在内容选择上，注重知识的系统性、逻辑性、实用性，以力求新颖，尽量容纳宏观经济学的最新成果，内容通俗易懂。在讲究理论性的同时，突出实例分析，从而使得学生对知识的背景和内涵能充分地理解，力求达到举一反三、触类旁通的目的。并且，每章后面都有与本章知识紧密相连的案例分析，既贴近现实，又是国家或政府密切关注的问题，这不仅拓展了学生的视野，而且也激发了学生的社会责任感，同时增加了本教材的自学兴趣与可读性。

本书具有两大特色：一是注重能力培养。以学生为主体，让学生看了就会，学了就能用；以教师为主导，授人以渔；以实例为载体，将原理与应用充分结合。二是精编案例。案例短小精悍，能佐证知识内容；案例内容新颖，传达最新信息；案例贯穿章节，注重知识应用的连续性。

本书共设置八章：第一章为宏观经济的基本指标及其衡量，第二章为国民收入的决定：收入—支出模型，第三章为国民收入的决定：IS－LM 模型，第四章为国民收入的决定：总需求—总供给模型，第五章为失业与通货膨胀，第六章为宏观经济政策，第七章为经济增长与经济周期，第八章为西方经济学与中国。其中，第一章由吴云勇编写，第二章由吴琼编写，第三章和第四章由王春花编写，第五章由李坚编写，第六章由刘龙编写，第七章和第八章由李纪周编写。全书由吴云勇和李坚总纂。

尽管我们做出很大努力，但由于所收集的资料、信息等有限，书中难免有不足之处，希望读者提出宝贵的指导意见，以求本书更加完善！

编者
2015 年 8 月

目　录

第一章 宏观经济的基本指标及其衡量

20 世纪最伟大的发现之一

美国著名的经济学家保罗·萨缪尔森（Paul A. Samuelson）认为"GDP 是 20 世纪最伟大的发现之一"。没有 GDP 这个发现，我们就无法进行国与国之间经济实力的比较；没有 GDP，我们也无法知道我国人均 GDP 虽然在 2003 年已超过 1000 美元，但仍然低于美国和日本 40 多倍；没有 GDP 这个总量指标，我们就无法了解我国的经济增长速度是快还是慢，是需要刺激还是需要控制。因为 GDP 就像一把尺子、一面镜子，是衡量一国经济发展和生活富裕程度的重要指标。

如果你要判断一个人在经济上是否成功，首先要看他的收入。高收入的人享有较高的生活水平，同样的逻辑也适用于一国的整体经济。当判断经济是富裕还是贫穷时，要看人们口袋里有多少钱。这正是 GDP 的作用。

GDP 同时衡量两件事：经济中所有人的总收入和用于经济中物品与劳务产量的总支出。GDP 既衡量总收入又衡量总支出的秘诀在于这两件事实际上是同一件事。对于一个整体经济而言，收入必定等于支出，这是为什么呢？一个整体经济的收入和支出相同的原因就是一次交易都有两方：买者和卖者。例如你雇一个小时工为你做保洁，每小时 10 元，在这种情况下小时工是劳务的卖者，而你是劳务的买者。小时工赚了 10 元，而你支出了10 元，因此这种交易对经济的收入和支出做出了同样的贡献。无论是用总收入来衡量还是用总支出来衡量，GDP 都是增加了 10 元。由此可见，在经济中，每生产一元钱的物品和劳务，就会产生一元钱的收入。

【案例导学】

GDP 如此重要，所以我们必须首先搞清楚到底什么是 GDP。GDP 是指一个国家在本国领土上，在一定时期内生产的全部最终产品的市场价值总和。准确理解 GDP 的要点是：（1）GDP 是按照现行的市场价格计算的；（2）GDP 包括在市场上合法出售的一切物品和劳务，例如你购买了音乐会的票，票价就是 GDP 的一部分；（3）只算最终产品，不包括中间产品；（4）是一个国家之内生产的，例如外国人暂时在中国工作，外国人在中国开办企业，其生产的价值是中国 GDP 的一部分。计算 GDP 的方法主要有支出法、收入法和生产法。但以支出法为主。

第一节　宏观经济学的特点

一、宏观经济学的概念

一般认为，宏观经济学（Macroeconomics）一词是由挪威著名经济学家、首届诺贝尔经济学奖获得者之一的拉格纳·弗里希（Ragnar Frisch）在1933年提出来的。从字义上看，Macroeconomics是由Macro和Economics两个词构成的。顾名思义，宏观经济学就是研究"大"问题，即研究整个国民经济活动或宏观经济现象的经济学。现代宏观经济学出现于20世纪30年代。1936年，著名经济学家约翰·梅纳德·凯恩斯（John Maynard Keynes）的《就业、利息与货币通论》（简称《通论》）一书的出版，被认为是第一部系统地运用总量分析方法来研究整个国民经济活动的宏观经济学著作。现代宏观经济学主要是由凯恩斯奠定基础，并由凯恩斯的追随者发展起来的。

延伸思考1-1

宏观经济学创始人——凯恩斯

宏观经济政策每一课题的讨论都必须从凯恩斯（1883～1946）开始。凯恩斯在许多方面都是一个天才。他在数学、哲学、文学等领域都有若干建树。另外，他还分身有术，经营一家大的保险公司，出任英国财政部顾问，协助管理英格兰银行，编辑一本世界闻名的经济学杂志，收集现代艺术品和珍本图书，还创立过一家巡回剧院，并娶了一位俄国最著名的芭蕾舞演员。他还是一位精通投机赚钱之道的投资家，不仅是为了自己，而且也为他所在的剑桥大学国王学院赚过大钱。

然而，凯恩斯的主要贡献还是首创了宏观经济学和宏观经济政策的新研究方法。在凯恩斯以前，大多数宏观经济学家和政策制定者都认为，商业周期的高峰和低谷的到来如潮汐一般不可避免。长时期形成的观点使得他们在20世纪30年代大萧条面前茫然无措。凯恩斯于1936年在《就业、利息与货币通论》一书中对上述问题做出了极具创造性的解释。凯恩斯有两点重要的论述：其一，市场经济中高失业率和未被完全利用的生产能力有可能长期并存；其二，认定政府的财政政策和货币政策能够影响产出，从而能够降低失业率并缩短经济衰退。

由凯恩斯首次提出的这些观点具有爆炸性效果，曾引发无数的反对和争议。第二次世界大战后，凯恩斯学派的经济学开始在宏观经济研究和政府政策制定等领域占据主导地位。到20世纪60年代，事实上每一种宏观经济政策的分析都是基于凯恩斯主义。后来，伴随着经济学对关于供给因素、预期、工资及价格变动的研究成果的吸纳，凯恩斯主义早年一统天下的局面已经开始动摇。凯恩斯主义的经济学曾经保证：政府的行为可以消除商业周期。但现在已经很少有经济学家还在坚持这样的一种观点。应该说，经济学和经济政策都时过境迁，已经不再是凯恩斯的伟大发现所处的那个时代。

二、宏观经济学的研究对象

现代西方经济学把经济学原理或经济理论，即有关经济问题的知识体系的全部内容，区分为两大组成部分或两大分支学科：微观经济学和宏观经济学。微观经济学是以单个经济单位为研究对象，通过研究单个经济单位的经济行为和相应的经济变量单项数值的决定，来说明价格机制如何解决社会的资源配置问题的经济理论。我们可以回顾一下微观经济学的内容：首先讨论了市场机制（以价格机制为主，而后有供求机制、竞争机制等）的变化如何决定供求均衡，进而引起资源的优化配置；其次讨论了消费者行为、生产者行为；再次讨论了生产要素市场的局部均衡及其背后的资源优化配置；最后讨论一般市场均衡，以及如何保证这种均衡的有效性。

宏观经济学则不同。它是以整个国民经济为研究对象，通过研究经济中各有关总量的决定及其变化，来说明资源如何才能得到充分利用，是关于这一问题的经济理论。在宏观经济学部分，我们将讨论如下一些问题：一是国民经济总量（又叫国民收入）如何核算？二是国民经济总量如何决定？三是国民经济总量如何长期、持续、有效地增长？围绕这三个大的问题，还会引出其他的一些问题。例如：为什么经济运行中出现了大起大落的波动？如何实现经济的持续、稳定增长？由于宏观经济学的研究是围绕着国民收入来展开的，所以又被称为收入理论。同理，微观经济学的研究是围绕价格展开的，所以又被称为价格理论。

三、宏观经济学与微观经济学的异同

联系：它们有着相似的供求曲线，供求曲线的形状也大体相同。

区别：微观经济学的供求曲线是个体经济的供求曲线，由此决定的成交价格和成交量也是个体的成交价格和成交量；宏观经济学的供求曲线是整个社会的供求曲线，由此决定的价格和产出是整个社会的价格水平和社会产出总值。

四、宏观经济学的研究方法

宏观经济学的研究方法主要是总量分析方法。经济总量是指反映国民经济整体运行状况的经济变量。经济总量包括两类，一类是个量之和，比如国民收入、总消费、总投资、总储蓄、总供给、总需求、财政盈余与赤字等。当然，这类总量中有的总量并非个量的简单相加，而是根据需要、运用数学或统计学中的各种方法所得出的总量。另一类经济总量是平均量，比如价格总水平、失业率、利率、经济增长率等。总量分析方法是研究经济总量的决定、变动及其相互关系，以及以此为基础说明国民经济运行状况和宏观经济政策选择的方法。另外，宏观经济学的研究方法还有短期与长期分析方法、静态和比较静态与动态分析方法、均衡分析方法、边际分析方法等。需要说明的是，在宏观经济分析中，这些方法中运用的经济变量大多是经济总量。运用总量分析法就涉及一个经济加总的问题。在运用时有几点值得注意：一是有些总量变化可以从微观分析的个量中直接加总而得到；二是有些总量变化的加总达不到研究整个社会经济行为的目的；三是有一些微观经济个体的行为根本就不能直接加总。

五、宏观经济学研究的主要内容

宏观经济学的研究对象是社会的整体经济行为及其后果，宏观经济学研究的最终目标是寻找保持国民收入稳定增长的对策，宏观经济学研究的主要内容是国民收入的决定。而研究国民收入的决定的前提是国民收入的核算。因此，宏观经济学研究的主要内容可以用图1-1体现。

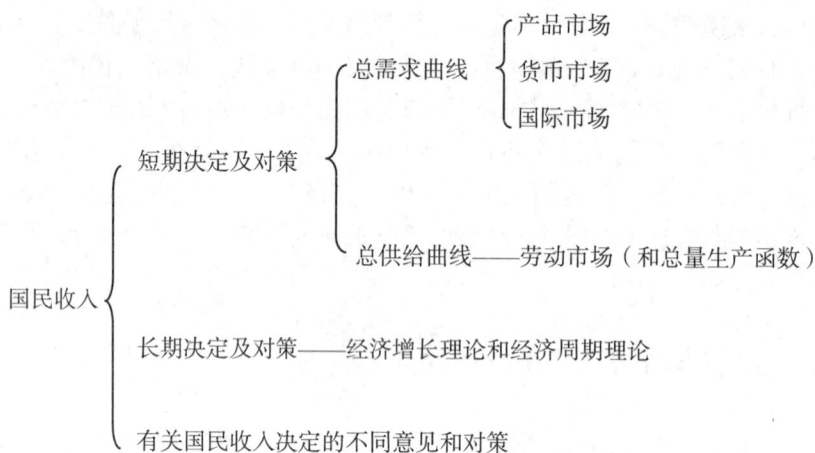

图1-1　宏观经济学研究的主要内容

第二节　国内生产总值及其核算方法

从这一节开始进入本章讨论的中心问题：国民收入的核算。在国民收入核算中最重要的是计算国内生产总值。因此，我们首先要了解什么是国内生产总值。可以从企业产品销售的价值计算谈起，先引出最终产品及其价值计算的方法。举个例子，假定一件成衣从生产到消费共要经过五个阶段：种棉、纺纱、织布、制衣、销售。每一个阶段都创造了一定量的价值，五个阶段的价值增值总计就是这件成衣的最后售价；在一定时期内生产的并由其最后使用者购买的产品和劳务就称为最终产品。一件最终产品的市场价值是生产这些最终产品的各个环节新创造出的价值的总和；进而论之，一个国家一定时期内生产的 N 种产品的价值总和就等于生产这些最终产品的各行各业新创造的价值的总和。由此引出国内生产总值的概念：

国内生产总值（Gross Domestic Product，GDP）是指一个国家或地区在一定时期内（通常指一年）运用生产要素所生产的全部最终产品（物品和劳务）的市场价值。

（1）GDP 是一个市场价值的概念，是以当年价格或不变价格衡量的，其计算公式为：市场价值＝最终产品的单位价格×产量。

（2）GDP 测度的是最终产品的价值（包括有形的物质产品与无形的劳务），中间产品价值不计入 GDP。最终产品是指由最后使用者购买的产品，中间产品是指用于再出售而供生产别种产品用的产品。

（3）GDP 是一定时期内（往往为一年）所生产而不是所售卖掉的最终产品价值。

（4）GDP 是计算一定时期内生产的最终产品价值，是流量而不是存量。流量是时期数，宛如从喷头正流向浴池中的水；存量是时点数，宛如浴池中存留下来的水；流量来自存量又归入存量。例如人口出生数与人口总数，就分别是流量与存量。这一说法的含义就是计算时不应包括以前所生产的产品的价值。

（5）GDP 是一国或一地区范围内生产的最终产品的市场价值，从而是一个地域概念。而与此相联系的国民生产总值（Gross National Product，GNP）则是一个国民的概念。GNP 是指某国国民所拥有的全部生产要素在一定时期内所生产的最终产品的市场价值。两者的区别是：GDP 是按"国土原则"来计算的，GNP 是按"国民原则"来计算的。

（6）GDP 一般仅指市场活动导致的价值。家务劳动、自给自足生产等非市场活动不计入 GDP 中。

延伸思考 1 - 2

为什么西方宏观经济学原来用 GNP 作为总产出的主要测量值，而现在大多改用 GDP

1991 年以前，美国一直用 GNP 作为总产出的主要测量值，从 1991 年起改为 GDP。GNP 测量一国的总产出，从收入角度看，包括居民从国外取得的收入（工资、利润、利息），但要减去支付给国外的同类报酬。与 GNP 不同，GDP 是一国在国内实际生产的物品和劳务的测量值。GDP 是大多数欧洲国家采用的产出衡量标准。因为这些国家的对外贸易在传统上比在美国重要得多。近些年来，由于国际贸易对美国变得越来越重要，因此，美国也开始采用 GDP 作为衡量总产出的主要测量标准，这种转变也可以使美国对其他国家的经济比较更加容易。一般说来，一个国家对外经济往来的开放度越大，用 GDP 作为测量收入的重要性也越大。此外，由于来自国外的要素收入的数据较难获得，而 GDP 的数据较易获得，加上相对于 GNP，GDP 是一国经济中就业潜力的一个较好的测量指标。举例说，外国人到东道国投资，解决的是东道国的就业问题，所有这些，都表明把 GDP 作为经济中产出的基本测量指标更合理些。

一、用支出法核算 GDP

用支出法核算 GDP，就是从产品的使用去向出发，把一年内购买的各项最终产品的支出加总而计算出的该年内生产的最终产品的市场价值。这种方法又称最终产品法、产品流动法。在现实生活中，所产出的产品和劳务的去向可分为两大部分：一部分是卖掉了，包括居民消费、企业投资、政府购买和外贸出口；一部分没有卖掉而留下来了。没有卖掉的部分我们可以理解为企业自己买下来了进而进入企业投资的统计范畴，换言之，物品和劳务的最后使用，主要是居民消费、企业投资、政府购买和出口。因此，用支出法核算 GDP，就是核算一个国家或地区在一定时期内居民消费、企业投资、政府购买和出口这几方面支出的总和。

1. 居民消费支出

用字母 C 表示，包括购买耐用消费品（如冰箱、彩电、洗衣机、小汽车等）的支出、非耐用消费品（如服装、食品等）的支出以及劳务（如医疗保健、旅游、理发等）的支出。这一项是国内生产总值中最大的一个部分，占三分之二左右；而在消费中劳务又是最大的部分，占一半左右。要特别注意：建造住宅的支出不包括在居民消费支出中。

2. 企业投资支出

用字母 I 表示，是指增加或更新资本资产的支出。具体包括两大类：一是固定资产投资，指新厂房、新设备、新商业用房及新住宅的增加；二是存货投资，指企业掌握的存货价值的增加（或减少）。

这里有几点大家要注意：（1）为什么用于投资的物品是最终产品而不是中间产品？这是因为资本品和中间产品有重大区别。中间产品在生产别的产品时全部被消耗掉，但资本品在生产别的产品过程中只是部分被消耗。（2）为什么住宅建筑属于投资而不属于消费呢？因为住宅像别的固定资产一样是长期使用、慢慢地被消耗的。（3）为什么存货投资可能是正值，也可能是负值呢？因为存货投资是企业掌握的存货价值的增加（或减少）。所以，存货投资可能是正值，也可能是负值。企业存货之所以被视为投资，是因为它能产生收入。（4）计入 GDP 中的投资是指总投资，即重置投资与净投资之和，重置投资也就是折旧。（5）投资和消费的划分不是绝对的，具体的分类则取决于实际统计中的规定。

3. 政府购买支出

用字母 G 来表示，是指各级政府购买物品和劳务的支出，它包括政府购买军火、军队和警察的服务、政府机关办公用品与办公设施、兴建诸如道路等公共工程、开办学校等方面的支出。政府支付给政府雇员的工资也属于政府购买。政府购买是一种实质性的支出，表现为商品、劳务与货币的双向运动，直接形成社会需求，成为国内生产总值的组成部分。政府购买只是政府支出的一部分，政府支出的另一部分如政府转移支付、公债利息等都不计入 GDP。政府转移支付是政府不以取得本年生产出来的商品与劳务作为报偿的支出，包括政府在社会福利、社会保险、失业救济、贫困补助、老年保障、卫生保健、对农业的补贴等方面的支出。政府转移支付是政府通过其职能将收入在不同的社会成员间进行转移和重新分配，将一部分人的收入转移到另一部分人手中，其实质是一种财富的再分配。有政府转移支付发生时，即政府付出这些支出时，并不相应得到什么商品与劳务，政府转移支付是一种货币性支出，整个社会的总收入并没有发生改变。因此，政府转移支付不计入国内生产总值中。

4. 净出口

用字母 X – M 表示，X 表示出口，M 表示进口，净出口是指出口与进口的差额。进口应从本国总购买中减去，因为它表示收入流到国外，同时，也不是用于购买本国产品的支出；出口则应加进本国总购买之中，因为出口表示收入从外国流入，是用于购买本国产品的支出，因此，净出口应计入总支出。净出口可能是正值，也可能是负值。

把上述四个项目加起来，就是用支出法计算 GDP 的公式：

$$GDP = C + I + G + (X - M)$$

延伸思考 1–3

为什么计入 GDP 的只能是净出口而不是出口？

出口是本国生产的一部分，因而也是本国 GDP 的一部分，而从外国进口的货物并不是本国生产的一部分，只是外国生产的一部分，但却被计入本国的消费支出、投资支出和政府购买支出中。例如，进口一台价值10万美元的机器，被计入本国投资，进口价值5万美元的香水被计入本国消费，进口价值15

万美元的军火被计入政府购买。如果计算投资、消费和政府购买时不把这30万美元的进口减去，就会误把外国生产的GDP计作本国的GDP。因此，计算GDP时，必须从出口中扣除进口，即仅计算净出口，否则，就会把本国的GDP夸大。

二、用收入法核算GDP

用收入法核算GDP，就是从收入的角度，把生产要素在生产中所得到的各种收入相加来计算GDP，即把劳动者所得到的工资、土地所有者得到的地租、资本所有者得到的利息以及企业家才能得到的利润相加来计算GDP。这种方法又叫要素支付法、要素成本法。严格地说，最终产品市场价值除了生产要素构成的成本，还有间接税、折旧、公司未分配的利润等内容，因此，用收入法计算GDP不要从字面上狭隘理解成只包括工资、地租、利息、利润四个项目，还有其他的一些项目不要忘记。

用收入法计算GDP应包括以下几个项目：（1）工资、利息和租金等生产要素报酬。工资包括工作的酬金、津贴和福利费，也包括工资收入者必须缴纳的所得税及社会保险税。利息在这里指人们给企业所提供的货币资金所得的利息收入，如银行存款利息、企业债券利息等，但政府国债利息及消费信贷利息不包括在内。租金包括出租土地、房屋等租赁收入及专利、版权等收入。（2）非公司企业主收入。特指不受人雇佣的独立生产者的收入，如医生、律师、小店铺主、农民等的收入。他们使用自己的资金，自我雇用，其工资、利息、租金很难像公司的账目那样，分成其自己经营应得的工资、自有资金的利息、自有房子的租金等，其工资、利息、利润、租金常混在一起作为非公司企业主收入。（3）公司税前利润，包括公司所得税、社会保障税、股东红利及公司未分配利润等。（4）企业转移支付及企业间接税。这些虽然不是生产要素创造的收入，但要通过产品价格转嫁给购买者，故也应视为成本。企业转移支付是指企业对非营利组织的赠款或捐款，以及非企业雇员的人身伤害赔偿等。企业间接税是对产品销售征收的税，这种税收名义上是对企业征收，但企业可以把它打入生产成本之中，最终转嫁到消费者身上，故也应视为成本。同样，企业转移支付也不是生产要素创造的收入，也要通过产品价格转移给消费者，故也应看作成本。（5）资本折旧。因为它虽不是要素收入，但包括在应回收的投资成本中，故也应计入GDP。这样，按收入法计算GDP的公式就是：GDP = 工资 + 利息 + 利润 + 租金 + 企业间接税和企业转移支付 + 资本折旧。

从理论上讲，用收入法计算出的GDP与用支出法计算出的GDP在量上是相等的。但在实际核算中常有误差，因此还要加上一个统计误差项。

三、用生产法核算GDP

用生产法核算GDP，是指按提供物质产品与劳务的各个部门的产值来计算国内生产总值。生产法又叫部门法。这种计算方法反映了国内生产总值的来源。其优点是核算思路很清楚；缺点是核算工作量很大，难以避免重复计算。运用这种方法进行计算时，各生产部门要把使用的中间产品的产值扣除，只计算所增加的价值。商业和服务等部门也按增值法计算。卫生、教育、行政、家庭服务等部门无法计算其增值，就按工资收入来计算其服务的价值。按生产法核算国内生产总值，可以分为下列部门：农林渔业；矿业；建筑业；制造业；运输业；邮电和公用事业；电、煤气、自来水业；批发、零售商业；金融、保险、不动产；服务业；政府服务和政府企业。把以上部门总值加总，再与国外要素净收入相加，考虑统计误差项，就可以得到用生产法计算的 GDP 了。

从理论上说，按支出法、收入法与生产法计算的 GDP 在量上是相等的，但实际核算中常有误差，因而要加上一个统计误差项来进行调整，使其达到一致。实际统计中，一般以国民经济核算体系的支出法为基本方法，即以支出法所计算出的国内生产总值为标准。

第三节　其他国民收入概念

在国民收入核算体系中，除了前面介绍的国内生产总值概念外，还包括国内生产净值、国民收入（狭义）、个人收入、个人可支配收入等概念，它是一系列总量指标构成的指标体系。

1. 国内生产净值（NDP）

国内生产总值（GDP）是衡量一个国家或地区一定时期内所有生产要素投入生产的最终产品的市场价值总和，计算时并未扣除当期的资本耗费（即折旧），如果扣除折旧，那就是国内生产净值，即从 GDP 中扣除资本折旧，就得到国内生产净值（Net Domestic Product，NDP）。简言之，GDP 核算中的投资是一定时期内的全部投资，即总投资；NDP 核算中的投资是扣除了折旧的净投资。例如，某企业某年购置 20 台设备，其中 5 台用来更换报废的旧设备，则总投资是 20 台设备，净投资为 15 台设备。

2. 国民收入（NI）

这里的国民收入是指狭义的国民收入（National Income，NI），是指按生产要素报酬计算的国民收入。从国内生产净值中扣除企业间接税和企业转移支付，再加上政府补助金，就得到一个国家或地区在一定时期内生产要素报酬工资、利息、租金和利润的总和，即国民收入。企业间接税和企业转移支付虽构成产品价格，但不构成生产要素报酬，所以要从NDP 中扣除；相反，政府给企业的补助金虽不列入产品价格，但成为要素报酬一部分，要从 NDP 中加上。

3. 个人收入（PI）

狭义的国民收入不会全部成为个人的收入。从国民收入中减去公司未分配利润、公司所得税及社会保险费，再加上政府给个人的转移支付，就可以得到个人收入（Personal Income，PI）。例如，退伍军人津贴、工人失业救济金、职工养老金、居民困难补助等政府对个人的转移支付很明显增加了个人的收入。

4. 个人可支配收入（DPI）

个人收入不可能完全由个人支配，个人收入减去缴纳的个人所得税后，就可以得到个人可支配收入（Disposable Personal Income，DPI）。个人可支配收入可用来消费或储蓄。宏观经济学中，将没有用来消费的个人可支配收入都称为储蓄，不论这些收入是放在银行中，还是放在口袋里。

第四节　国民收入核算中的恒等式

从对国民收入核算三种方法——支出法、收入法与生产法的深入分析中所得出的国内生产总值的一致性，我们发现国民经济中存在一个基本平衡关系。因为"总收入＝总产出＝总支出"，总支出代表了社会对最终产品的总需求，而总收入和总产出代表了社会对最终产品的总供给。

因此，从中可以得出这样一个恒等式：总需求＝总供给。

而由"总需求＝总供给"和储蓄、投资的定义，可以推出"储蓄＝投资"。这一恒等关系在接下来的宏观经济学研究分析中是十分重要的。我们可以从国民经济的运行，即国民经济的收入流量循环模型，来分析与推出这个恒等式。

理论研究是从简单到复杂、从抽象到具体的，所以，我们首先从两部门经济入手研究国民经济的收入流量循环模型与国民经济中的恒等关系，进而研究三部门经济与四部门经济。

一、两部门经济的收入构成及储蓄—投资恒等式

1. 两部门经济假设

两部门经济是指由厂商和居民户这两种经济单位所组成的经济。在这种经济中，没有折旧，没有间接税收，没有政府支出，没有进出口贸易，是一种最简单的经济。

2. 两部门经济条件下的国民收入构成

（1）从支出角度看，由于把企业库存作为存货投资，因此，国内生产总值＝消费需求＋投资需求＝消费支出＋投资支出＝消费＋投资。

用字母表示：即 $Y = C + I$。

其中，Y 代表国内生产总值，C 代表消费，I 代表投资。

（2）从收入角度看，由于把利润看作最终产品卖价超过工资、利息与租金的余额，因此，国内生产总值就等于总收入，总收入的一部分用作消费，另一部分则用作储蓄。于是，从供给看国民收入构成为：

$$国民收入 = 各种生产要素所得到的收入的总和$$
$$= 工资 + 利息 + 租金 + 利润$$
$$= 消费 + 储蓄$$

用字母表示：即 $Y = C + S$。

其中，S 代表储蓄。

3. 储蓄—投资恒等式

由 $C + I = Y = C + S$，可以得到 $I = S$，即投资＝储蓄。

4. 对储蓄—投资恒等式的说明

（1）储蓄—投资恒等式只是在假设的两部门经济条件下，根据储蓄与投资的定义得出的，而不是根据经济运行实际得出的（下同）。（2）储蓄—投资恒等式是指整个经济而言，而不是针对某个人或某个企业而言。（3）储蓄—投资恒等式是事后的实际发生的国民收入均衡，是按照当年市场价格计算的。而第二章分析宏观经济均衡时所讲的储蓄—投资

恒等式是事前均衡，是按不变价格计算的。这两者不是一回事。

二、三部门经济中的收入构成及储蓄—投资恒等式

1. 三部门经济假设

三部门经济是指由厂商、居民户与政府这三种经济单位所组成的经济。在这种经济中，政府通过税收与居民户及厂商发生联系。

2. 三部门经济条件下的国民收入构成

（1）从支出（总需求）角度看，国内生产总值 = 消费需求 + 投资需求 + 政府需求 = 消费支出 + 投资支出 + 政府支出 = 消费 + 投资 + 政府购买，即 $Y = C + I + G$（G 代表政府购买）。说明：政府的转移支付事实上将转化为居民消费与企业投资，因而只在 C + I 中考虑，而不将它单独列出。

（2）从收入（总供给）角度看，国内生产总值仍等于所有生产要素收入总和。总收入的一部分用作消费，一部分用作储蓄，一部分还要纳税。但居民还要得到政府的转移支付收入。如用 T_0 表示全部税金收入，用 T_r 表示政府转移支付，用 T 表示政府净税收，则 $T = T_0 - T_r$。于是，从收入看国民收入构成为：国民收入 = 工资 + 利息 + 租金 + 利润 = 消费 + 储蓄 + 税收，即 $Y = C + S + T$。

3. 储蓄—投资恒等式

总需求：$Y = C + I + G$

总供给：$Y = C + S + T$

可见：$I + G = S + T \rightarrow I = S + (T - G)$

即投资 = 储蓄 = 私人储蓄 + 政府储蓄。

三、四部门经济的收入构成及储蓄—投资恒等式

1. 四部门经济（Four Sector Economy）假设

四部门经济是指由厂商、居民户、政府和国外这四种经济单位所组成的经济。在这种经济中，国外的作用是：作为国外生产要素的供给者，向国内各部门提供物品与劳务，对国内来说，这就是进口；作为国内产品与劳务的需求者，向国内购买物品和劳务，对国内来说，这就是出口。

2. 四部门经济条件下的国民收入构成

（1）从支出角度看，由于有了对外贸易，于是：国内生产总值 = 消费需求 + 投资需求 + 政府需求 + 国外需求 = 消费支出 + 投资支出 + 政府支出 + 国外支出 = 消费 + 投资 + 政府购买 + 净出口，即 $Y = C + I + G + (X - M)$（X - M 代表净出口）。

（2）从收入角度看，国内生产总值仍等于所有生产要素收入总和。总收入的一部分用作消费，一部分用作储蓄，一部分用作纳税，一部分用作对外国人的转移支付。于是，从收入看国民收入构成为：国民收入 = 工资 + 利息 + 租金 + 利润 = 消费 + 储蓄 + 税收 + 对外国人的转移支付，即 $Y = C + S + T + K_r$（K_r 代表本国居民对外国人的转移支付）。

3. 储蓄—投资恒等式

总需求：$Y = C + I + G + (X - M)$

总供给：$Y = C + S + T + K_r$

可见：$I + G + (X - M) = S + T + K_r$

$I = S + (T - G) + (M - X + K_r)$

其中：S 代表居民私人储蓄；（T - G）代表政府储蓄；（M - X + K_r）代表国外对本国的储蓄。即：投资 = 储蓄 = 私人储蓄 + 政府储蓄 + 国外储蓄。说明：上面分析国民收入构成的基本公式时没有考虑折旧与企业间接税，实际上，即使将它们考虑进来，上述国民收入构成的基本公式及储蓄与收入恒等公式还是成立的。

第五节　物价水平的衡量

在宏观经济学中，国民收入的核算既与最终产品生产数量有关，也与物价水平有关。常用的衡量物价水平的指标包括两个：GDP 折算指数和消费者物价指数。

一、GDP 折算指数

1. 名义 GDP 与实际 GDP

GDP 衡量的是经济中所有市场上用于物品与劳务的总支出。GDP 的增加可以体现在两个方面：（1）生产了更多的物品与劳务；（2）销售的物品与劳务价格上升。为了剔除价格上升因素来研究物品与劳务的产出，我们使用了实际 GDP 这一指标，它是指按基期价格计算的全部最终产品的市场价值。而名义 GDP 是指按当年价格计算的全部最终产品的市场价值。

由于价格变动，名义 GDP 并不仅仅反映实际产出的变动，因此，若不作特殊说明，以后各章中所讲的产出，总是指实际 GDP，并以英文小写字母来表示实际 GDP 以及其他变量。例如用 y、c、i、g 分别表示实际的国民收入、消费、投资和政府支出。

例如：假设经济中市场上只有鸭梨和苹果两种物品，计算实际 GDP 时将 2009 年作为基年来去除价格的影响，如表 1 - 1 所示。

表 1 - 1　　　　　市场上只有两种物品时的名义 GDP 与实际 GDP

年份	鸭梨价格（元）	鸭梨产量（个）	苹果价格（元）	苹果产量（个）
2009	1	10	2	20
2010	2	20	3	30
2011	3	30	4	40
年份	计算名义 GDP			
2009	$1 \times 10 + 2 \times 20 = 50$			
2010	$2 \times 20 + 3 \times 30 = 130$			
2011	$3 \times 30 + 4 \times 40 = 250$			
年份	计算实际 GDP			
2009	$1 \times 10 + 2 \times 20 = 50$			
2010	$1 \times 20 + 2 \times 30 = 80$			
2011	$1 \times 30 + 2 \times 40 = 110$			

2. GDP 折算指数与通货膨胀

名义 GDP 反映了经济中当年生产的物品与劳务的数量与价格，而实际 GDP 反映了基年价格水平下生产的物品与劳务的数量。由此，我们得出了衡量相对于基年价格的现期物价水平——GDP 折算指数（又称 GDP 平减指数）=（名义 GDP/实际 GDP）×100，它反映了价格的变动，与产量变动无关。

所以上述例子中，GDP 折算指数的计算如表 1 - 2 所示。

表 1 - 2   GDP 折算指数计算

年份	GDP 折算指数
2009	（50/50）× 100 = 100
2010	（130/80）× 100 = 163
2011	（250/110）× 100 = 227

正因为 GDP 折算指数反映了价格的变化，所以我们可以用两个相邻年份的 GDP 折算指数来计算相邻两年的通货膨胀率。

第二年通货膨胀率 = [（第二年 GDP 折算指数 - 第一年 GDP 折算指数）/第一年 GDP 折算指数] × 100%

2010 年通货膨胀率 = [（163 - 100）/100] × 100% = 63%

2011 年通货膨胀率 = [（227 - 163）/163] × 100% = 39%

二、消费者物价指数

1. 消费者物价指数与计算方法

消费者物价指数（Consumer Price Index，CPI）是指普通消费者所购买的物品与劳务价格水平变动的衡量标准。国家统计局在计算 CPI 时，需要使用成千上万种物品与劳务的数据，包括住房、交通、食品、医疗、休闲活动等。CPI 是世界各国普遍编制的一种指数，它也可以用于分析市场价格的基本动态，是政府制定价格政策和工资政策的重要依据。

例如：假设经济中市场上只有鸭梨和苹果两种物品，计算每年 CPI 时将 2009 年作为基年。

（1）调查消费者日常生活来确定一篮子物品和劳务的权重。

2 个鸭梨、1 个苹果。

（2）确定每年各种物品的价格，如表 1 - 3 所示。

表 1 - 3   2009 ~ 2011 年每年各种物品的价格   单位：元

年份	鸭梨	苹果
2009	1	2
2010	2	3
2011	3	4

（3）计算这一篮子物品的总费用，如表 1 - 4 所示。

表1-4	一篮子物品的总费用	单位：元

年份	总费用
2009	$1 \times 2 + 2 \times 1 = 4$
2010	$2 \times 2 + 3 \times 1 = 7$
2011	$3 \times 2 + 4 \times 1 = 10$

（4）选择2009年为基年来计算每年的CPI，如表1-5所示。

表1-5	**2009～2011年每年的CPI**

年份	CPI
2009	$(4/4) \times 100 = 100$
2010	$(7/4) \times 100 = 175$
2011	$(10/4) \times 100 = 250$

2. 消费者物价指数CPI与通货膨胀

第二年通货膨胀率 = （第二年CPI - 第一年CPI）/第一年CPI × 100%，通货膨胀率如表1-6所示。

表1-6	对通货膨胀率的计算	单位：%

年份	通货膨胀率
2010	$(175 - 100)/100 \times 100\% = 75$
2011	$(250 - 175)/175 \times 100\% = 43$

3. 中国1980～2009年的消费者物价指数CPI

中国每次公布的CPI数据都是同比数据，都是以上年同一时期为基准。比如：2011年3月CPI同比上涨5.4%，指的是2011年3月CPI比2010年3月CPI上涨5.4%。

4. 消费者物价指数CPI在衡量生活费用中的缺陷

CPI反映的是为了保持生活水平不变（相对于基年），要多花费多少钱。但在实际应用中却存在不足。

一是替代品问题。假如2009年消费者需要购买2个鸭梨、1个苹果。而到了2010年，鸭梨的价格上升的幅度远远超过了苹果的价格，消费者则会选择多吃苹果少吃鸭梨。这个举动改变了购买比例，从而影响了一篮子物品的权重，而统计部门很难及时发现并对相应物品权重作出调整。

二是新产品问题。假如2010年从国外进口了新水果香蕉，那么消费者除了鸭梨、苹果之外，还可以购买香蕉。而统计部门同样很难及时对一篮子物品的种类作出调整。

三是质量变化问题。假如2010年的鸭梨比2009年的个头要大，本来消费者需要购买2个，现在只要购买1个就够吃了，那么也会改变一篮子物品的权重。

所以问题的关键在于CPI所要关注的一篮子物品的种类和价格始终处于变化中，只能在一定程度上反映物价上涨的幅度。

三、GDP 折算指数与消费者物价指数

1. GDP 折算指数与消费者物价指数的区别

GDP 折算指数反映的是国内生产的所有物品与劳务的价格，而消费者物价指数反映的是消费者购买的所有物品与劳务的价格。例如：中国从美国进口一款通用汽车在市场上销售，这就属于 CPI 的范畴而不是 GDP 折算指数的范畴。

2. GDP 折算指数与消费者物价指数反映的通货膨胀率

由于 1979 年的 CPI 数据无法查得，所以将 GDP 折算指数与消费者物价指数统一调整，以 1980 年为基年，可以得出图 1-2。

通过图 1-2，我们可以粗略地看出历年来物价变化水平。如 1993~1995 年的高通货膨胀时期，以及 1998~2001 年的物价平稳时期。

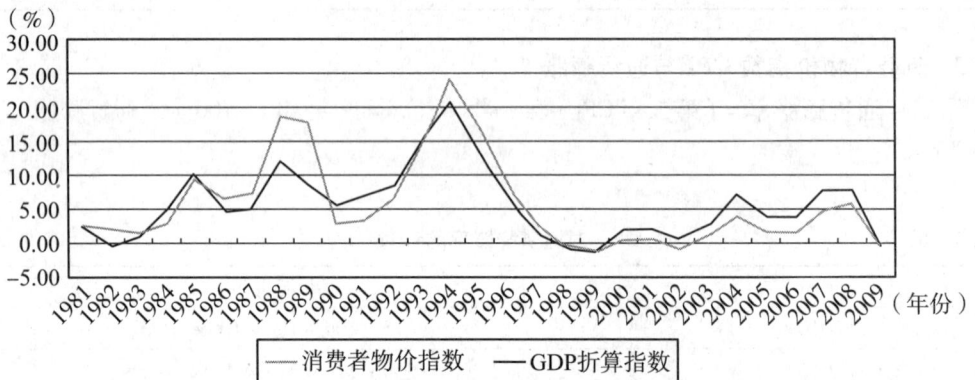

图 1-2　通货膨胀率（1981~2009 年）

本 章 小 结

本章要点可以被归结如下：

（1）宏观经济学研究社会总体的经济行为及其后果，因此，其研究对象和方法都和微观经济学有很多不同之处。

（2）核算国民收入最核心的指标是国内生产总值（GDP），它是经济社会（一国或一地区）在一定时期内运用生产要素所生产的全部最终产品（物品和劳务）的市场价值。

（3）核算 GDP 可用生产法、支出法和收入法，最常用的是支出法。用支出法计算的国内生产总值 = 消费（C）+ 投资（I）+ 政府购买（G）+ 净出口（X - M）。

（4）宏观经济学中讲的国民收入乃是衡量社会经济活动成就的一个广泛概念，实际上包括国内生产总值、国内生产净值、国民生产总值、国民收入，个人收入和个人可支配收入，这些概念通过一定的关系相互关联着。

（5）国民收入核算体系中存在着储蓄和投资的恒等式。在两部门、三部门和四部门经济中，这一恒等式分别是 S = I，I = S +（T - G）以及 I = S +（T - G）+（M - X + K_r）。

（6）国内生产总值有名义 GDP 和实际 GDP 之分。某个时期名义国内生产总值和实际国内生产总值之间的差别，可反映这一时期和基期相比的价格变动程度。

实践与应用

一、复习与思考

（一）单项选择题

1. 国内生产总值是（　　）的市场价值总和。

　　A. 一定时期内在一国（地区）境内生产的所有最终产品与服务

　　B. 一定时期内在一国（地区）境内交换的所有最终产品与服务

　　C. 一定时期内在一国（地区）境内生产的所有产品与服务

　　D. 一定时期内在一国（地区）境内交换的所有产品与服务

2. 名义 GDP 和实际 GDP 的主要区别是（　　）。

　　A. 名义 GDP 按价格变化做了调整，而实际 GDP 则没有

　　B. 实际 GDP 按价格变化做了调整，而名义 GDP 则没有

　　C. 名义 GDP 更适合于比较若干年的产出

　　D. 实际 GDP 在通货膨胀时增长更多

3. 如果一国（或地区）的国民生产总值小于国内生产总值，说明该国公民从外国取得的收入（　　）外国公民从该国取得的收入。

　　A. 大于　　　　　　　　　　　　B. 小于

　　C. 等于　　　　　　　　　　　　D. 可能大于也可能小于

4. 在一个四部门经济中，GDP 等于（　　）。

　　A. 消费 + 净投资 + 政府购买 + 净出口　　B. 消费 + 总投资 + 政府购买 + 总出口

　　C. 消费 + 投资 + 政府购买 + 净出口　　　D. 工资 + 地租 + 利息 + 利润 + 折旧

5. 政府向公务员支付的工资属于（　　）。

　　A. 消费　　　　　　　　　　　　B. 投资

　　C. 政府购买　　　　　　　　　　D. 转移支付

6. 如果个人收入为 3000 元，个人所得税为 150 元，个人消费为 2000 元，个人储蓄为 850 元，则个人可支配收入为（　　）。

　　A. 3000 元　　　　B. 2850 元　　　　C. 2000 元　　　D. 1000 元

7. 下列关于 GDP 平减指数与消费价格指数（CPI）的说法正确的是（　　）。

　　A. 企业或政府购买的产品价格上升将反映在 CPI 上

　　B. 在美国销售的中国制造的电视机价格上升会影响美国的 GDP 平减指数

　　C. 用 CPI 衡量一国（或地区）生产所有产品与服务的价格，而 GDP 平减指数只衡量消费者购买的产品与服务的价格

　　D. GDP 平减指数和 CPI 都可以作为衡量经济中价格水平变化的指标

8. 假设 2011 年为当年，2011 年的 CPI 为 120，再假设上一年即 2010 年的 CPI 为 100，则 2011 年的通货膨胀率为（　　）。

　　A. 12%　　　　　　B. 16.7%　　　　　C. 20%　　　　　D. 26.7%

（二）多项选择题

1. 国内生产总值的含义有（　　　）。

　　A. 是市场价值的概念

　　B. 测度的是最终产品的服务的价值

　　C. 是一定时期生产的最终产品和服务的价值

　　D. 是一定时期实际销售的最终产品和服务的价值

　　E. 计算的是流量而不是存量

2. 国民收入核算体系包括的总量指标有（　　　）。

　　A. 国内生产总值　　　　　　　　B. 国民生产总值

　　C. 国民生产净值　　　　　　　　D. 国民收入

　　E. 个人收入

3. 国民收入核算方法有（　　　）。

　　A. 生产法　　　　　　　　　　　B. 收入法

　　C. 部门法　　　　　　　　　　　D. 支出法

　　E. 增值法

4. 衡量价格水平的主要指标是（　　　）。

　　A. GDP 平减指数　　　　　　　　B. GNP 平减指数

　　C. 宏观经济指数　　　　　　　　D. 消费价格指数

　　E. 均衡价格

（三）问答题

1. 下列各项是否计入 GDP？为什么？

（1）政府转移支付。

（2）购买一辆旧车。

（3）购买普通股票。

（4）政府公债利息。

（5）公司债券利息。

2. 试述 GDP 与 GNP 的含义及其之间的关系。

3. 根据国民收入核算，试问：

（1）利用 GDP 将中国与美国的实际生产或福利进行比较时，会高估还是低估中国的总产出或总福利？

（2）利用 GDP 体系说明中国改革开放以来经济增长取得巨大成绩时，会高估还是低估？

4. 储蓄—投资恒等式是否意味着计划储蓄恒等于计划投资？

5. GDP 的核算是否应该加总所有产品的市场价值？为什么？

6. 什么是消费价格指数（CPI）？CPI 有何优缺点？

7. 假定一国有如下的国民收入统计资料（单位：亿元）。

试求：（1）国内生产总值。

　　　　（2）政府购买支出。

　　　　（3）个人可支配收入。

　　　　（4）个人储蓄。

国内生产总值	5000
总投资	1000
净投资	700
消费	3000
净出口	500
政府预算盈余	300

8. 假设一国某年只发生了以下经济活动：

（1）一果园支付 8×10^4 元工资给果农，生产出 5×10^4 千克水果。其中 1×10^4 千克卖给消费者，售价 4×10^4 元；其余 4×10^4 千克卖给水果加工厂，售价 12×10^4 元。

（2）水果加工厂支付 3×10^4 元租金、2×10^4 元利息和 9×10^4 元工资，加工生产出水果罐头卖给消费者，售价 35×10^4 元。

试求：（1）该国最终产品有哪些？并用最终产品法计算 GDP。

（2）该国这些活动中赚得的工资、利润分别为多少？并用收入法计算 GDP。

9. 已知某国有如下经济数据：

单位：亿元

工资	100	间接税	10
利息	10	消费支出	90
租金	30	投资支出	60
利润	20	政府用于商品的支出	30
出口额	60	进口额	70
政府的转移支付	5	所得税	30

试求：（1）按收入法计算 GDP。

（2）按支出法计算 GDP。

（3）计算政府预算赤字。

（4）计算储蓄。

10. 依据一组年份的名义 GDP 及相应的价格指数，计算实际 GDP。

年份	名义 GDP（10 亿美元）	GDP 折算指数（2006 年 =100）	实际 GDP（10 亿美元）
1968	527.4	22.19	
1978	911.5	26.29	
1988	2295.9	48.22	
1998	4742.5	80.22	
2008	8790.2	103.22	

二、综合案例

GDP 核算什么：经济学家调侃中透露的核算原理

案例内容：

关于 GDP，网络上有两种质疑，都是以"寓言"的形式出现。其一是说两位经济学家唾沫飞溅之间创造 GDP 的故事。经济学家阿尔法和贝塔在咖啡厅闲谈，忽然有一只苍蝇在他俩面前飞旋。阿尔法眼疾手快，餐单砸向苍蝇，苍蝇应声而落。正在闲极无聊之际，阿尔法问贝塔是否愿意吃掉苍蝇，并愿意为此支付 1000 美元。贝塔想了一会儿，吃苍蝇比较恶心，但是能挣钱，就照做了。过了一会儿，两人都有些后悔。阿尔法想，仅仅看到吃了一只苍蝇就花了 1000 美元；贝塔想，为了 1000 美元，干了那么恶心的事情，一定要找回面子。正在此时，原来那只苍蝇的同伴飞来了。说时迟那时快，只见贝塔如法炮制，第二只苍蝇也落下来了。贝塔对阿尔法说，如果你吃掉它，我也给你 1000 美元。阿尔法正中下怀，也照做了。过了几分钟，两人都感觉荒唐透顶：什么事都没有干，吃了两只苍蝇。倒是阿尔法有阿 Q 精神，安慰说：我们今晚创造了 2000 美元的 GDP。

问题讨论：

1. 一个经济体的生产能力为什么要用 GDP 来测度？其基本原则是什么？
2. 怎样理解市场价值在测度 GDP 中的作用？

理论提示：

1. 国内生产总值。
2. 存量与流量。
3. 市场价值。

第二章 国民收入的决定：收入—支出模型

中美边际消费倾向之比较

据估算，目前美国的边际消费倾向约为 0.68，中国的边际消费倾向约为 0.48。也许这种估算不一定十分准确，但是一个不争的事实是，中国的边际消费倾向低于美国。为什么中美边际消费倾向有这种差别呢？

一些人认为，这种差别在于中美两国的消费观念不同，美国人崇尚享受，今天敢花明天的钱；中国人有节俭的传统，一分钱要掰成两半花。但在经济学家看来，这并不是最重要的。消费观念属于伦理道德范畴，由经济基础决定，不同的消费观来自不同的经济基础，还要用经济与制度因素来解释中美边际消费倾向的这种差别。美国是一个成熟的市场经济国家，经济总体上是稳定的；美国的社会保障体系较为完善，覆盖面广而且水平较高。而我国正在从计划经济转向市场经济，社会保障体系还没有完全建立起来。

【案例导学】

边际消费倾向是指增加的消费在增加的收入中所占的比例。中美边际消费倾向的比较说明我国边际消费倾向明显低于美国。我国边际消费倾向偏低主要基于以下几个原因：第一是收入不稳定。中国是一个转型中的国家，正在从计划经济转向市场经济，尽管经济增长速度快，但就每个人而言都有下岗的危险，收入并不稳定。这样，人们就不得不节制消费，以预防可能出现的下岗及其他风险。而美国是一个成熟的市场经济国家，也经常发生经济周期性波动，但经济总体上是稳定的。经济的稳定决定了收入的稳定。当收入稳定时，人们就敢于消费，甚至敢于借贷消费了。第二是我国的社会保障体系还不完善。过去计划经济下的社会保障体系被打破了，而新的市场经济条件下的社会保障体系还没有完全建立起来，而且受财政实力的限制也难以在短期内有根本性的改变，因而人们要为未来生病、养老、孩子上学等必须的支出进行储蓄，消费自然减少了。而美国的社会保障体系较为完善，覆盖面广而且水平较高。失业有失业津贴，老年人有养老金，低于贫困线有帮助，上大学又可以得到贷款，这样完善的社会保障体系使美国人无后顾之忧，敢于消费。第三是我国收入差距过大，收入分配不平等。边际消费倾向与收入分配状况相关。在总收入为既定时，收入分配越平等，社会的边际消费倾向越高；收入分配越不平等，社会的边际消费倾向越低，这是因为富人的边际消费倾向低。而穷人的边际消费倾向高。中国目前收入不平等的状况比美国严重，因此，边际消费倾向低。

第一节　均衡产出

一、最简单的经济关系

说明一个国家的生产或收入如何决定，要从分析最简单的经济关系开始。为此，需要先作些假设：

（1）假设所分析的经济中不存在政府，也不存在对外贸易，只有家户部门（居民户）和企业部门（厂商）。消费行为和储蓄行为都发生在家户部门，生产和投资行为都发生在企业部门。还假设企业投资是自发的或外生的，即不随利率和产量而变动。如前所述，这样简单的经济关系称为两部门经济。

（2）假设不论需求量为多少，经济社会均能以不变的价格提供相应的供给量。这就是说，社会总需求变动时，只会引起产量和收入变动，使供求相等，而不会引起价格变动，这在西方经济学中有时被称为凯恩斯定律。凯恩斯写作《就业、利息和货币通论》时，面对的是 1929～1933 年的大萧条，工人大批失业，资源大量闲置。在这样的情况下，社会总需求增加时，只会使闲置的资源得到利用，生产增加，而不会使资源的价格上升，从而产品成本和价格大体上能保持不变。这种所谓凯恩斯定律被认为是适用于短期分析，即分析的是短期中收入和就业如何决定。因为在短期中，价格不易变动，或者说具有黏性，当社会需要变动时，企业首先考虑的是调整产量，而不是改变价格。

此外，还假定折旧和公司未分配利润为零。这样 GDP、NDP、NI、PI 都相等。

二、均衡产出的概念

经济社会的产量或者说国民收入就决定于总需求。和总需求相等的产出为均衡产出或收入。均衡是指一种不再变动的情况。当产出水平等于总需求水平时，企业生产就会稳定下来。若生产（供给）超过需求，企业所不愿意有的过多的存货会增加，企业就会减少生产；若生产低于需求，企业库存会减少，企业就会增加生产；总之，由于企业要根据产品销路来安排生产，一定会把生产定在和产品需求相一致的水平上。由于两部门经济中没有政府和对外贸易，总需求就只由居民消费和企业投资构成。于是均衡产出公式表示为：

$$y = c + i$$

这里，y、c、i 都用小写字母表示，分别代表剔除了价格变动的实际产出或收入、实际消费和实际投资。其中 c 和 i 代表居民和企业实际想要有的消费和投资，即意愿消费和投资的数量。

均衡产出是和总需求相一致的产出，也就是经济社会的收入正好等于全体居民和企业想要有的支出。假定企业生产 100 亿美元产品，居民和企业要购买产品的支出也是 100 亿美元，则此 100 亿美元的生产就是均衡产出或者说均衡收入。换句话说，社会经济要处于均衡收入水平上，就有必要使实际收入水平引起一个相等的计划支出量。因为只有这样才能使这一收入水平继续被维持下去。

从均衡产出概念可见，要增强均衡产出，关键是增加总需求，因为均衡产出水平决定于总需求或者说总支出水平。

三、投资等于储蓄

均衡产出或收入的条件是支出（E）等于收入，即 $E = y$，也可用 $i = s$ 表示，因为这里的计划支出等于计划消费加投资，即 $E = c + i$，而生产创造的收入等于计划消费加计划储蓄，即 $y = c + s$，因此，$E = y$ 也就是 $c + i = c + s$，两边消去 c，则得：

$$i = s$$

需再次说明，这里的投资等于储蓄，是指经济要达到均衡，计划投资必须等于计划储蓄，而国民收入核算中 $i = s$，则是指实际发生的投资始终等于储蓄。前者为均衡条件，即计划投资不一定等于计划储蓄，只有二者相等时，收入才处于均衡状态；而后者所指的实际投资和实际储蓄是根据定义得到的实际数字，从而必然相等。

延伸思考 2 – 1

均衡含义的提醒

均衡就是不同的力在做功时达到平衡的一种状态。例如，如果你看到一个球正在滚下山坡，那么这个球就不是处在一种均衡的状态中，因为在这个过程中存在一个力推动球向山下滚动，因此可以称之为不均衡。而当这个球滚到山下的某一洞口静止下来的时候，作用在球上的若干力就达到了平衡，那么这个球也就达到了"均衡"。

简单地说，在宏观经济学中，一个均衡水平的产出就是当支出和收入中的各种力达到了平衡。在均衡状态下，产出的水平总是走向稳定，直到当支出与收入中的力有所改变，均衡才会被打破。

第二节　凯恩斯的消费理论

一、消费函数

均衡产出既然是指与总需求相一致的产出，则分析均衡产出如何决定，就是要分析总需求各个组成部分是如何决定的。这里，首先要分析消费如何决定，这不仅是因为消费是总需求中最重要的部分，还因为经济均衡的条件是计划投资等于计划储蓄。要找到储蓄量的大小，必须先找出消费量的大小，一旦知道消费数额，便可从国民收入中减掉这一数额求得储蓄量。

消费量由什么决定呢？在现实生活中，影响各个家户消费的因素很多，如收入水平、商品价格水平、利率水平、收入分配状况、消费者偏好、家庭财产状况、消费信贷状况、消费者年龄构成、社会保障制度、风俗习惯等。凯恩斯认为，这些因素中有决定意义的是家庭收入。为此，可从诸多因素中抽出这一因素单独分析。

关于收入和消费的关系，凯恩斯认为，存在一条基本心理规律：随着收入的增加，消费也会增加，但是消费的增加不及收入增加多，收入和消费的这种关系称作消费函数，用公式表示是：

$$c = c(y)$$

假定某家庭的消费和收入之间有表2－1所示的关系。

表2－1   某家庭消费函数

	（1）收入	（2）消费	（3）边际消费倾向（MPC）	（4）平均消费倾向（APC）
A	9000	9110		1.01
			0.89	
B	10000	10000		1.00
			0.85	
C	11000	10850		0.99
			0.75	
D	12000	11600		0.97
			0.64	
E	13000	12240		0.94
			0.59	
F	14000	12830		0.92
			0.53	
G	15000	13360		0.89

表2－1的数据表明：当收入是9000美元时，消费为9110美元，入不敷出。当收入为10000美元时，消费为10000美元，收支平衡。当收入依次增至11000美元、12000美元、13000美元、14000美元和15000美元时，消费依次增加到10850美元、11600美元、12240美元、12830美元和13360美元。这就是说，收入增加时，消费随着增加，但增加的越来越少。在表中，收入依次增加1000美元时，消费依次增加890美元、850美元、750美元、640美元、590美元和530美元。增加的消费与增加的收入之比率，也就是增加1单位收入中用于增加消费部分的比率，称为边际消费倾向（MPC）。边际消费倾向的公式是：

$$MPC = \frac{\Delta c}{\Delta y} \quad 或 \quad \beta = \frac{\Delta c}{\Delta y}$$

若收入增量和消费增量均为极小时，上述公式可写成微分形式：

$$MPC = \frac{dc}{dy}$$

平均消费倾向（APC），指任一收入水平上消费支出在收入中的比率，平均消费倾向公式是：

$$APC = \frac{c}{y}$$

根据表 2 - 1 可画出消费曲线，如图 2 - 1 所示。

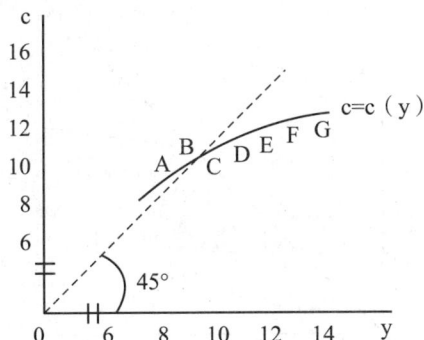

图 2 - 1　消费曲线

在图 2 - 1 上，横轴 y 表示收入，纵轴 c 表示消费，45°线上任一点到纵横轴的垂直距离都相等，表示收入全部用于消费。c = c(y) 曲线是消费曲线，表示消费和收入之间的函数关系。B 点是消费曲线和 45°线的交点，表示这时候消费支出和收入相等。B 点左方，表示消费大于收入；B 点右方，表示消费小于收入。随着消费曲线向右延伸，这条曲线和 45°线的距离越来越大，表示消费随收入增加而增加，但增加的幅度越来越小于收入增加的幅度。消费曲线上任一点的斜率都是与这一点相对应的边际消费倾向，而消费曲线上任意一点与原点相连而成的射线的斜率，则是与这一点相对应的平均消费倾向。从图 2 - 1 上的消费曲线的形状可以想象到，随着这条曲线向右延伸，曲线上各点的斜率越来越小，说明边际消费倾向递减，同时曲线上各点与原点的连线的斜率也越来越小，说明平均消费倾向也递减，但平均消费倾向始终大于边际消费倾向，这和表 2 - 1 所得的数据也是一致的。由于消费增量只是收入增量的一部分，因此，边际消费倾向总大于 0 而小于 1，但平均消费倾向则可能大于、等于或小于 1，因为消费可能大于、等于或小于收入。

表 2 - 1 中所表示的是边际消费倾向递减的情况。如果消费和收入之间存在线性关系，则边际消费倾向为一常数，这时消费函数可用下列方程表示：

$$c = \alpha + \beta y$$

式中，α 为必不可少的自发消费部分，即收入为 0 时举债或动用过去的储蓄也必须要有的基本生活消费；β 为边际消费倾向；β 和 y 的乘积表示收入引致的消费。因此，$c = \alpha + \beta y$ 的经济含义是：消费等于自发消费与引致消费之和。例如，若已知 $\alpha = 300$，$\beta = 0.75$，则 $c = 300 + 0.75y$，这就是说，若收入增加 1 单位，其中就有 75% 用于增加消费，只要 y 为已知，就可算出全部消费支出量。

当消费和收入之间呈线性关系时，消费函数就是一条向右上方倾斜的直线，消费函数上每一点的斜率都相等，并且大于 0 而小于 1，如图 2 - 2 所示。

当消费函数为线性时，APC > MPC 这一点更易看清，因为消费函数上任一点与原点相连所成射线的斜率都大于消费曲线（这里是直线）的斜率，而且从公式看，$APC = \dfrac{c}{y} = \dfrac{\alpha + \beta y}{y} = \dfrac{\alpha}{y} + \beta$，在这里，$\beta$ 是 MPC，由于 α 和 y 都是正数，因此，$\dfrac{\alpha}{y} > 0$，所以，APC >

MPC。随着收入增加，$\dfrac{\alpha}{y}$ 之值越来越小，说明 APC 逐渐趋近于 MPC。

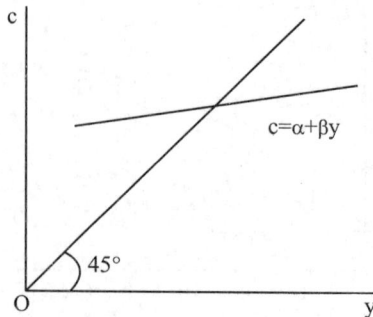

图 2－2　线性消费函数

延伸思考 2－2

其他收入决定消费理论

凯恩斯认为，消费是人们收入水平的函数。这里的收入是指现期的、绝对的、实际的收入水平，所以凯恩斯的消费理论也被称为绝对收入理论。其后，这一理论不断得到补充和修改，产生了其他的收入决定消费理论，如杜森贝利（J. S. Duesenberry）的相对收入假说，弗里德曼（M. Friedman）的永久收入假说以及莫迪利安尼（Franco Modigliani）的生命周期假说等。

相对收入假说由美国经济学家杜森贝利创立，他认为消费者会受自己过去的消费习惯以及周围消费水准的影响决定消费，从而消费是相对决定的，因此得名。

永久收入假说由美国经济学家弗里德曼提出。它的基本观点是：消费者的收入主要不是由他的现期收入决定，而是由他的永久收入决定。所谓永久收入是指消费者可预计到的长期收入。永久收入大致可以根据观察到的若干年收入的数值加权平均数计得，距现在的时间越近，权数越大；反之，则越小。根据这种理论，政府想通过增减税来影响总需求的政策是不能奏效的，因为人们因减税而增加的收入，并不会立即用来增加消费。

生命周期假说由美国经济学家莫迪利安尼提出。他认为，人们在较长时间范围内计划他们的生活消费开支，以达到在整个生命周期内消费的最佳配置。人们第一阶段参加工作，第二阶段纯消费而无收入，用第一阶段的储蓄来弥补第二阶段的消费。这样，个人可支配收入和财富的边际消费倾向便取决于该消费者的年龄。它表明当收入相对于一生平均收入高（低）时，储蓄是高（低）的；它同时指出总储蓄取决于经济增长率及人口的年龄分布。

二、储蓄函数

储蓄是收入未被消费的部分。既然消费随收入增加而增加的比率是递减的，则可知储蓄随收入增加而增加的比率是递增的。储蓄与收入的这种关系就是储蓄函数，其公式是：

$$s = s(y)$$

根据表 2－1 的数据，可列出储蓄函数的数据如表 2－2 所示。

表 2 - 2　　　　　　　　　　　　　　　某家庭储蓄函数

	（1）收入（y）	（2）消费（c）	（3）储蓄（s）	（4）边际储蓄倾向（MPS）	（5）平均储蓄倾向（APS）
A	9000	9110	-110		-0.01
				0.11	
B	10000	10000	0		0
				0.15	
C	11000	10850	150		0.01
				0.25	
D	12000	11600	400		0.03
				0.36	
E	13000	12240	760		0.06
				0.41	
F	14000	12830	1170		0.08
				0.47	
G	15000	13360	1640		0.11

根据表 2 - 2，可画出储蓄曲线如图 2 - 3 所示。

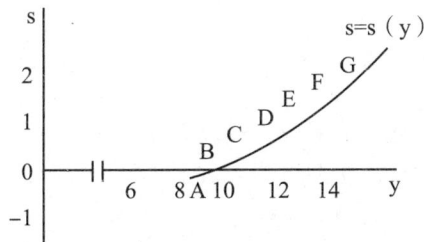

图 2 - 3　储蓄曲线

在图 2 - 3 上，s = s(y) 曲线表示储蓄和收入之间的函数关系。B 点是储蓄曲线和横轴交点，表示这时消费和收入相等即收支平衡，B 点以右有正储蓄，B 点以左有负储蓄。随着储蓄曲线向右延伸，它与横轴的距离越来越大，表示储蓄随收入而增加，且增加的幅度越来越大。

储蓄曲线上任一点的斜率是边际储蓄倾向（MPS），它是该点上的储蓄增量对收入增量的比率，其公式是：

$$MPS = \frac{\Delta s}{\Delta y}$$

如果收入与储蓄增量极小，上述公式可写成微分形式：

$$MPS = \frac{ds}{dy}$$

此即储蓄曲线上任一点的斜率。

储蓄曲线上任一点与原点相连而成射线的斜率，则是平均储蓄倾向（APS）。平均储

蓄倾向是指任一收入水平上储蓄在收入中所占的比率,其公式是:

$$APS = \frac{s}{y}$$

表2-2和图2-3表示的储蓄和收入的关系是非线性的,如果二者呈线性关系,即消费曲线和储蓄曲线为一直线的话,则由于 $s = y - c$,且 $c = \alpha + \beta y$,因此:

$$s = y - c = y - (\alpha + \beta y) = -\alpha + (1 - \beta)y$$

上式是线性储蓄函数的方程式。线性储蓄函数图形如图2-4所示。

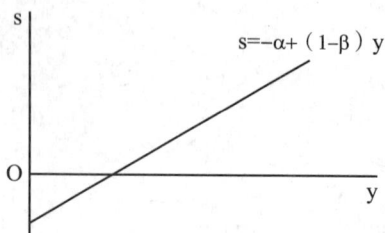

图2-4 线性储蓄函数

三、消费函数和储蓄函数的关系

由于储蓄被定义为收入和消费之差,因此:

第一,消费函数和储蓄函数互为补数,从公式看:

∵ $s = y - c$

而 $c = \alpha + \beta y$

∴ $s = y - c = y - \alpha - \beta y = -\alpha + (1 - \beta)y$

消费和储蓄的关系可在图2-5上得到表现。

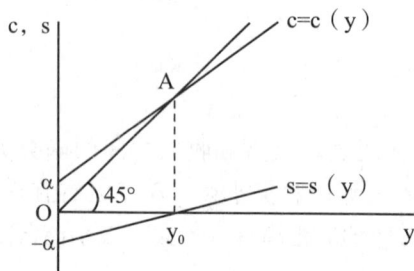

图2-5 消费曲线和储蓄曲线的关系

在图中,当收入为 y_0 时,即消费支出等于收入,储蓄为零。在A点左方,消费曲线 c 位于45°线之上,表明消费大于收入,因此,储蓄曲线 s 位于横轴下方;在A点右方,消费曲线 c 位于45°线之下,因此,储蓄曲线 s 位于横轴上方。

第二,若APC和MPC都随收入增加而递减,但APC > MPC,则APS和MPS都随收入增加而递增,但APS < MPS,表现在图形上,在 y_0 的右方,储蓄曲线上任一点与原点连成的射线的斜率总小于储蓄曲线上该点的斜率。

第三,APC和APS之和恒等于1,MPC和MPS之和也恒等于1,可证明如下:

∵ y = c + s

∴ $\dfrac{y}{y} = \dfrac{c}{y} + \dfrac{s}{y}$

即 APC + APS = 1

由此可知：APS = 1 − APC，APC = 1 − APS

再看 MPC 和 MPS 的情况：

∵ Δy = Δc + Δs

∴ $\dfrac{\Delta y}{\Delta y} = \dfrac{\Delta c}{\Delta y} + \dfrac{\Delta s}{\Delta y}$

即 MPC + MPS = 1

由此可知：MPS = 1 − MPC，MPC = 1 − MPS

根据以上性质，消费函数和储蓄函数中只要有一个确立，另一个就随之确立。当消费函数已知时，就可求得储蓄函数；当储蓄函数已知时，就可求得消费函数。

第三节　两部门经济中国民收入的决定及变动

一、两部门经济中收入的决定——使用消费函数决定收入

第一节说明了均衡收入指与计划总支出相等的收入。计划支出由消费和投资构成，即 y = c + i。消费问题已经在第二节里分析过了，按理说还要分析投资如何决定，才可以说明均衡收入的决定。但为使分析简化，在收入决定的简单模型中，总是先假定计划净投资是一个给定的量，不随利率和国民收入水平而变化。根据这一假定，只要把收入恒等式和消费函数结合起来就可求得均衡收入：

$$y = c + i \qquad\qquad\text{（收入恒等式）}$$
$$c = \alpha + \beta y \qquad\qquad\text{（消费函数）}$$

解联立方程，就得到均衡收入：

$$y = \frac{\alpha + i}{1 - \beta}$$

可见，如果知道了消费函数和投资量，就可得均衡的国民收入。例如，假定消费函数为 c = 1000 + 0.8y，自发的计划投资始终为 600 亿美元，则均衡收入：$y = \dfrac{1000 + 600}{1 - 0.8} = 8000$（亿美元）

下面再用列表和作图形式说明均衡收入的决定。

表 2 − 3 显示了消费函数为 c = 1000 + 0.8y 及自发投资为 600 亿美元时均衡收入决定的情况。

表 2 - 3 　　　　　　　　　　　　均衡收入的决定 　　　　　　　　　　　单位：亿美元

（1）收入	（2）消费	（3）储蓄	（4）投资
3000	3400	-400	600
4000	4200	-200	600
5000	5000	0	600
6000	5800	200	600
7000	6600	400	600
8000	7400	600	600
9000	8200	800	600
10000	9000	1000	600

表 2 - 3 的数据说明，当 y = 8000 亿美元时，c = 7400 亿美元，i = 600 亿美元，因此，y = c + i = 8000 亿美元，说明 8000 亿美元是均衡的收入。如果收入小于 8000 亿美元，比方说为 6000 亿美元时，c = 5800 亿美元，加上投资 600 亿美元，总支出为 6400 亿美元，超过了总供给 6000 亿美元，这意味着企业销售出去的产量大于他们生产出来的产量，存货出现意外的减少，这时扩大生产是有利可图的。于是，企业会增雇工人，增加产量使收入向均衡收入靠拢；相反，如果收入大于 8000 亿美元时，比方说为 10000 亿美元，说明企业生产出来的产量大于它们的销售量，存货意外增加，于是企业便会减少生产，使收入仍向 8000 亿美元靠拢。只有收入达到均衡水平时，即没有非计划存货投资，也没有非计划存货负投资（即存货意外减少），产量正好等于销量，存货保持正常水平，这就是企业愿意保持的产量水平。

二、两部门经济中收入的决定

上面说明使用总支出等于总收入（总供给）的方法决定均衡收入，下面再用计划投资等于计划储蓄的方法求得均衡收入。计划投资等于计划储蓄即 i = y - c = s，而储蓄函数为 s = -α + (1 - β)y。

将此二式联立：

$$\begin{cases} i = s = y - c \\ s = -\alpha + (1 - \beta)y \end{cases}$$

求解同样可得（均衡的）收入：$y = \dfrac{\alpha + i}{1 - \beta}$

上例，当 c = 1000 + 0.8y 时，s = -1000 + (1 - 0.8)y = -1000 + 0.2y，i = 600，令 i = s，即 600 = -1000 + 0.2y，得 y = 8000 亿美元。这一结果也可从表 2 - 3 上得到，从表中可见，只有当收入 y = 8000 亿美元时，s 和 i 才正好相等为 600 亿美元，从而达到了均衡。

用计划投资等于计划储蓄的方法决定收入，也可用图 2 - 6 表示。

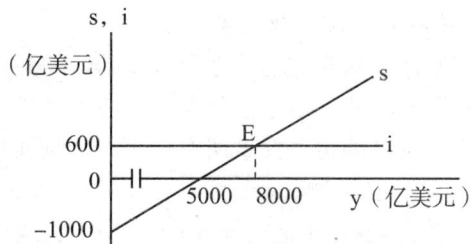

图 2 - 6　储蓄曲线和投资曲线相交决定收入

图中，横轴表示收入，纵轴表示储蓄和投资，s 代表储蓄曲线，i 代表投资曲线。由于投资是不随收入而变化的自发投资，因而，投资曲线与横轴平行，其间距离始终等于 600 亿美元。投资曲线与储蓄曲线相交于 E 点，与 E 点对应的收入为均衡收入。若实际产量小于均衡收入水平，表明投资大于储蓄，社会生产供不应求，企业存货意外地减少，企业就会扩大生产，使收入水平向右移动，直到均衡收入为止。相反，若实际生产大于均衡收入，表明投资小于储蓄，社会上生产供过于求，企业存货意外地增加，企业就会减少生产，使收入水平向左移动，直到均衡收入为止。只有在均衡收入水平上，企业生产才会稳定下来。

以上两种方法，其实是从同一关系中引申出来的，因为储蓄函数本来就是消费函数中派生出来的。因此无论使用消费函数，还是使用储蓄函数，求得的均衡收入都一样。

第四节　乘　数　论

上一节已经提到，若自发投资量是 600 亿美元，均衡的国民收入是 8000 亿美元；若投资增加到 700 亿美元，则国民收入就会增加到 8500 亿美元。在这里，投资增加 100 亿美元，收入增加 500 亿美元，增加的收入是增加的投资的 5 倍。可见，当总投资增加时，收入的增量是投资增量的数倍。如果以 k 代表倍数，这个 k 称为投资乘数。可见投资乘数指收入的变化与带来这种变化的投资支出的变化的比率，即 $k = \Delta y / \Delta i$，在上述例子中投资乘数为 5。

为什么投资增加 100 亿美元时，收入会增加 5 倍呢？这是因为，增加 100 亿美元投资用来购买投资品时，实际上是用来购买制造投资品所需要的生产要素。因此，这 100 亿美元以工资、利息、利润和租金的形式流入生产要素的所有者手中，即居民手中，从而居民的收入增加了 100 亿美元，这 100 亿美元是投资对国民收入的第一轮增加。

也许人们会说，100 亿美元投资怎么都会转化为居民的收入呢？如果这 100 亿美元投资是购买机器设备，难道这些机器设备中不包含制造机器设备所需要的原材料价值吗？难道这些原材料价值也会转化为居民的收入吗？西方学者解释这一问题的关键是要记住这 100 亿美元投资购买的机器设备是最终产品，犹如消费者购买的上衣是最终产品一样。最终产品的价值是国民收入，也就是说，这批机器设备的价值等于为生产这批机器设备所需要全部生产要素（包括开采铁矿、炼钢铁、制造机器等整个生产过程中所需要的各种生产要素）所创造的价值。这些价值都被认为转化为工资、利息、利润和地租，因此，投资买

100 亿美元机器设备，就会使收入增加 100 亿美元。

假定该社会的边际消费倾向是 0.8（这在消费函数 $c = 1000 + 0.8y$ 中已知），因此增加的这 100 亿美元中会有 80 亿美元用于购买消费品。于是，这 80 亿美元又以工资、利息、利润和租金的形式流入生产消费品的生产要素所有者手中，从而使该社会居民收入又增加 80 亿美元，这是国民收入的第二轮增加。

同样，这些消费品生产者会把这 80 亿美元收入中的 64 亿美元（$100 \times 0.8 \times 0.8 = 64$）用于消费，使社会总需求提高 64 亿美元，这个过程不断继续下去，最后使国民收入增加 500 亿美元，其过程是：

$$100 + 100 \times 0.8 + 100 \times 0.8 \times 0.8 + \cdots + 100 \times 0.8^{n-1}$$
$$= 100 \times (1 + 0.8 + 0.8^2 + \cdots + 0.8^{n-1})$$
$$= 100 \times \frac{1}{1 - 0.8}$$
$$= 500 （亿美元）$$

此式表明，当投资增加 100 亿美元时，收入最终会增加 500 亿美元。如以 Δy 代表增加的收入，Δi 代表增加的投资，则二者之比率 $k = \dfrac{\Delta y}{\Delta i} = 5$。因此，$\Delta y = k \Delta i$。

上面例子也说明，

$$乘数 = \frac{1}{1 - 边际消费倾向}$$

或

$$k = \frac{1}{1 - MPC}$$

如果用 β 代表 MPC，则上式变为：

$$k = \frac{1}{1 - \beta}$$

由于 $MPS = 1 - MPC$，因此，

$$k = \frac{1}{1 - MPC} = \frac{1}{MPS}$$

可见，乘数大小和边际消费倾向有关，边际消费倾向越大，或边际储蓄倾向越小，则乘数就越大。

以上是从投资增加的方面说明乘数效应的。实际上，投资减少也会引起收入若干倍减少。可见，乘数效应的发挥是两方面的。

乘数效应也可以用图 2 - 7 来表示。在图中，$c + i$ 代表原来的总支出线，$c + i'$ 代表新的总支出线，$i' = i + \Delta i$，原来的平衡收入为 y，新的均衡收入为 y'，$\Delta y = y' - y$，$\Delta y = k \Delta i$，相当于上例中投资从 600 亿美元增加到 700 亿美元即 $\Delta i = 100$ 亿美元时，收入从 8000 亿美元增加到 8500 亿美元，即 $\Delta y = 500$ 亿美元，$k = 5$。

以上说明的是投资变动引起国民收入变动有一乘数效应。实际上，总需求的任何变动，如消费的变动、政府支出的变动、税收的变动、净出口的变动等，都会引起收入若干倍的变动。拿消费来说，假定原来的消费函数为 $c = 1000 + 0.8y$，投资 $i = 600$ 亿美元，则均衡收入为 8000 亿美元，如果自主消费因人们节俭而从 1000 亿美元减为 800 亿美元，则收入将变为 7000 亿美元 $\left(y = \dfrac{800 + 600}{1 - 0.8} = 7000 \right)$。可见，消费需求减少 200 亿美元，国民收

入减少 1000 亿美元。

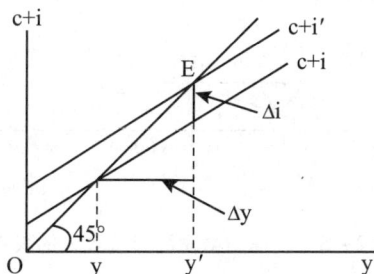

图 2 - 7 乘数效应

第五节 三部门经济中国民收入的决定

上一章说过，在有政府起作用的三部门经济中，国民收入从总支出角度看，包括消费、投资和政府购买，而从总收入角度看，则包括消费、储蓄和税收，这里的税收，是指总税收减去政府转移支付以后所得的净纳税额。因此，加入政府部门后的均衡收入应是计划的消费、投资和政府购买之总和，同计划的消费、储蓄和净税收之总和相等的收入，即：

$$c + i + g = c + s + t$$

消去上式等号两边的 c，得：

$$i + g = s + t$$

即为三部门经济中宏观均衡的条件。

在这里，税收可有两种情况，一种为定量税，即税收量不随收入而变动，用 t 来代表；另一种为比例税，即随收入增加而增加的税收量。为简化起见，下面只讨论定量税情况。

假设消费函数为 $c = 1600 + 0.75y_d$，y_d 表示可支配收入，定量税收为 $t = 800$ 亿美元，投资为 $i = 1000$ 亿美元，政府购买性支出为 $g = 2000$ 亿美元。根据这些条件，求均衡收入时要先求得可支配收入 $y_d = y - t = y - 800$，然后可根据消费函数求得储蓄函数 $s = y_d - c = y_d - (\alpha + \beta y_d) = -\alpha + (1 - \beta)y_d = -1600 + 0.25(y - 800) = 0.25y - 1800$，最后将 i、g、s 和 t 代入三部门经济中宏观均衡的公式：$i + g = s + t$，得到：

$$1000 + 2000 = 0.25y - 1800 + 800$$

$\therefore y = \dfrac{4000}{0.25} = 16000$，即均衡收入为 16000 亿美元。

这一情况可用图 2 - 8 表示。

在图 2 - 8 中，$i + g = 3000$ 亿美元，表示投资加政府支出所形成的支出线，而 $s + t = 0.25y - 1800 + 800 = 0.25y - 1000$，表示储蓄加定量税所形成的曲线。当收入为 4000 亿美元时，$s + t = 0$，这是因为收入为 4000 亿美元时，储蓄为 -800 亿美元（从 $s = 0.25y - 1800$ 中得到），税收 t 又假定为 800 亿美元，因此二者之和为零；另一方面，当 $y = 0$ 时，$s + t = -1000$ 亿美元（从 $s + t = 0.25y - 1000$ 中得到）。$i + g$ 线与 $s + t$ 线相交于 E 点，和 E

点相对应的收入为均衡收入 y = 16000 亿美元。

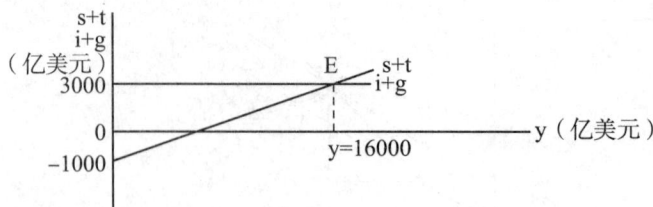

图 2 - 8   三部门中国民经济收入的决定

现在假定税收从 800 亿美元增加到 t = 1200 亿美元, 而消费函数仍为 c = α + βy_d = 1600 + 0.75y_d, 因而储蓄函数也仍为 s = - 1600 + 0.25y_d, 但 s + t 线就从 s + t = - 1600 + 0.25(y - 800) + 800 = 0.25y - 1000 变为 s + t = - 1600 + 0.25(y - 1200) + 1200 = 0.25y - 700。可见, s + t 曲线的斜率未变化, 但截距从 - 1000 变动到 - 700。定量税变动会改变 s + t 曲线的截距, 其图示见图 2 - 9。

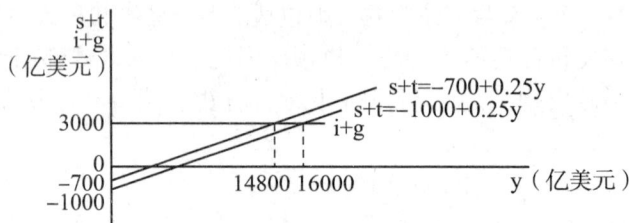

图 2 - 9   定量税变动改变 s + t 的截距

在图 2 - 9 中, 定量税从 800 亿美元增加到 1200 亿美元, 则 s + t 线的截距从 - 1000 增加到 - 700, 从而均衡收入从 16000 亿美元 $\left(y = \dfrac{4000}{0.25} = 16000\right)$ 减至 14800 亿美元 $\left(y = \dfrac{3700}{0.25} = 14800\right)$, 比原来低 1200 亿美元, 原因是税收从 800 亿美元增加到 1200 亿美元, s + t 线的截距相应向上移动 300 亿美元, 由于该线斜率就是储蓄曲线的斜率, 而储蓄曲线的斜率 MPS = 0.25(MPS = 1 - MPC = 1 - 0.75 = 0.25), 因此, 收入必须相应下降 $\dfrac{300}{0.25} = 1200$。

第六节   三部门经济中各种乘数

西方学者认为, 加入政府部门以后, 不仅投资支出变动有乘数效应, 政府购买、税收和政府转移支付的变动, 同样有乘数效应, 因为政府购买性支出、税收、转移支付都会影响消费。怎样求得这些乘数呢?

由于三部门经济中总支出为: y = c + i + g = α + β(y - t) + i + g, 这里, t 仍是定量税,

在这种情况下，均衡收入为：

$$y = \frac{\alpha + i + g - \beta t}{1 - \beta}$$

通过这一公式，就可求得上述几个乘数。

一、政府购买支出乘数

所谓政府购买支出乘数，是指收入变动对引起这种变动的政府购买支出变动的比率。以 Δg 表示政府支出变动，Δy 表示收入变动，k_g 表示政府（购买）支出乘数，则：

$$k_g = \frac{\Delta y}{\Delta g} = \frac{1}{1 - \beta}$$

此式中 β 仍代表边际消费倾向，可见，政府购买支出乘数和投资乘数相等。这可说明如下：

在 $y = \frac{\alpha + i + g - \beta t}{1 - \beta}$ 的公式中，若其他条件不变，只有政府购买支出 g 变动，则在政府购买支出为 g_0 和 g_1 时的收入分别为：

$$y_0 = \frac{\alpha_0 + i_0 + g_0 - \beta t_0}{1 - \beta}$$

$$y_1 = \frac{\alpha_0 + i_0 + g_1 - \beta t_0}{1 - \beta}$$

$$y_1 - y_0 = \Delta y = \frac{g_1 - g_0}{1 - \beta} = \frac{\Delta g}{1 - \beta}$$

$$\therefore \frac{\Delta y}{\Delta g} = k_g = \frac{1}{1 - \beta}$$

可见，k_g 为正值，它等于 1 减边际消费倾向（β）的倒数。

举例来说，若边际消费倾向 $\beta = 0.8$，则 $k_g = 5$，因此，政府购买支出若增加 200 亿美元，则国民收入增加 1000 亿美元，政府购买支出减少 200 亿美元，国民收入也要减少 1000 亿美元。

二、税收乘数

税收乘数指收入变动与引起这种变动的税收变动的比率。税收乘数有两种：一种是税率变动对总收入的影响，另一种是税收绝对量变动对总收入的影响，即定量税对总收入的影响。这里仅说明后者。

假设在 $y = \frac{\alpha + i + g - \beta t}{1 - \beta}$ 的公式中，只有税收 t 变动，则税收为 t_0 和 t_1 时的收入分别为：

$$y_0 = \frac{\alpha_0 + i_0 + g_0 - \beta t_0}{1 - \beta}$$

$$y_1 = \frac{\alpha_0 + i_0 + g_0 - \beta t_1}{1 - \beta}$$

$$y_1 - y_0 = \Delta y = \frac{-\beta t_1 + \beta t_0}{1 - \beta} = \frac{-\beta \Delta t}{1 - \beta}$$

$$\therefore \frac{\Delta y}{\Delta t} = k_t = \frac{-\beta}{1 - \beta}$$

式中，k_t 为税收乘数，税收乘数为负值，这表示收入随税收增加而减少，随税收减少而增加，其原因是税收增加，表明人们可支配收入减少，从而消费会相应减少，因而税收变动和总支出变动方向相反，税收乘数的绝对值等于边际消费倾向对 1 减边际消费倾向之比，或边际消费倾向对边际储蓄倾向之比。

例如，若 $\beta = 0.8$，则 $k_t = \frac{-0.8}{1 - 0.8} = -4$，如果政府增税 200 亿美元则国民收入减少 800 亿美元；政府减税 200 亿美元，则国民收入增加 800 亿美元。

三、政府转移支付乘数

政府转移支付乘数指收入变动与引起这种变动的政府转移支付变动的比率。政府转移支付增加，增加人们的可支配收入，因而消费会增加，总支出和国民收入增加，因而政府转移支付乘数为正值，用 k_{t_r} 表示政府转移支付乘数，则：

$$k_{t_r} = \frac{\beta}{1 - \beta}$$

这是因为，有了政府转移支付后，本来的纳税净额即净税收 t 要写成 $t = t_g - t_r$（这里 t_g 表示纳税总额即总税收，t_r 表示政府转移支付），于是 $y_d = y - (t_g - t_r) = y - t_g + t_r$，因此：

$$y = c + i + g = \alpha + \beta y_d + i + g = \alpha + \beta (y - t_g + t_r) + i + g$$

$$\therefore y = \frac{\alpha + i + g + \beta t_r - \beta t_g}{1 - \beta}$$

在其他条件不变，只有 t_r 变动时，则转移支付为 t_{r0} 和 t_{r1} 时的国民收入分别为：

$$y_0 = \frac{\alpha_0 + i_0 + g_0 + \beta t_{r0} - \beta t_0}{1 - \beta}$$

$$y_1 = \frac{\alpha_0 + i_0 + g_0 + \beta t_{r1} - \beta t_0}{1 - \beta}$$

$$y_1 - y_0 = \Delta y = \frac{\beta t_{r1} - \beta t_{r0}}{1 - \beta} = \frac{\beta \Delta t_r}{1 - \beta}$$

$$\therefore \frac{\Delta y}{\Delta t_r} = k_{t_r} = \frac{\beta}{1 - \beta}$$

可见，政府转移支付乘数也等于边际消费倾向与 1 减边际消费倾向之比，或边际消费倾向与边际储蓄倾向之比，其绝对值和税收乘数相同，但符号相反。

例如，若边际消费倾向 $\beta = 0.8$，$k_{t_r} = \frac{0.8}{1 - 0.8} = 4$。如果政府增加转移支付 200 亿美元，则国民收入增加 800 亿美元；转移支付减少 200 亿美元，则国民收入减少 800 亿美元。

比较以上政府支出乘数、税收乘数和转移支付乘数的绝对值，可以看到 $|k_g| > |k_t|$，$|k_g| > |k_{t_r}|$，为什么会这样？西方经济学家的看法是，政府支出（这里专指政府购买，因为

政府支出中另一项为转移支付，这已另有讨论）增加 1 美元，一开始就会使总支出即总需求增加 1 美元，但是减税 1 美元，只会使可支配收入增加 1 美元，这 1 美元中只有一部分（在上例中是 80 美分）用于增加消费，另一部分（20 美分）是用于增加储蓄的。因此，减税 1 美元仅使总需求增加 80 美分。由于总生产或者说总收入由总支出即总需求来决定，因此，减少税收 1 美元对收入变化的影响没有增加政府购买支出 1 美元对收入变化的影响大。

由于政府购买支出乘数大于税收乘数以及政府转移支付乘数，因此，西方学者认为，改变政府购买水平对宏观经济活动的效果要大于改变税收和转移支付的效果，改变政府购买水平是财政政策中最有效的手段。

同时，也正是由于政府购买乘数大于税收乘数，因此，如果政府购买和税收同样地各增加一定数量，也会使国民收入增加。这就是所谓平衡预算乘数的作用。

四、平衡预算乘数

平衡预算乘数指政府收入和支出同时以相等数量增加或减少时国民收入变动与政府收支变动的比率。上面的例子告诉我们，政府购买支出增加 200 亿美元时，国民收入增加 1000 亿美元；税收增加 200 亿美元时，国民收入会减少 800 亿美元。因此，政府购买和税收同时增加 200 亿美元时，从政府预算看是平衡的，但国民收入增加 200 亿美元，即收入增加了一个与政府支出和税收变动相等的数量。以上结果可用公式来表示。用 Δy 代表政府支出和税收各增加同一数量时国民收入的变动量，则：

$$\Delta y = k_g \Delta g + k_t \Delta t = \frac{1}{1 - \beta} \Delta g + \frac{-\beta}{1 - \beta} \Delta t$$

由于假定 $\Delta g = \Delta t$，因此，

$$\Delta y = \frac{1}{1 - \beta} \Delta g + \frac{-\beta}{1 - \beta} \Delta g = \frac{1 - \beta}{1 - \beta} \Delta g = \Delta g$$

或

$$\Delta y = \frac{1}{1 - \beta} \Delta t + \frac{-\beta}{1 - \beta} \Delta t = \frac{1 - \beta}{1 - \beta} \Delta t = \Delta t$$

可见

$$\frac{\Delta y}{\Delta g} = \frac{\Delta y}{\Delta t} = \frac{1 - \beta}{1 - \beta} = 1 = k_b$$

式中，k_b 即平衡预算乘数，其值为 1。

第七节 四部门经济中国民收入的决定

一、四部门经济中国民收入的决定

当今世界各国的经济都是不同程度的开放经济，即与外国有贸易往来或其他经济往来的经济。在开放经济中，一国均衡的国民收入不仅取决于国内消费、投资和政府支出，还取决于净出口，即：

$$y = c + i + g + nx$$

式中，nx 指净出口，为出口与进口的差额：nx = x - m（x 代表出口，m 代表进口），它现在成了总需求的一部分，其中出口表示本国商品在外国的销售，代表国外对本国商品的需求。在总需求中为什么要引入进口这一因素呢？这是因为 c + i + g 虽然代表了家庭、企业和政府的全部支出，但并不意味着这些支出全部花费在本国生产的商品上。企业可能会购买外国设备，政府可能购买外国武器，家庭可能购买外国的消费品。因此，应当从国内总支出（c + i + g）中扣除进口部分的支出，才是真正代表对本国产品的总支出或总需求。于是，c + i + g + x - m 才成为对本国产品的真正需求。显然，进出口变动也会同其他变量（如消费、投资、政府购买、税收、储蓄等）一样，影响国民收入。可见，这里有两个概念要加以区分：一是本国对产品的需求（包括对本国产品的需求和对外国产品的需求即进口需求），二是对本国产品的需求（包括本国对本国产品的需求和外国对本国产品的需求即出口需求）。

在净出口 nx 中，当国民收入水平提高时，一般可假定 nx 会减少，而国民收入水平下降时，nx 会增加。这是因为在 nx = x - m 中，出口 x 是由外国的购买力和购买需求决定的，本国难以左右，因而一般假定是一个外生变量，即 $x = \bar{x}$。反之，进口却会随本国收入提高而增加，因为本国收入提高后，人们对进口消费品和投资品（如机器设备、仪器等）的需求会增加。影响净出口的除了本国收入，还有汇率。当本国货币与外国货币交换比率发生变化时，进口和出口都会受到影响。关于这方面情况，属于国际金融的相关内容。这里只讨论净出口和收入的关系。这样，可以把进口写成收入的一个函数：

$$m = m_0 + \gamma y$$

上式中，m_0 为自发性进口，即和收入没有关系或者说不取决于收入的进口部分，例如本国不能生产，但又为国计民生所必需的产品，不管收入水平如何，是必须进口的。γ 表示边际进口倾向，即收入增加 1 单位时进口会增加多少。

有了净出口以后，国民收入决定的模型可以表示如下：

$$y = c + i + g + x - m$$
$$c = \alpha + \beta y_d$$
$$y_d = y - t + t_r$$
$$t = \bar{t}$$
$$i = \bar{i}$$
$$g = \bar{g}$$
$$t_r = \bar{t}_r$$
$$x = \bar{x}$$
$$m = m_0 + \gamma y$$

得四部门经济中均衡收入为：

$$y = \frac{1}{1 - \beta + \gamma}(\alpha + \bar{i} + \bar{g} - \beta \bar{t} + \beta \bar{t}_r + \bar{x} - m_0)$$

二、四部门经济中的乘数

由上述四部门经济中均衡收入决定的公式可以得到：

$$\frac{dy}{d\bar{x}} = \frac{1}{1 - \beta + \gamma}$$

这就是对外贸易乘数，表示出口增加 1 单位引起国民收入变动多少。由于公式中 $1 > \gamma > 0$，因此 $\frac{1}{1 - \beta} > \frac{1}{1 - \beta + \gamma}$。

由于公式 $\left(\frac{dy}{d\bar{x}} = \frac{1}{1 - \beta + \gamma} \right)$ 可见，有了对外贸易之后，不仅出口的变动，而且投资、政府支出、税收的变动对国民收入变动的影响，与封闭经济相比，也发生了变化。在封闭经济中，投资、政府支出增加，国民收入增加的倍数是 $\frac{1}{1 - \beta}$，而现在成了 $\frac{1}{1 - \beta + \gamma}$，乘数小了。这主要是由于增加的收入的一部分现在要用到进口商品上去了。

本 章 小 结

本章要点可以被归结如下：

（1）与总需求相等的产品称为均衡产品，或者说均衡的国民收入，在均衡产出水平上，计划或意愿的投资一定等于计划或意愿的储蓄。

（2）消费与收入的依存关系称为消费函数和消费倾向，消费倾向有边际消费倾向和平均消费倾向之分，相应的储蓄倾向也有边际和平均之分。

（3）在两部门经济中，均衡国民收入决定的公式是 $y = \frac{\alpha + i}{1 - \beta}$，投资乘数是 $k = \frac{1}{1 - \beta}$。

（4）在三部门经济中，若用 t 表示定量税，用 t_r 表示政府转移支付，则均衡收入决定的公式是 $y = \frac{\alpha + i + g + \beta t_r - \beta t}{1 - \beta}$；相应地，在定量税情况下，三部门经济中各种乘数分别为：政府购买支出乘数 $k_g = \frac{1}{1 - \beta}$，税收乘数 $k_t = \frac{-\beta}{1 - \beta}$，政府转移支付乘数 $k_{t_r} = \frac{\beta}{1 - \beta}$，平均预算乘数 $k_b = 1$。

（5）在四部门经济中，若用 $m = m_0 + \gamma y$ 表示进口函数，则均衡收入决定的公式是 $y = \frac{1}{1 - \beta + \gamma}(\alpha + \bar{i} + \bar{g} - \beta \bar{t} + \beta \bar{t}_r + \bar{x} - m_0)$，对外贸易乘数是 $\frac{dy}{d\bar{x}} = \frac{1}{1 - \beta + \gamma}$。

实践与应用

一、复习与思考

（一）单项选择题

1. 凯恩斯主义关于均衡国民收入决定的基本原理是（   ）。

   A. 总供给水平决定均衡国民收入水平

   B. 总需求水平决定均衡国民收入水平

   C. 消费水平决定均衡国民收入水平

   D. 总供给水平和总收入水平同时决定均衡国民收入水平

2. 在两部门经济中，实现均衡产出或均衡国民收入的条件是（　　）。

    A. 总支出的企业部门的收入　　　　　　B. 实际消费加实际投资等于总产出

    C. 计划储蓄等于计划投资　　　　　　　D. 实际储蓄等于实际投资

3. 一个家庭当其收入为零时，消费支出为 2000 元，当其收入为 6000 元时，其消费支出为 6000 元。在图形中，消费和收入之间形成一条直线，则其边际消费倾向为（　　）。

    A. 2/3　　　　　　B. 3/4　　　　　　C. 4/5　　　　　　D. 1

4. 边际消费倾向和边际储蓄倾向之间的关系是（　　）。

    A. 它们的和等于 0　　　　　　　　　　B. 它们的和等于 1

    C. 它们之间的比率表示平均消费倾向　　D. 它们之间的比率表示平均储蓄倾向

5. 如果消费函数为一条向右上方倾斜的直线，则边际消费倾向（　　），平均消费倾向（　　）。

    A. 递减　递减　　　　B. 不变　不变　　C. 递减　不变　　D. 不变　递减

6. 边际消费倾向小于 1，则意味着当前可支配收入的增加将使意愿的消费（　　）。

    A. 增加，但幅度小于可支配收入的增加幅度

    B. 增加，且幅度等于可支配收入的增加幅度

    C. 有所下降，这是由于收入的增加会增加储蓄

    D. 保持不变，这是由于边际储蓄倾向同样小于 1

7. 当实际投资大于计划投资时，（　　）。

    A. 家庭储蓄少于公司对它的期望

    B. 经济将自然处于均衡状态

    C. 相对于家庭消费计划，公司生产了太多的商品和服务

    D. 经济中的资本折旧一定会增加

8. 在简单的凯恩斯模型中，若消费函数为 $c = 100 + 0.8y$，则投资乘数为（　　）。

    A. 0.8　　　　　　B. 5　　　　　　C. 100　　　　　　D. 2

9. 利率和投资之间存在的关系是（　　）。

    A. 利率越高，投资量越小

    B. 利率越高，投资量越大

    C. 利率与投资量之间的关系随经济形势的变化而变化

    D. 利率与投资之间不存在关系

10. 国外需求的决定因素是（　　）。

    A. 国外国民的收入水平　　　　　　　　B. 国外国民的消费倾向

    C. 国内产品和服务的价格　　　　　　　D. 以上三项均是

11. 乘数发挥作用的条件是（　　）。

    A. 边际消费倾向大于 0　　　　　　　　B. 边际消费倾向大于 1

    C. 社会上各种资源已得到了充分利用　D. 社会上各种资源没有得到充分利用

（二）多项选择题

1. 以凯恩斯经济理论为基础的凯恩斯主义短期经济波动理论涉及的市场包括（　　）。

    A. 投资品市场　　　　　　　　　　　　B. 货币市场

    C. 劳动市场　　　　　　　　　　　　　D. 产品市场

　　E. 国际市场

2. 关于平均消费倾向，下列说法正确的是（　　）。

　　A. 说明了家庭既定收入在消费和储蓄之间分配的状况

　　B. 平均消费倾向总是为正数

　　C. 收入很低时，平均消费倾向可能大于1

　　D. 随着收入的增加，平均消费倾向的数值也不断增加

　　E. 平均消费倾向总是大于边际消费倾向

3. 投资的增加意味着（　　）。

　　A. 企业生产能力的提高　　　　　　　B. 居民的收入及消费水平的提高

　　C. 储蓄的增加　　　　　　　　　　　D. 利率水平的提高

　　E. 国民收入的增加

4. 关于政府对社会总需求的影响，下列表述正确的是（　　）。

　　A. 政府通过政府采购直接影响社会总需求

　　B. 政府转移支付的增加会增加社会总需求

　　C. 政府税收的减少使得企业和个人的可支配收入增加，从而增加社会总需求

　　D. 政府税收的增加使得企业和劳动者的积极性下降，国民收入减少，从而减少社
　　　　会总需求

　　E. 政府对需求的影响在很大程度上取决于政府的制度和政策

5. 下列各项中，可能对乘数发挥作用产生影响的是（　　）。

　　A. 经济体中过剩生产能力的大小　　　B. 投资与储蓄决定的相对独立程度

　　C. 自发消费的大小　　　　　　　　　D. 货币供给是否适应支出的需要

　　E. 经济体中部分资源"瓶颈约束"程度的大小

（三）问答题

1. 请解释萨伊定律和凯恩斯定律。

2. 试述凯恩斯的边际消费倾向递减规律与经济稳定之间的关系。

3. 乘数原理的含义及乘数原理作用发挥的前提条件是什么？

4. 在三部门经济中，已知消费函数为 $c = 100 + 0.9y_d$，y_d 为可支配收入，投资 $i = 300$，政府购买 $g = 160$，税收 $t = 0.2y$。试求：

（1）均衡的国民收入水平。

（2）政府购买乘数。

（3）若政府购买增加到300，新的均衡国民收入是多少？

5. 假设某经济中的消费函数为 $c = 100 + 0.8y$，投资 i 为50。试求：

（1）均衡收入、消费和储蓄。

（2）如果当时实际产出为800，试求企业非自愿存货积累为多少？

（3）若投资增至100，试求增加的收入。

（4）若消费函数为 $c = 100 + 0.9y$，投资仍为50，收入和储蓄各为多少？收入增加多少？

（5）消费函数变动后，乘数有何变化？

6. 假设某经济体的消费函数为 $c = 100 + 0.8y_d$，投资 $i = 50$，政府购买性支出 $g = 200$，政府转移支付 $t_r = 62.5$，税率 $t = 0.25$。

（1）求均衡收入。

（2）试求：投资乘数、政府购买乘数、税收乘数、转移支付乘数、平衡预算乘数。

（3）假设该社会达到充分就业所需要的国民收入为1200，试问：a）增加政府购买；b）减少税收；c）增加同一数额的政府购买和税收（以便预算平衡）实现充分就业，各需要多少？

7. 试证明在三部门经济中，平衡预算乘数等于1。

二、综合案例

资产定价的原理：生活常识的经济学解释

案例内容：

民间流传着地主恶霸对贫苦农民凶狠盘剥的故事。说是有个贫农家的孩子帮地主养鸡，有一天不小心走失了一只母鸡，刻薄的地主很生气，让小孩子家赔20两银子，理由是，母鸡还会生蛋孵小鸡，小鸡如果是母鸡的话，长大后又会孵小鸡，子子孙孙，无穷尽也。因此，这只走失的母鸡值20两银子还说少了，这类霸道事情任何时候都可能发生。2011年7月下旬，奉节某农家小孩摘了邻居家一颗枣子，被邻居要求赔偿2000元，后来降为1500元，其理由是枣子的主人为了看护枣树放弃了在外打工，损失了相应收入。小孩父母告到法院，这个邻居被判为敲诈勒索，但罪微不诉。

问题讨论：

具有资产性质的商品是如何定价的？

理论提示：

1. 现值。

2. 贴现。

3. 风险。

第三章 国民收入的决定：IS－LM 模型

导入案例

刺激经济：消费还是投资

短期总需求分析尽管有其不现实的假设条件（如总供给不变等），但对我们认识宏观经济问题，实现经济稳定仍然是有意义的。

应该承认，总需求在短期中对宏观经济状况的确有重要的影响。我国政府近年来一直重视增加内需已说明需求成为经济稳定的一个重要因素。

但如何增加内需呢？我们知道，就内需而言，如果不考虑政府支出，重要的在于消费和投资。消费函数理论说明了消费的稳定性，这就告诉我们，要刺激消费是困难的。前些年我们 8 次降息，但对内需的拉动有限，居民储蓄一直增加，这说明拉动消费不易。

拉动内需的重点在于拉动投资。第一，我们要区分投资与消费的区别。例如，我们过去一直把居民购买住房作为消费就是一个误区。应该把居民购买住房作为一种投资，并用刺激投资的方法来拉动这项投资。应该说，在我国人口多，而居住条件仍然较差的情况下，在未来几十年中住房仍是投资的热点，只要政策得当，住房可以增加内需，带动经济。第二，在我国经济中，私人经济已有了长足的发展，成为经济的半壁江山。投资中的企业固定投资应该是以私人企业投资为主。这就要为私人企业投资创造更为宽松的环境。

现在几乎每个人都认识到了内需的重要性。学习宏观经济学可以为我们寻找增加内需的方法提供一个思路。

【案例导学】

构成总需求的有消费、投资、政府支出和净出口，其中消费占的比重最大，但消费是非常稳定的，每一年的消费水平变化非常小；投资仅次于消费，但投资不稳定，经济繁荣时投资增加，萧条时投资减少；政府行为是可以控制的，在经济繁荣采取紧缩性的财政政策，经济萧条时采取扩张性的财政政策。一个国家一般追求的是国际收支平衡，即出口等于进口，因此拉动内需的重点应该放在投资上。但是国家应运用好调控政策预防投资过热和重复建设以及结构失衡，2015 年的积极财政政策和稳健货币政策的目的就是抑制目前的房地产投资过热。

第一节　投资的决定

一、实际利率与投资

在简单国民收入决定理论中，只研究了利率与投资不变时的均衡国民收入决定，即研究的只是产品市场的情况。而实际上，利率与投资会发生变动，因而货币市场也会变化，并且对总需求和均衡国民收入也有较大的影响。

凯恩斯的投资理论：现实生活中，投资并不是一个外生变量，而是一个应当放到模型中来分析的内生变量。因此，要研究国民收入如何决定，就必须研究投资本身如何决定。凯恩斯认为，是否要对新的实物资本如机器、设备、厂房、仓库等进行投资取决于这些新投资的预期利润率与为购买这些资产而必须借进的款项（借款筹资的方式多种多样）所要求的利率的比较。前者大于后者时，投资是值得的。前者小于后者，投资就不值得。因此，在决定投资的诸多因素中，利率是首要因素。这里的利率，是指实际利率。实际利率大致上等于名义利率减通货膨胀率。假定某年名义利率为 8%，通货膨胀率为 3%，则实际利率为 5%。决定投资的因素很多，主要有实际利率水平、预期收益率和投资风险的考虑。在预期利润率既定时，企业是否进行投资，首先就决定于实际利率的高低。利率上升，投资需求量减少；利率下降，投资需求量增加。总之，投资是利率的减函数。这是因为，企业用于投资的资金多半是借来的，利息是投资的成本。因此，利率上升时，投资者自然会减少对投资物品的购买。投资与利率之间的这种反向变动关系称为投资函数。可写做：

$$i = i(r)$$

例如，可假定 $i = i(r) = 1250 - 250r$（亿美元）。这里，1250 表示即使利率 r 为零时也有的投资量，称自主投资。250 是系数，表示利率每上升或下降一个百分点，投资会减少或增加的数量，可称为利率对投资需求的影响系数。如果把投资函数写成 $i = i(r) = e - dr$，则式中 e 即自主投资，$- dr$ 即投资需求中与利率有关的部分，投资与利率之间的这种函数关系如图 3 - 1 所示。

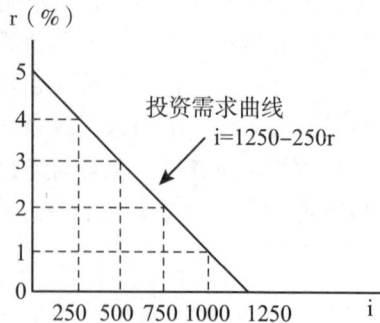

图 3 - 1　投资函数

图 3 - 1 中的投资需求曲线，又称投资的边际效率曲线，投资的边际效率是从资本的边际效率这一概念引申而来的。

延伸思考 3 - 1

实际投资和金融投资

经济学家将"投资"（有时称为"实际投资"）定义为耐用资本品的生产。而在一般用法上，投资通常是指诸如购买通用汽车公司的股票或去开个存款户头这类东西。为了不致混淆，经济学家将后者称为金融投资。

如果我从我的保险柜里取出 1000 美元购买股票，这并不是宏观经济学家所说的投资，所发生的只是我将一种形式的金融资产转变为另一种形式的金融资产。只有生产出有形的资本品时，经济学家才认为形成了投资。

延伸思考 3 - 2

许多不同的利率

如果你阅读一份报纸的经济版，你将发现报道了许多不同的利率。与此相比，在书中我们只谈"某种"利率，仿佛经济中只有一种利率。我们做出的唯一区分是名义利率（没有根据通货膨胀校正的利率）和实际利率（根据通货膨胀校正的利率）。报纸上所报道的几乎所有利率都是名义利率，为什么报纸报道了这么多种利率呢？各种利率有三点不同。一是期限。经济中的一些贷款是短期的，甚至短到隔夜。另一些贷款是 3 年或更长时间。一笔贷款的利率取决于其期限。长期贷款利率通常比短期贷款利率高，但也并不总是这样。二是信贷风险。在决定是否发放一笔贷款时，债权人必定考虑债务人偿还的可能性。法律允许债务人通过宣布破产而不偿还贷款。可以觉察到的不偿还的可能性越高，利率就越高。信贷风险最小的是政府，因此，政府债券往往支付低利率。在另一个极端，金融上不可靠的公司只有通过发行垃圾债券筹资，这种债券支付高利率以补偿可能不偿还的高风险。三是税收待遇。法律规定对不同类型债券的利息征收不同的税收。最重要的是，当州和地方政府发行称为市政府债券的债券时，债券持有人不必缴纳利息收入的联邦所得税。由于这种税收优惠，市政府债券支付较低的利率。

当你在报纸上看到两种不同的利率时，你总是可以通过考虑期限、信贷风险和贷款的税收待遇来解释这些差别。

虽然在经济中存在许多不同的利率，但宏观经济学家通常可以忽略这些差别，各种利率倾向于同时上升或下降。就我们的目的而言，只存在一种利率的假设是一种有用的简单化。

二、资本边际效率的意义

资本边际效率是凯恩斯提出的一个概念，按照他的定义，资本边际效率（MEC）是一种贴现率，这种贴现率正好使一项资本物品的使用期内各预期收益的现值之和等于这项资本品的供给价格或者重置资本。

什么叫贴现率和现值？举例说明：

假定本金为 100 美元，年利率为 5%，则：

第一年本利和为：$100 \times (1 + 5\%) = 105$（美元）

第二年本利和为：$105 \times (1 + 5\%) = 100 \times (1 + 5\%)^2 = 110.25$（美元）

第三年本利和为：$110.25 \times (1 + 5\%) = 100 \times (1 + 5\%)^3 = 115.76$（美元）

以此类推：现在以 r 表示利率，R_0 表示本金，R_1、R_2、R_3、$\cdots$、R_n 分别表示第 1 年、第 2 年、第 3 年、$\cdots$、第 n 年的本利和，则各年本利和为：

$$R_1 = R_0(1 + r)$$

$$R_2 = R_1(1 + r) = R_0(1 + r)^2$$

$$R_3 = R_2(1 + r) = R_0(1 + r)^3$$

$$\cdots\cdots$$

$$R_n = R_0(1 + r)^n$$

现在把问题倒过来，设利率与本利和为已知，利用公式求本金。假定利率为 5%，1 年后本利和为 105 美元，则利用公式 $R_n = R_0(1 + r)^n$ 或 $R_1 = R_0(1 + r)$ 可求得本金，即：

$$R_0 = \frac{R_1}{1 + r} = \frac{105}{1 + 5\%} = 100 \text{（美元）}$$

这就是说，在利率为 5% 时，1 年后 105 美元的现值是 100 美元。在同样利率下，2 年后 110.25 美元，以及 3 年后 115.76 美元的现值也是 100 美元。一般来说，n 年后的 R_n 现值是：

$$R_0 = \frac{R_n}{(1 + r)^n}$$

现在再来说资本边际效率。假定某企业投资 30000 美元购买一台机器，这台机器的使用年限为 3 年，假定各年的预期收益是 11000 美元，12100 美元，13310 美元（不考虑公司成本因素），r = 10%（r 是利率）。则：

$$R_1 = 11000/(1 + 10\%) = 10000$$

$$R_2 = 12100/(1 + 10\%)(1 + 10\%) = 10000$$

$$R_3 = 13310/(1 + 10\%)(1 + 10\%)(1 + 10\%) = 10000$$

$$R_1 + R_2 + R_3 = 30000 \text{（为供给价格）}$$

由于这一贴现率（10%）使 3 年的全部预期收益（36410 美元）的现值正好等于这项资本品的供给价格。因此，这一贴现率也代表该投资项目的预期利润率。则资本边际效率的公式为：

$$R = \frac{R_1}{1 + r} + \frac{R_2}{(1 + r)^2} + \frac{R_3}{(1 + r)^3} + \cdots + \frac{R_n}{(1 + r)^n} + \frac{J}{(1 + r)^n}$$

式中，R 代表资本物品的供给价格，R_1、R_2、R_3、$\cdots$、R_n 代表不同年份的预期净收益，J 代表该资本品在 n 年年末时的报废价值，r 代表资本边际效率。

三、资本边际效率曲线

如果 R、J 和各年预期收益都能估算出来，就能算出资本边际效率，如果资本边际效率大于市场利率，则此投资就值得，否则，就不值得。

从资本边际效率的公式 $R = \frac{R_1}{1 + r} + \frac{R_2}{(1 + r)^2} + \frac{R_3}{(1 + r)^3} + \cdots + \frac{R_n}{(1 + r)^n} + \frac{J}{(1 + r)^n}$ 可知，r 的数值取决于资本物品供给价格和预期收益：预期收益既定时，供给价格越大，r 越小；而供给价格既定时，预期收益越大，r 越大。在实际生活中，每一个投资项目的资本边际效率是不一样的，每一个企业都会面临一些可供选择的投资项目，假定这些项目的资本边际效率如图 3 - 2 所示。

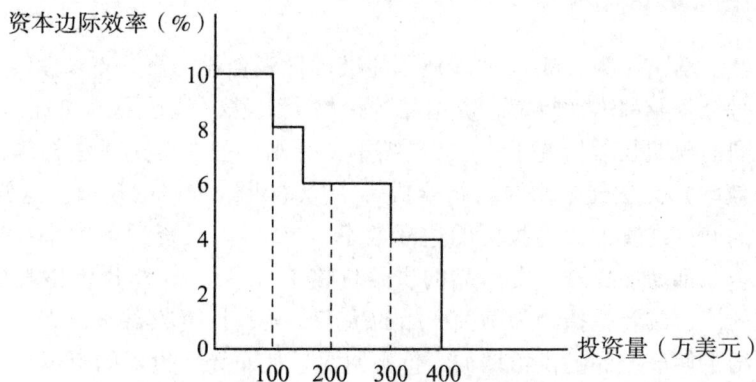

图 3 - 2　某企业可供选择的投资项目

图 3 - 2 表示某企业有可供选择的 4 个投资项目：项目 A 的投资量为 100 万美元，资本边际效率为 10%；项目 B 的投资量为 50 万美元，资本边际效率为 8%；项目 C 的投资量为 150 万美元，资本边际效率为 6%；项目 D 的投资量为 100 万美元，资本边际效率为 4%。显然，如果市场利率为 10%，只有 A 项目值得投资；如果市场利率为 8% 或稍低些，则 A 和 B 都值得投资，投资总额可达 150 万美元；如果市场利率降到 4% 或 4% 以下，则 C 和 D 也值得投资，投资总额可达 400 万美元。可见，对这个企业来说，利率越低，投资需求量会越大。图中各个长方形顶端所形成的折线就是该企业的资本边际效率的曲线。

一个企业的资本边际效率曲线是阶梯形的，但经济社会中所有企业的资本边际效率曲线如果加总在一起，分阶梯的折现就会逐渐变成一条连续的曲线，因为总合过程中所有起伏不平会彼此抵消而转为平滑，这条曲线就是凯恩斯所讲的资本边际效率曲线。如图 3 - 3 中的 MEC 曲线。

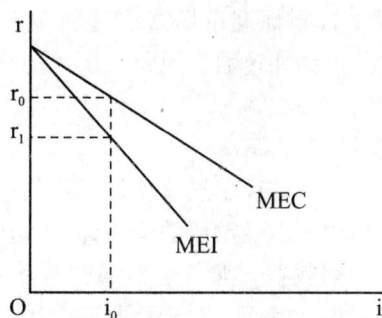

图 3 - 3　资本边际效率曲线（MEC）和投资边际效率曲线（MEI）

这条资本边际效率曲线表明，投资量（i）和利息率（r）之间存在反方向变动关系：利率越高，投资量越小；利率越低，投资量越大。

四、投资边际效率曲线

西方一些经济学家认为，MEC 曲线还不能准确代表企业的投资需求曲线。因为当利率下降时，如果每个企业都增加投资，资本品的价格会上涨，就是说 R（资本品供给价格）要增加，在相同的预期收益情况下，r 必然缩小，否则，公式两边无法相等，即这一贴现率（资本边际效率）无法使未来收益折合成等于资本供给价格的现值。这样，由于 R 上升而被缩小了的 r 的数值被称为投资的边际效率（MEI）。投资边际效率：当利率 r 下降时，如果每个企业都增加投资，资本品的供给价格 R 上涨，由于 R 价格增加而被缩小的资本边际效率的值，或者是指因为某种产品的生产有较高投资收益率，许多厂商增加对该部门的投资，结果使该产品的供给增加，价格回落，从而导致投资的资本边际效率减少的数值被称为投资边际效率。因此，在相同的预期收益下，投资的边际效率小于资本的边际效率。

由于投资的边际效率小于资本的边际效率，因此，投资边际效率曲线较资本边际效率曲线更为陡峭。西方学者认为，更精确地表示投资和利率间关系的曲线，是投资的边际效率曲线。因此，西方经济学著作一般都用 MEI 曲线来表示利率与投资量的关系，投资需求曲线指的是 MEI 曲线，这条曲线的函数才是真正的投资需求函数。

五、预期收益与投资

影响投资需求的另一个重要方面是上面公式中的预期收益，即一个投资项目在未来各个时期估计可得到的收益。影响这种预期收益的因素也是多方面的，这里可指出以下三点：

1. 对投资项目的产出的需求预期

企业决定对某项目是否投资及投资多少时，首先会考虑市场对该项目的产品在未来的需求情况，因为这种需求状况，不但会决定能否销售出去，还会影响产品价格的走势。如果企业认为投资项目产品的市场需求在未来会增加，就会增加投资，假设一定的产出量会要求有一定的资本设备量来提供，则预期市场需求增加多少，就会相应要求增加多少投资，产出增量与投资之间的关系可称加速数，说明产出变动和投资之间关系的理论称为加速原理。

2. 产品成本

投资的预期收益在很大程度上也取决于投资项目的产品的生产成本，尤其是劳动者的工资成本。因为工资成本是产品成本中最重要的构成部分，在其他条件不变时工资成本上升会降低企业利润，减少投资预期收益，尤其是对那些劳动密集型产品的投资项目而言，工资成本上升显然会降低投资需求。然而，对于那些可以用机器设备代替劳动力的投资项目，工资上升又意味着增加设备比增加劳动力更有利可图，因为实际工资的上升又等于是投资的预期收益增加从而会增加投资需求。可见，工资成本的变动对投资需求的影响具有不确定性。但就多数情况来说，随着劳动成本的上升，企业会越来越多地考虑采用新的机器设备，从而使投资需求增加，新古典经济学之所以认为投资需求会随工资的上升而上升，理由就在这里。

3. 投资税抵免

影响投资预期收益的还有政府的税收政策，因为税收直接影响收益。在一些国家，政府为鼓励企业投资，会采用一种投资税抵免的政策，即政府规定，投资的厂商可从它们的所得税单中扣除其投资总值的一定百分比。例如，假定某企业在某一年投资 1 亿元，若规定投资抵免率是 10％，则该企业就可少缴所得税 1000 万元，这 1000 万元等于是政府为企业支付的投资项目的成本。如果该企业在这一年的所得税不足 1000 万元，只有 600 万元，则所余 400 万元还可到来年甚至第 3 年再抵扣，这种投资抵免政策对投资的影响，在很大程度上取决于这种政策是临时的，还是长期的。如果是临时的，则此政策的效果也是临时的，过了政策期限，投资需求可能反而下降。比方说，政府为刺激经济，如果宣布在某一年实行投资抵免，则该年的投资可能大幅度增加，甚至本来准备来年投资的项目也可能提前到该年进行投资，但来年投资需求会明显下降，或政策实行的前一年，企业会把一些项目推迟到有政策鼓励时进行投资。

六、风险与投资

投资需求还与企业对投资的风险考虑密切相关。因为，投资是现在的事，收益是未来的事，未来结果究竟如何，总有不确定性。人们对未来结局会有一个预测，企业正是根据这种预测进行投资决策的。然而，即使是最精确的企业家，也不可能完全准确无误地预测到将来的结果。因此，投资总有风险，并且高的投资收益往往伴随着高的投资风险，如果收益不足以补偿风险可能带来的损失，企业就不愿意投资。这里所谓的风险，包括未来的市场走势，产品价格变化，生产成本的变动，实际利率的变化，政府宏观经济政策变化等，都具有不确定性。一般来说，整个经济趋于繁荣时，企业对未来会看好，企业会认为投资风险较小；而经济呈下降趋势时，企业对未来看法会悲观，从而会感觉投资风险较大。因而凯恩斯认为，投资需求与投资者的乐观和悲观情绪大有关系，实际上，这说明投资需求会随人们承担风险的意愿和能力变化而变动。

七、托宾的"q"说

除了以上所述投资需求理论，美国经济学家詹姆斯·托宾还提出了股票价格会影响企业投资的理论。按他的说法，企业的市场价格与其重置成本之比，可作为衡量要不要进行新投资的标准，他把此比率称为"q"。企业的市场价值就是这个企业的股票的市场价格总额，它等于每股的价格乘总股数之积。企业的重置成本指建造这个企业所需要的成本。因此，q＝企业的股票市场价值/新建企业的成本。如果企业的市场价值小于新建成本，即 q＜1，说明买旧的企业比建新企业便宜，于是就不会有投资；相反，q＞1 时，说明新建企业比买旧企业要便宜，因此会有新投资。就是说，当 q 较高时，投资需求会较大。托宾的这种"q"说，实际上是说，股票价格上升时，投资会增加。一些西方经济学家认为，股票价格与投资之间并不存在这种因果关系，相反，倒是由于厂商有较好的投资前景才引起该股票价格的上升。

上面叙述了几种投资需求理论，下面根据理论表述的需求，仍然根据凯恩斯的投资需求理论来说明国民收入决定的 IS – LM 模型。

第二节 IS 曲 线

一、IS 曲线及其推导

把投资当作利率的函数以后，西方学者进一步用 IS 曲线来说明产品市场均衡的条件。所谓产品市场的均衡，是指产品市场上总供给与总需求相等。在三部门经济中，总需求等于总供给是指 $c + i + g = c + s + t$，经济均衡的条件是 $i + g = s + t$。而两部门经济中总需求等于总供给是 $c + i = c + s$，均衡的条件是 $i = s$。假定消费函数为 $c = \alpha + \beta y$，则无论从总需求等于总供给分析，还是从投资等于储蓄分析，两部门经济中均衡收入决定的公式都是 $y = \frac{\alpha + i}{1 - \beta}$，其中，投资（i）是作为外生变量参与均衡收入决定的。现在把投资作为利率的函数，即 $i = e - dr$，则均衡收入的公式就变为：

$$y = \frac{\alpha + e - dr}{1 - \beta} \quad 或 \quad r = \frac{\alpha + e}{d} - \frac{1 - \beta}{d} y$$

这一公式是从投资（$i = e - dr$）等于储蓄 $[s = y - c = y - \alpha - \beta y = -\alpha + (1 - \beta) y]$ 的均衡条件中得来的。从公式 $y = \frac{\alpha + e - dr}{1 - \beta}$ 可以看到，在两部门经济中，要使产品市场保持均衡，即储蓄等于投资，则均衡的国民收入与利率之间存在着反方向变化的关系。例如，假设投资函数 $i = 1250 - 250r$，消费函数 $c = 500 + 0.5y$。即储蓄函数为 $s = y - c = -500 + 0.5y$，这样：

$$y = \frac{\alpha + e - dr}{1 - \beta} = \frac{500 + 1250 - 250r}{1 - 0.5} = 3500 - 500r$$

当 $r = 1$ 时，$y = 3000$
当 $r = 2$ 时，$y = 2500$
当 $r = 3$ 时，$y = 2000$
当 $r = 4$ 时，$y = 1500$
当 $r = 5$ 时，$y = 1000$
……

如果画一个坐标如图 3 – 4，以纵轴代表利率，以横轴代表收入，则可得到一条反映利率和收入间相互关系的曲线。这条曲线上任何一点都代表一定的利率和收入的组合。在这些组合下，投资和储蓄都是相等的，即 $i = s$。从而产品市场是均衡的，因此这条曲线称为 IS 曲线。

从上例可看到，IS 曲线是从投资与利率的关系（投资函数）、储蓄与收入的关系（储蓄函数）以及储蓄与投资的关系（储蓄等于投资）中推导出来的。西方学者常常用含有 4 个象限的图 3 – 5 来描述这个推导过程。

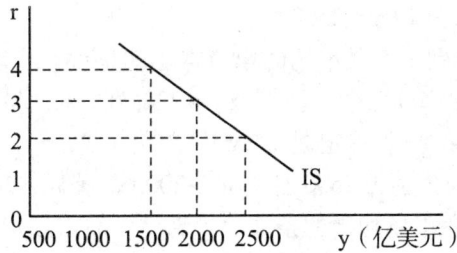

图 3 - 4 IS 曲线

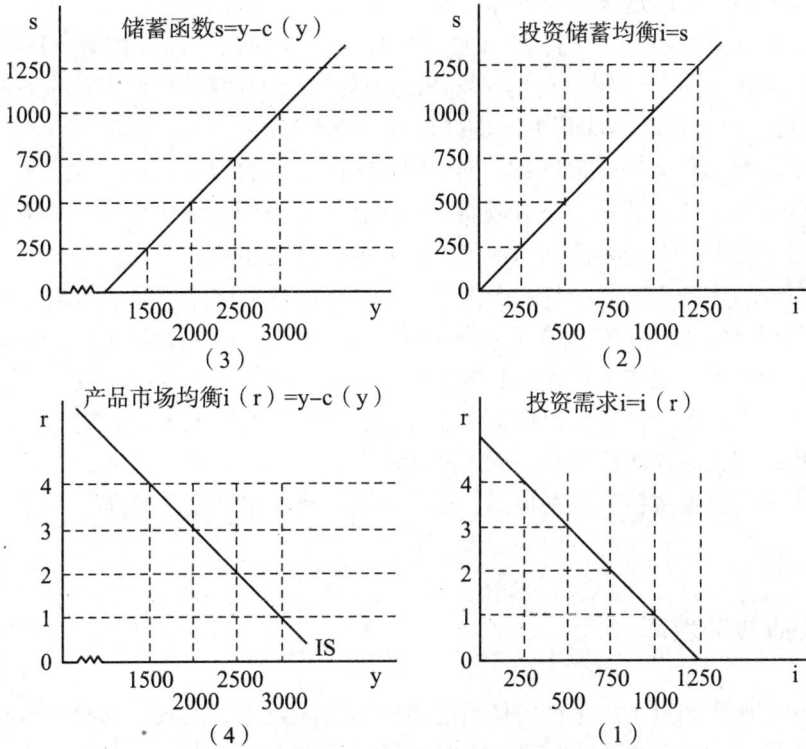

图 3 - 5 IS 曲线推导图示

在图 3 - 5 中，象限（1）的曲线表示投资需求是利率的减函数，纵轴表示利率（r），横轴表示投资量（i），该曲线就是根据上例中的投资需求函数 i = 1250 - 250r 画出来的。

图中象限（2）表示投资和储蓄的均衡状态，纵轴表示储蓄（s），横轴仍表示投资（i），那条起自原点的 45°线，表示投资始终等于储蓄的组合点的集合。例如，利率 r = 3%，投资 i = 500 亿美元，储蓄 s 也等于 500 亿美元，利率下降时，投资增加，储蓄也相应增加，才达到均衡。

图中象限（3）的曲线表示储蓄是国民收入的增函数，这条曲线就是根据上例中 s = -500 + 0.5y 画出来的。例如在象限（1）中，当利率 r = 3%，投资 i = 500；在象限（2）中，由于 i = s，必然有 500 亿美元储蓄；在象限（3）中，由储蓄函数计算得，应有收入 2000 亿美元才能有 500 亿美元储蓄（500 = -500 + 0.5y，所以 y = 2000）。如果利率下降到 2%，投资上升到 750 亿美元，均衡的储蓄也是 750 亿美元，从而均衡收入就是 2500 亿美元（750 = -500 + 0.5y，所以 y = 2500）。

最后，象限（4）便得到了产品市场的均衡点。就是说，当利率 r = 3% 时，使储蓄与投资恰好相等的国民收入是 2000 亿美元。若利率下降到 2%，投资和相应的储蓄将上升到 750 亿美元。从而均衡收入水平一定是 2500 亿美元。总之，当利率分别为 2%、3%、4%、5% 时，只有国民收入分别为 2500 亿美元、2000 亿美元、1500 亿美元、1000 亿美元时，才能满足 i = s 这一产品市场均衡的条件。将满足产品市场均衡条件的利率和收入的各个组合点连接起来，就得到了 IS 曲线。可见，IS 曲线是产品市场均衡状态的一幅简单图像。它表示的是：与任一给定的利率相对应的国民收入水平，在这样的水平上，投资恰好等于储蓄，即 i = s，因此这条曲线被称为 IS 曲线。

根据曲线的推导过程，可以得到 IS 曲线的定义，即在两部门经济中，IS 曲线是描述产品市场实现均衡，即 i = s 时，利率与均衡国民收入之间存在着反向变动关系的曲线。

根据 IS 曲线的定义，可以得到 IS 曲线的如下三个特性：

第一，IS 曲线上任何一点都满足 i = s，即是产品市场的均衡点；

第二，IS 曲线从左上方向右下方倾斜，表明在产品市场实现均衡时，利率与均衡国民收入呈反向变动关系，即利率高则均衡国民收入低，反之亦然；

第三，在产品市场上，利率与均衡国民收入呈反向变动的原因是：首先，投资是投资的边际效率和利率的函数。在投资的边际效率不变的情况下，投资与利率呈反向变动关系，即利率下降使投资成本下降，这必将刺激投资水平的提高。其次，投资是总支出的一个组成部分，投资增加会使总支出增加，在没有供给限制的情况下，总支出的提高通过乘数效应导致均衡国民收入成倍提高，反之亦然。

由于利率下降会导致投资水平提高，从而储蓄和收入水平也会提高，因此，IS 曲线的斜率是负值。

二、IS 曲线的斜率

由上可知，如果知道了一个经济体系的消费函数（或储蓄函数）和投资函数，就不难求得 IS 曲线，从图 3 - 5 中可以看到，IS 曲线斜率的大小，取决于投资函数和储蓄函数的斜率，这从 IS 曲线的代数表达式中可以看出。

上面说过，在两部门的经济中，均衡收入的代数表达式为：

$$y = \frac{\alpha + e - dr}{1 - \beta}$$

上式可化为：

$$r = \frac{\alpha + e}{d} - \frac{1 - \beta}{d}y$$

该式就是 IS 曲线的代数表达式，因为 IS 曲线图形上的纵轴代表利率，而横轴代表收入，$\frac{1 - \beta}{d}$ 就是 IS 曲线斜率的绝对值，显然，它既取决于 β，也取决于 d。所以，IS 曲线的斜率取决于以下两种因素：

第一，边际消费倾向 β。

如果 β 较大，IS 曲线斜率的绝对值就会较小，这是因为，β 较大意味着支出乘数较大，从而利率变动引起投资变动时，收入会以较大幅度变动，因而 IS 曲线就较平坦。反之，β 越小，IS 曲线就越陡峭，IS 曲线的斜率较大。因此，IS 曲线的斜率与 β 负相关。

第二，若边际消费倾向既定，IS 曲线的斜率取决于投资的利率弹性 d 的大小。

投资的利率弹性越大表示投资对利率的变动作出的反应越大，即利率较小的变动引起投资较大的变动。反之，d 较小，IS 曲线的斜率较大。反映在 IS 曲线上就是：利率较小变动就要求有收入较大变动与之相配合，才能使产品市场均衡。

三、IS 曲线的移动

IS 曲线的移动根源在于总支出的变动。投资、消费倾向和政府支出的增加以及储蓄倾向的减少都能增加总支出，总支出的增加使 IS 曲线向右移动；反之，总支出的减少会使 IS 曲线向左移动。其中，投资的变动被认为是最重要的。

先看投资需求变动。如果由于种种原因，在同样利率水平上投资需求增加了，例如，上例中的 $i = 1250 - 250r$ 变成了 $i = 1500 - 250r$，即投资需求曲线向右上方移动。于是 IS 曲线就会向右上方移动，其移动量等于投资需求曲线移动量乘以乘数。在上例中，投资需求曲线移动 250 亿美元，即 $1500 - 1250 = 250$，投资乘数 $k = \dfrac{1}{1 - 0.5} = 2$，因此，IS 曲线右移 500（亿美元）。反之，若投资需求下降，则 IS 曲线向左移动。

再看储蓄函数变动，假定人们的储蓄意愿增加了，即人们更节俭了，比方说，上例中储蓄函数从 $s = -500 + 0.5y$ 变成了 $s = -250 + 0.5y$（即消费函数从 $c = 500 + 0.5y$ 变成 $c = 250 + 0.5y$），这样，储蓄曲线就要向左移动。如果投资需求不变，则同样的投资水平现在要求的均衡收入水平就要下降，因为，同样的这点储蓄，现在只要有较低的收入就可以提供出来，因此，IS 曲线就会向左移动，其移动量等于储蓄增量乘以乘数。

然后是政府购买支出和转移支付的变动。政府购买支出的增加导致总需求的增加，国民收入随之增加，IS 曲线向右上方移动；相反，政府购买支出下降会导致 IS 曲线向左下方移动。政府转移支付并不能直接增加总需求，但由于政府转移支付多面向弱势群体，他们在接受到政府转移支付后多用于当期消费以改善生活，所以政府转移支付也会间接增加社会总需求。所以，当政府转移支付增加时，IS 曲线向右上方移动，政府转移支付减少时，IS 曲线向左下方移动。

最后是税收变动，政府税收的变动对社会总需求的影响极大，如果政府增加税收，则会使得企业和居民的生产积极性下降，同时也让企业和居民的实际消费和投资下降，因而总需求下降，IS 曲线向左下方移动；反之，如果政府减税，则总需求上升，IS 曲线向右上方移动。

第三节　利率的决定

一、利率决定于货币的需求和供给

以上两节说明，利率决定投资，并进而影响国民收入。然而，利率本身又是怎样决定的呢？凯恩斯以前的所谓古典学派认为，投资与储蓄都只与利率相关，投资是利率的减函数，储蓄是利率的增函数（即利率越高，人们越愿意储蓄，从而储蓄越多），当投资与储蓄相等时，利率就得已决定。

凯恩斯否定了这种观点。他认为储蓄不仅决定于利率，更重要的是受收入水平的影响。收入是消费和储蓄的源泉，只有收入增加了，消费和储蓄才会增加；收入不增加，即使利率提高，储蓄也无从增加。如若不知道收入水平高低，就无法建立储蓄与利率的函数关系，而如果不能确定储蓄函数，也就不能确定利率，从而也不能确定投资水平和国民收入水平。凯恩斯提出，如果利率不是由投资和储蓄的对比关系决定，而是由别的因素决定，则投资和收入的决定问题就有可能得以解决。他认为利率不是由储蓄与投资决定的，而是由货币的供给量和对货币的需求量所决定的。货币的实际供给量（用 m 表示）一般由国家加以控制，是一个外生变量，因此，需要分析的主要是货币的需求。

二、流动性偏好与货币需求动机

对货币的需求（又称"流动性偏好"）是指，由于货币具有使用上的灵活性，人们宁肯以牺牲利息收入而储存不生息的货币来保持财富的心理倾向。这一概念首先由凯恩斯提出。

众所周知，人们的财富如果不以货币形式持有，而以其他形式持有，会给他们带来收益。如以债券形式持有，会有债息收入；以股票形式持有，会有股息及红利收入。那么，人们为什么愿意持有不生息的货币呢？凯恩斯认为，就是因为货币具有这种使用上的灵活性，随时可满足以下三类不同的动机。

第一，交易动机，指个人和企业需要货币是为了进行正常的交易活动。由于收入和支出在时间上不是同步的，因而个人和企业必须有足够的货币资金来支付日常需要的开支。个人或企业出于这种交易动机所需要的货币量，决定于收入水平以及惯例和商业制度，而惯例和商业制度在短期内一般可假定为固定不变，于是，按照凯恩斯的说法，交易动机的货币需求量主要决定于收入，收入越高，交易数量越大。交易数量越大，所交换的商品和劳务的价格越高，从而为应付日常开支所需的货币量就越大。

第二，谨慎动机或称预防性动机，指为预防意外支出而持有一部分货币的动机，如个人或企业为应付事故、失业、疾病等意外事件而需要事先持有一定数量的货币。西方经济学家认为，个人对货币的预防需求量主要决定于他对意外事件的看法，但从全社会来看这一货币需求量大体上也和收入成正比，是收入的函数。

第三，投机动机，指人们为了抓住有利的购买有价证券的机会而持有一部分货币的动机。在实际生活中，债券价格高低与利率的高低成反比。债券价格一般随利率变化而变化。由于债券市场价格是经常波动的，凡预计债券价格将上涨的人，就会用货币买进债券以备日后以更高的价格卖出；反之，凡预计债券价格将下跌的人，就会卖出债券保存货币以备日后债券价格下跌时再买进。

总之，对货币的投机性需求取决于利率，如果用 L_2 表示货币的投机需求，用 r 表示利率，则这一货币需求量和利率的关系可表示为：

$$L_2 = L_2(r)$$

或者 $L_2 = -hr$，这里 h 是货币投机需求的利率系数，负号表示货币投机需求与利率变动有负向关系。

三、流动偏好陷阱

经以上分析表明，对利率的预期是人们调节货币和债券配置比例的重要依据，利率越高，货币需求量越小。当利率极高时，这一需求量几乎等于零。因为，人们认为这时利率不大可能再上升，或者说有价证券价格不大可能再下降，因而将所持有的货币全部换成有价证券。反之，当利率极低时，人们会认为这时利率不大可能再下降，或者说有价证券价格不大可能再上升而只会跌落，因而会将所持有的有价证券全部换成货币。人们有了货币，也决不肯再去买有价证券，以免证券价格下跌时遭受损失，人们不管有多少货币都愿意持有在手中，这种情况被称为"凯恩斯陷阱"或"流动偏好陷阱"。人们之所以产生对货币的偏好，是由于货币是流动性或者说灵活性最大的资产，货币随时可做交易之用，随时可做投机之用，因而人们对货币的偏好就称做流动偏好。

四、货币需求函数

对货币的总需求是人们对货币的交易需求、预防需求和投机需求的总和。货币的交易需求和预防需求决定于收入，而货币的投机需求决定于利率，因此，对货币的总需求函数可描述为：

$$L = L_1 + L_2 = L_1(y) + L_2(r) = ky - hr$$

式中的 L、L_1 和 L_2 都是代表对货币的实际需求，即具有不变购买力的实际货币需求量。名义货币量是不管货币购买力如何而仅计算其票面价值的货币量。把名义货币量折算成具有不变购买力的实际货币量，必须用价格指数加以调整。如用 M、m 和 P 依次代表名义货币量、实际货币量和价格指数，则：

$$m = \frac{M}{P}$$

或

$$M = Pm$$

例如，若实际货币余额 $m = 1000$ 美元，价格水平 $P = 1.1$，则名义货币余额为 $M = 1.1 \times 1000 = 1100$ 美元。

由于 $L = ky - hr$ 仅代表对货币的实际需求量或者说需要的实际货币量，因此，名义货币需求函数还应是实际货币需求函数乘以价格指数，即：

$$L = (ky - hr)P$$

该式代表名义货币需求函数，式中 k 和 h 是常数，k 衡量收入增加时货币需求增加多少，这是货币需求关于收入变动的系数，h 衡量利率提高时货币需求变动多少，这是货币需求关于利率变动的系数，如果知道了 k、h、y、r 和 P 之值，就不难求得货币需求量。

货币需求函数可用图 3－6 来表示：

图 3－6（a）中垂线 L_1 表示为满足交易动机和谨慎动机的货币需求曲线，它和利率无关，因而垂直于横轴。L_2 线表示满足投机动机的货币需求曲线，它起初向右下方倾斜，表

示货币的投机需求量随利率下降而增加，最后为水平状，表示"流动偏好陷阱"。图 3 - 6 (b) 中的 L 线则是包括 L_1 和 L_2 在内的全部货币需求曲线，其纵轴表示利率，横轴表示货币需求量，由于具有不变购买力的实际货币一般用 m 表示，因此横轴也可用 m 表示。这条货币需求曲线表示在一定收入水平上货币需求量和利率的关系，利率上升时，货币需求量减少，利率下降时，货币需求量增加。

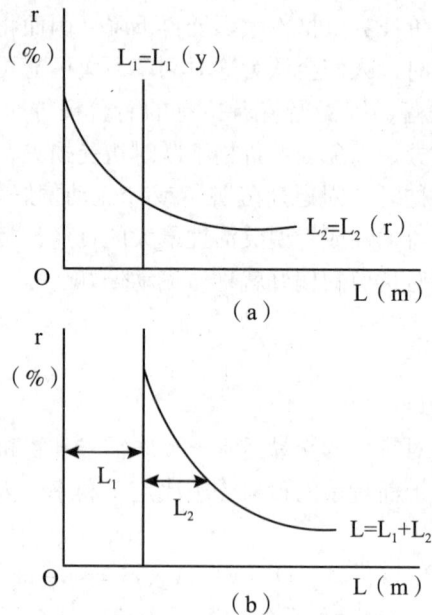

图 3 - 6 货币需求曲线

五、货币供求均衡和利率的决定

货币供给有狭义和广义的货币供给之分。狭义的货币供给是指流通中的硬币、纸币和银行活期存款的总和（一般用 M_1 表示）。在狭义的货币供给上加上定期存款，便是广义的货币供给（一般用 M_2 表示）。

货币供给是一个存量概念，它是一个国家在某一时点上所保持的不属于政府和银行所有的硬币、纸币和银行存款的总和。西方经济学家认为，货币供给量是由国家用货币政策来调节的，因而是一个外生变量，其大小与利率高低无关，因此货币供给曲线是一条垂直于横轴的直线。如图 3 - 7 中的 m 曲线，这条货币供给曲线和货币需求曲线相交的点（E）决定了利率的均衡水平（r_0），它表示，只有当货币供给等于货币需求时，货币市场才达到均衡状态。如果市场利率低于均衡利率，则说明货币需求超过供给，这时人们感到手中持有的货币太少，就会卖出有价证券一直持续到货币供求相等时为止。只有当货币供求相等时，利率才不再变动。

货币需求曲线和货币供给曲线会变动，如果货币需求和供给同时变动，利率会受到二者的共同影响，在移动后的需求曲线和供给曲线的交点上达到均衡。

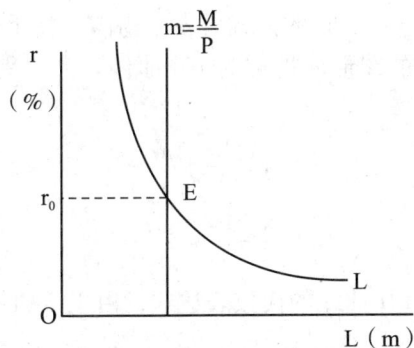

图 3 - 7　货币供给和需求的均衡

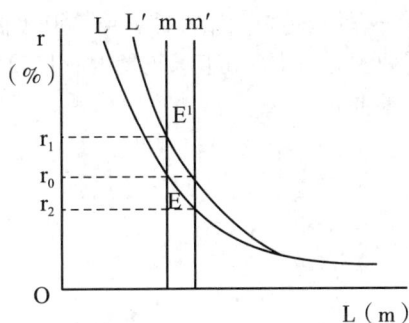

图 3 - 8　货币需求和供给曲线的变动

从图 3 - 8 中可以看到，当利率降低到一定程度时，货币需求曲线呈接近于水平状态，这就是凯恩斯所说的"流动偏好陷阱"。这时候不管货币供给曲线向右移动多少即不管政府增加多少货币供给，都不可能再使利率下降。

第四节　LM 曲 线

一、LM 曲线及其推导

利率是由货币市场上的供给和需求的均衡决定的，而货币的供给量是由货币当局所控制的，即由代表政府的中央银行所控制，因而假定它是一个外生变量。在货币供给量既定情况下，货币市场的均衡只能通过调节对货币的需求来实现。

假定 m 代表货币供给量，则货币市场的均衡就是 $m = L = L_1(y) + L_2(r) = ky - hr$。从这个等式中可知，当 m 为一定量时，$L_1$ 增加时，L_2 必须减少，否则不能保持市场的均衡。L_1 是货币的交易需求，它随收入增加而增加。L_2 是货币的投机需求，它随利率的上升而减少。因此，国民收入增加使货币交易需求增加时，利率必须相应提高，从而使货币投机需求减少，才能维持货币市场的均衡。反之，收入减少时，利率必须相应下降，否则，货币市场就不能保持均衡。

总之，当 m 给定时，m = ky－hr 的公式可表示为满足货币市场的均衡条件下的收入 y 与利率 r 的关系，这一关系的图形就被称为 LM 曲线。由于货币市场均衡时 m = ky－hr，因此有：

$$y = \frac{hr}{k} + \frac{m}{k}$$

或

$$r = \frac{ky}{h} - \frac{m}{h}$$

这两个公式都可以表示 LM 曲线的代数表达式，由于该曲线图形的纵坐标表示的是利率，横坐标表示的是收入，因此一般用公式 $r = \frac{ky}{h} - \frac{m}{h}$ 代表 LM 曲线。

现举例说明 LM 曲线。假定对货币的交易需求函数为 $L_1 = L_1(y) = 0.5y$，对货币的投机需求函数 $L_2 = L_2(r) = 1000 - 250r$，货币供给量 m = 1250（亿美元），并假定这一实际货币供给量就是名义货币供给量（M），则货币市场均衡时，1250 = 0.5y + 1000 - 250r，得 y = 500 + 500r 或 r = 0.002y - 1，因此：

当 y = 1000 时，r = 1
当 y = 1500 时，r = 2
当 y = 2000 时，r = 3
当 y = 2500 时，r = 4
……

这里说的 r = 1，r = 2 等，实际上是指利率为 1%，2% 等，但在 IS－LM 模型中计算时，仍要按 r = 1，r = 2 等计算，而不能按 r = 1%，r = 2% 或 r = 0.01，r = 0.02 等来计算。

根据这些数据，可作如图 3－9 的坐标图形。图中这条向右上方倾斜的曲线（在这里，此曲线代表的是线性方程，故为直线）就是 LM 曲线，此线上任一点都代表一定利率和收入的组合，在这样的组合下，货币需求与供给都是相等的，也即货币市场是均衡的。

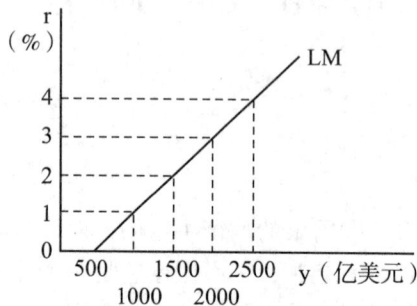

图 3－9 LM 曲线

从上例可知，LM 曲线实际上是从货币的投机需求与利率的关系，货币的交易需求与收入的关系以及货币需求与供给相等的关系中推导出来的，西方学者也常用这样一个包含有四个象限的图 3－10 来表现。

交易需求$L_1 = L_1(y)$　　　　　　　　　货币供给$m = L_1 + L_2$

货币市场均衡$m = L_1(y) + L_2(r)$　　　　投机需求$L_2 = L_2(r)$

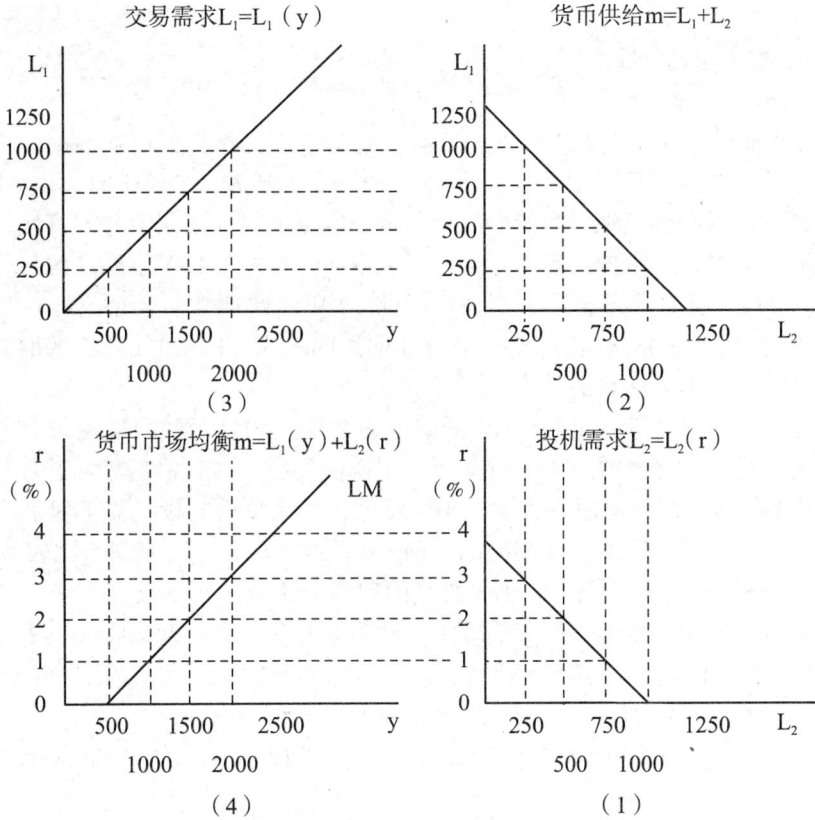

图 3－10　LM 曲线推导

图 3－10 中象限（1）中向右下方倾斜的曲线是货币的投机需求函数 $L_2 = L_2(r) = 1000 - 250r$，利率（r）从 4% 向 3%、2%、1% 逐渐下降时，货币的投机需求量从 0、250 亿美元、500 亿美元、750 亿美元逐渐增加。

象限（2）表示当货币供给为一定量（1250 亿美元）时，应如何划分用于交易需求的货币和投机需求的货币。由于 $m = L_1 + L_2$，所以 $m - L_1 = L_2$，或 $m - L_2 = L_1$，那条和横纵坐标都成 45° 的直线就表示这种关系。例如，当投机需求为 250 亿美元（在横轴上表示），则留作交易之用的货币就为 1000 亿美元（在纵轴上表示）。

象限（3）的曲线是货币的交易需求函数 $L_1 = L_1(y) = 0.5y$。当 y＝2000 亿美元时，$L_1 =$ 1000 亿美元，当 y＝1500 亿美元时，$L_1 =$ 750 亿美元。

象限（4）表示与货币市场均衡相一致的利率与收入的一系列组合，当 y＝2000 亿美元时，$L_1 =$ 1000 亿美元；由于 m＝1250 亿美元，因此，$L_2 =$ 1250 － 1000 ＝ 250 亿美元；当 $L_2 =$ 250 亿美元时，相应的利率 r＝3%。这是（1）、（2）、（3）象限中说明的内容。象限（4）将以上三个象限的内容总结起来，说明当货币供给为 1250 亿美元时，只有当 y＝2000 亿美元，r＝3% 时货币需求才是 1250 亿美元，从而达到货币市场均衡。同样，当收入为 1500 亿美元和 1000 亿美元，利率为 r＝2% 和 1% 时，货币市场才达到均衡。将一系列使货币市场均衡的收入和利率的组合连接起来，就描绘出一条称为"LM"的曲线。它之所以叫 LM 曲线，是由于这条曲线上的任一点所表示的利率与所相应的国民收入都会使货币供给（m）等于货币需求（L）。

二、LM 曲线的斜率

上图中 LM 曲线是一条向右上倾斜的直线，且与水平轴相交，这是根据一个假设的数字例子做出来的。在这个例子中，当利率 $r = 0$ 时，$L_2 = 1000$，$r = 4\%$ 时，$L_2 = 0$，这完全是为了使问题和图形变得直观、简明的简化假定。实际上，这样假定并不真实，因为利率并不需要低到为零时，货币投机需求才会变得无限大；反之，利率不是升的足够高即远远高于 4% 时，货币投机需求才会完全消失。因此，LM 曲线通常不会是这样一条向右上倾斜的直线。LM 曲线形状究竟如何，取决于 LM 曲线的斜率。LM 曲线的斜率取决于货币的投机需求曲线和交易需求曲线的斜率。

第一，当货币交易函数一定时，LM 曲线的斜率取决于货币的投机需求。如果货币的投机需求对利率的变化很敏感，即 h 值较大，则斜率变动一定幅度，L_2 变动的幅度就较大，从而 LM 曲线较平坦，其斜率也比较小。反之，如果货币的投机需求对利率的变动不敏感，即 h 值较小，投机需求曲线较陡峭，则 LM 曲线也较陡峭，其斜率比较大。

第二，当投机需求函数一定时，LM 曲线的斜率取决于货币的交易需求。如果货币的交易需求对收入的变动很敏感，即 k 值较大，则利率变动一定幅度，收入只需变动较小幅度，从而 LM 曲线较陡峭，其斜率也比较大。反之，如果货币的交易需求对收入的变动不敏感，则 k 值较小，交易需求曲线较平坦，其斜率也较小。

在实际生活中，由于货币的交易需求比较稳定，所以一般认为 LM 曲线的斜率主要取决于投机需求。

LM 曲线的斜率实际上也取决于公式 $r = \left(\dfrac{k}{h}\right)y - \dfrac{m}{h}$ 中的 k 和 h 之值。这一公式是 LM 曲线的代数表达式，而 $\dfrac{k}{h}$ 是 LM 曲线的斜率，当 k 为定值时，h 越大，即货币需求对利率的敏感度越高，则 $\dfrac{k}{h}$ 就越小，于是 LM 曲线越平缓。另一方面，当 h 为定值时，k 越大，即货币需求对收入变动的敏感度越高，则 $\dfrac{k}{h}$ 就越大，于是 LM 曲线越陡峭。从图 3 - 10 来看，h 越大，就使象限（1）中货币投机需求曲线越平缓，因而 LM 曲线越平缓，而 k 越大，就使象限（3）中货币交易需求曲线越陡峭，因而 LM 曲线越陡峭。

从 LM 曲线的代数表达式 $r = \left(\dfrac{k}{h}\right)y - \dfrac{m}{h}$ 中能得到，LM 曲线的斜率是 $\dfrac{k}{h}$，h 是货币需求关于利率变动的系数。当 $h = 0$ 时，$\dfrac{k}{h}$ 为无穷大，因此，LM 曲线是一条垂直线；当 h 为无穷大时，$\dfrac{k}{h}$ 为零。因此，LM 曲线是一条水平线；而当 h 介于零和无穷大之间的任何值时，由于 k 一般总是正值，因此 $\dfrac{k}{h}$ 为正。

三、LM 曲线的移动

从上面的内容可知，货币投机需求、交易需求和货币供给量的变化，都会使 LM 曲线发生相应的变动。

第一，货币投机需求曲线移动，会使 LM 曲线发生方向相反的移动，即如果货币投机需求曲线右移（即投机需求增加），而其他情况不变，则会使 LM 曲线左移。原因是同样利率水平上，现在投机需求量增加了，交易需求量必减少，从而要求的国民收入水平下降了。

第二，货币交易需求曲线移动，会使 LM 曲线发生方向相同的移动，即如果货币交易需求曲线右移（即交易需求减少），而其他情况不变，则会使 LM 曲线也右移。原因是完成同样的交易量所需要的货币量减少了，也就是，同样一笔货币现在能完成更多国民收入的交易。

需要指出的是，上述 LM 曲线移动的两种情况是在货币的投机需求曲线和交易需求曲线斜率不变时发生的，即 h 和 k 的值都不变时发生的。如果 h 和 k 的值发生变化则会使 LM 曲线发生转动而不是移动。如果 h 的值由小变大即货币需求对利率的敏感度逐渐增强，则会使 LM 曲线逐渐变得平缓，即发生顺时针方向转动；反之，则发生逆时针方向转动。如果 k 的值由小变大，即货币需求对收入的敏感度逐渐增强，则会使 LM 曲线逐渐变得陡峭，发生逆时针方向转动；反之，则会发生顺时针方向转动。

第三，货币供给量变动将使 LM 曲线发生同方向变动，即货币供给量增加，LM 曲线右移。原因是在货币需求不变时，货币供给量增加必使利率下降，利率下降又刺激投资和消费，从而使国民收入增加。在使 LM 曲线移动的三个因素中，特别要重视货币供给量变动的因素。因为货币供给量是国家货币当局可以根据需要而调整的，通过这种调整来调节利率和国民收入。

还要指出的是，当价格水平 P = 1 时，或者说价格水平不发生变化时，名义货币供给量可以代表实际货币供给量。可是，如果价格水平不等于 1，或者说价格水平发生变化时，名义货币供给量就不能代表实际货币供给量。P > 1 时货币的实际供给量小于名义供给量。P < 1 时，货币的实际供给量大于名义供给量。因此，当名义货币供给量不变时，价格水平如果下降，则意味着实际货币供给量增加，这会使 LM 曲线向右移动。相反，如果价格水平上升，LM 曲线向左移动。

在价格水平不变时，M 增加，LM 曲线向右下方移动，反之，LM 曲线向左上方移动。实际上，央行实行变动货币供给量的货币政策，在 IS－LM 模型中就表现为 LM 曲线的移动。

第四，价格水平变动，会使 LM 曲线发生同方向变动，即价格水平 P 上升，实际货币供给量 m 就变小，LM 曲线就向左上方移动；反之，LM 曲线就向右下方移动，利率就下降，收入就增加。实际上，从 IS－LM 模型推导总需求曲线，说明总需求曲线为什么一般向右下方倾斜，即价格水平和收入水平具有反方向变动关系，原因也就在这里。

第五节　IS－LM 分析

一、两个市场同时均衡的利率和收入

凯恩斯在《就业、利息和货币通论》中说明了总收入取决于与总供给相等的总有效需求，而有效需求决定于消费支出和投资支出，由于消费倾向在短期是稳定的，因而有效需求主要取决于引致投资（引致投资是与自发投资相对而言的，是指由经济中的内生变量引起的投资，即为适应某些现有产品或整个经济的开支的实际或预期增加而发生的投资。引致投资产生的主要原因有收入的增长和人口的增长，因为这两者都会造成对产品和服务的更大需求。引致投资在 IS – LM 模型中指利率变动引起的投资，反映引致投资与引起这种投资的内生变量之间的关系的函数便是投资函数）。投资量又决定于资本边际效率和利率的比较。若资本边际效率为一定，则投资取决于利率，利率取决于货币数量和流动性偏好即货币需求。货币需求由货币的交易需求（包括预防需求）和投机需求构成。货币的交易需求取决于收入水平，而投机需求取决于利率水平。可见，在商品市场上，要决定收入，必须先决定利率，否则投资水平无法确定；而利率是在货币市场上决定的，在货币市场上，如果不先确定一个特定的收入水平，利率又无法确定；而收入水平又是在商品市场上决定的，因此利率的决定又依赖于商品市场。这样，凯恩斯的理论就陷入了循环推论：利率通过投资影响收入，而收入通过货币需求又影响利率；或者反过来说，收入依赖于利率，而利率又依赖于收入。凯恩斯的后继者发现了这一循环推论的错误，并把产品市场和货币市场结合起来，建立了一个产品市场和货币市场的一般均衡模型，即 IS – LM 模型，以解决循环推论的问题。

从前面的分析中已经知道，在 IS 曲线上，有一系列利率与相应收入的组合可使产品市场均衡；在 LM 曲线上，又有一系列利率和相应收入的组合可使货币市场均衡。但能够使产品市场和货币市场同时达到均衡的利率和收入组合却只有一个。这一均衡的利率和收入可以在 IS 曲线和 LM 曲线的交点上求得，其数值可通过求解 IS 和 LM 的联立方程得到。

仍以图 3 – 4 和图 3 – 9 中例子来说，图 3 – 4 说的是产品市场均衡：

$i = 1250 - 250r$，$s = -500 + 0.5y$

$i = s$ 时，$y = 3500 - 500r$ ·· IS 曲线

图 3 – 9 说的是货币市场均衡：

$m = M = 1250$，$L = 0.5y + 1000 - 250r$

$L = m$ 时，$y = 500 + 500r$ ·· LM 曲线

两个市场同时达到均衡时的利率和收入可通过求解以下联立方程而得：

$$\begin{cases} y = 3500 - 500r \\ y = 500 + 500r \end{cases}$$

得　$r = 3\%$，$y = 3500 - 500 \times 3 = 2000$（亿美元）

一般来说，

$i(r) = s(y)$ ·· IS 曲线

$m = L(y) + L(r)$ ·· LM 曲线

由于货币供给量 m 被假定为既定，因此，在这个二元方程组中，变量只有利率（r）和收入（y），解出这个方程组，就可得到 r 和 y 的一般解。

上述一般解可在图 3 – 11 中 IS 曲线和 LM 曲线的交点 E 上获得。

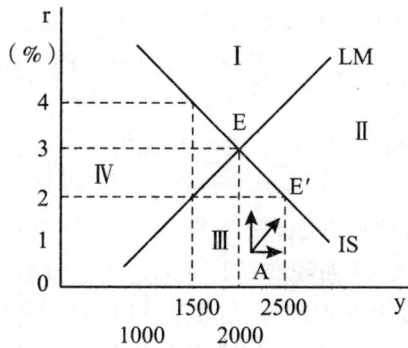

图 3 - 11 产品市场和货币市场的一般均衡

在图中，由 E 点代表的 2000 亿美元和 3% 是能使产品市场和货币市场同时实现均衡的收入和利率。这时候，投资 i = 1250 - 250 × 3 = 500（亿美元），储蓄 s = - 500 + 0.5 × 2000 = 500（亿美元），因而实现了产品市场均衡。再说，货币的需求为 L = 0.5 × 2000 + 1000 - 250 × 3 = 1250（亿美元），正好等于货币供给量，因而实现了货币市场均衡。在 E 点同时实现了两个市场的均衡，只要投资、储蓄、货币需求和供给的关系不变，任何失衡情况的出现也都是不稳定的，最终会趋向均衡。

为了理解这一点，可把图 3 - 11 中的坐标平面分成 Ⅰ、Ⅱ、Ⅲ、Ⅳ四个区域，在这四个区域中都存在产品市场和货币市场的非均衡状态。例如，在区域 Ⅰ 中任何一点，一方面在 IS 曲线右上方，因此有投资小于储蓄的非均衡；另一方面又在 LM 曲线左上方，因此有货币需求小于供给的非均衡。其余三个区域中的非均衡关系也可这样推知。这四个区域中的非均衡关系如表 3 - 1 所示。

表 3 -1   产品市场和货币市场的非均衡

区域	产品市场	货币市场
Ⅰ	i < s 有超额产品供给	L < M 有超额货币供给
Ⅱ	i < s 有超额产品供给	L > M 有超额货币需求
Ⅲ	i > s 有超额产品需求	L > M 有超额货币需求
Ⅳ	i > s 有超额产品需求	L < M 有超额货币供给

各个区域中存在的各种不同的组合的 IS 和 LM 非均衡状态，会得到调整，IS 不均衡会导致收入的变动：投资大于储蓄会导致收入上升，投资小于储蓄会导致收入下降；LM 不均衡会导致利率变动：货币需求大于货币供给会导致利率上升，货币需求小于货币供给会导致利率下降。这种调整最终都会趋向均衡利率和均衡收入。

例如，在图 3 - 11 中，假定经济处于 A 点所表示的收入和利率组合的不均衡状态。A 点在Ⅲ区域中，一方面有超额产品需求，从而收入会上升，收入从 A 点沿平行于横轴的箭头向右移动；另一方面有超额货币需求，从而利率会上升，利率从 A 点沿平行于纵轴的箭头向上移动。这两方面的调整的共同结果是引起收入和利率沿对角线箭头向右上方移动到

E′点。在 E′点，产品市场均衡了，货币上场仍不均衡，于是，仍会再调整，这种调整直到 E 点才会停止。

二、均衡收入和利率的变动

IS 和 LM 曲线变动了，则均衡利率和均衡收入就会发生相应的变化。

第一，假定 LM 曲线不变，IS 曲线变动。从前述关于影响 IS 曲线位置的因素分析中我们已经知道，投资、消费、政府支出等变动都会引起 IS 曲线的移动。现假定政府实行扩张性的财政政策，增加政府支出，则 IS 曲线将会向右上方移动。随着政府支出增加，即总需求的增加，将使生产和收入增加。但是随着收入的增加，对货币的交易需求也会增加。由于假定 LM 曲线不变，因此，人们只能通过出售有价证券来获取从事交易所需的货币，这就导致利率上升及货币的投机需求下降。同时利率上升又导致投资需求的下降，部分地抵消了因政府支出增加而面临的总需求增加的压力。最终使利率由 r_0 上升到 r_1，国民收入由 Y_0 增加到 Y_1，宏观经济在 E_1 点达到新的均衡。

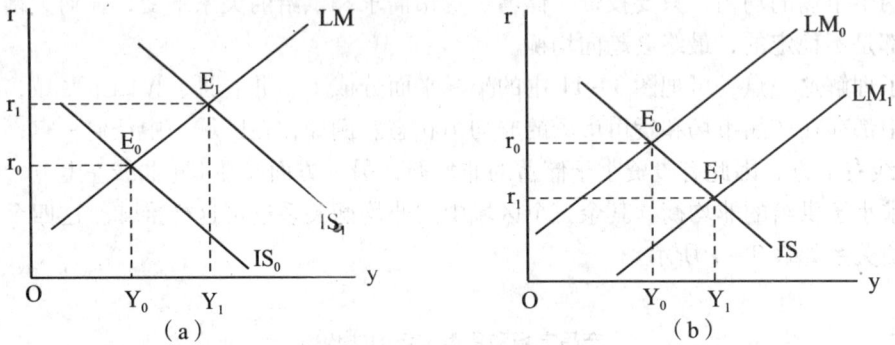

图 3−12　均衡收入和均衡利率的变动

同样地，如果因为消费、投资、政府支出减少，使总需求减少将使 IS 曲线向左下方移动，当 LM 曲线不变时，导致利率与国民收入同时减少，如图 3−12（a）所示。

第二，假定 IS 曲线不变，LM 曲线变动。从前述关于影响 LM 曲线位置的因素分析中我们知道，货币供给量以及货币需求函数的变化等因素都将引起 LM 曲线的移动。现假定政府实行扩张性货币政策，增加货币供给量，则 LM 曲线将向右下方移动。由于假定货币供给曲线不变，因此利率下降将使投资增加，进而导致国民收入增加。最终，使利率由 r_0 下降到 r_1，国民收入由 Y_0 增加到 Y_1，宏观经济在 E_1 点达到新的均衡。

同样地，如果因货币供给减少，或者因货币需求量增加，将使 LM 曲线向左上方移动，当 IS 曲线不变时，将导致利率上升，国民收入减少，如图 3−12（b）所示。

第三，若 IS 曲线与 LM 曲线因各种因素的共同作用而同时变动，则 IS 与 LM 曲线的新的交点将随 IS、LM 曲线变动的方向与程度的不同而不同。在各种情况下，利率与收入的变动，可以从上面两种情况中推导出来。

本 章 小 结

本章的要点可以被归结如下：

（1）在国民收入决定的简单模型中，投资被当做外生力量；当把货币因素纳入收入决定模型时，投资就成为一个内生变量，要受多种因素影响。其中，利率是最重要的；作为投资的成本，投资与它有反方向依存关系，这就是投资需求函数。描述投资需求的曲线称投资边际效率曲线，他从资本边际效率曲线引申出来。

（2）从产品市场均衡要求计划投资等于计划储蓄这一点出发，可以得到一条反应利率和收入相互关系的曲线，即 IS 曲线。IS 曲线的斜率主要由边际消费倾向和投资需求对利率变动的敏感程度决定，也受税率等因素的影响。当投资意愿、储蓄意愿、政府支出、税收及进出口发生变化时，IS 曲线就会移动。

（3）利率决定于货币需求和供给，货币需求按凯恩斯说法决定于交易、谨慎和投机三大动机，并由此得到货币需求函数：$L = L_1(y) + L_2(r) = ky - hr$，用 m 表示实际货币供给量，则货币市场均衡的公式 $m = ky - hr$ 可表示为满足货币市场均衡条件下收入 y 与利率 r 的关系，表达这一关系的图形即 LM 曲线。这条曲线的斜率取决于货币需求对利率和收入变动的敏感程度，即 h 和 k，特别是 h。导致 LM 曲线移动的因素则是货币投机需求、货币交易需求、货币供给量和价格水平。

（4）IS 和 LM 曲线交点的利率和收入就是产品市场和货币市场同时达到均衡的利率和收入。这一利率和收入的数值可以通过 IS 方程和 LM 方程联立求解而获得。任何不在均衡水平上的利率和收入在两个市场充分自由条件下总会有走向均衡的趋势。IS 和 LM 曲线的移动会使均衡利率和收入发生变动。

（5）IS－LM 分析是对凯恩斯经济理论整个体系的最流行的阐释。

实践与应用

一、复习与思考

（一）单项选择题

1. IS 曲线上的每一点都表示（   ）。
   A. 使投资等于储蓄的均衡货币额
   B. 产品市场的投资等于储蓄时收入与利率的组合
   C. 产品市场与货币市场都均衡时的收入与利率的组合
   D. 货币市场的货币需求等于货币供给时的均衡货币额

2. 在其他条件不变的情况下，政府购买支出增加会使 IS 曲线（   ）。
   A. 向左移动   B. 向右移动
   C. 保持不变   D. 发生移动，但方向不一定

3. 在其他条件不变的情况下，投资需求的增加会引起 IS 曲线（   ）。
   A. 向左移动   B. 向左移动，但均衡不变
   C. 向右移动   D. 向右移动，但均衡不变

4. 按照凯恩斯的货币需求理论，利率上升，货币需求量将（　　）。

    A. 增加　　　　　　　　B. 减少　　　　　　　　C. 不变　　　　　　　　D. 可能增加，也可能减少

5. LM 曲线表示（　　）。

    A. 货币市场均衡时，收入与利率之间同方向的变动关系

    B. 货币市场均衡时，收入与利率之间反方向的变动关系

    C. 产品市场均衡时，收入与利率之间同方向的变动关系

    D. 产品市场均衡时，收入与利率之间反方向的变动关系

6. 假定货币供给量和价格水平不变，货币需求为收入和利率的函数，则收入增加时（　　）。

    A. 货币需求量增加，利率上升　　　　　B. 货币需求量增加，利率下降

    C. 货币需求量减少，利率上升　　　　　D. 货币需求量减少，利率下降

7. 假定货币需求函数为 $L = ky - hr$，货币供给增加 20 亿美元，而其他条件不变，则会使 LM 曲线（　　）。

    A. 右移 k 乘以 20 亿美元　　　　　　　B. 右移 20 亿美元除以 k

    C. 右移 k 除以 20 亿美元　　　　　　　D. 右移 20 亿美元

8. 如果货币市场的均衡方程为 $r = \dfrac{ky}{h} - \dfrac{m}{h}$，则引起 LM 曲线变得平坦是由于（　　）。

    A. k 变小，h 变大　　　　　　　　　　B. k 变大，h 变小

    C. k 和 h 同比例变大　　　　　　　　　D. k 和 h 同比例变小

9. 当投资支出与利率负相关时，产品市场上的均衡收入（　　）。

    A. 与利率不相关　　　　　　　　　　　B. 与利率正相关

    C. 与利率负相关　　　　　　　　　　　D. 与利率的关系不确定

10. 在 IS 曲线和 LM 曲线的交点（　　）。

    A. 经济一定处于充分就业的状态　　　B. 经济一定处于非充分就业的状态

    C. 经济有可能处于充分就业的状态　　D. 经济资源一定得到了充分利用

11. 利率和收入点出现在 IS 曲线的右上方，LM 曲线的右下方区域中，则表示（　　）。

    A. 投资小于储蓄，且货币需求小于货币供给

    B. 投资小于储蓄，且货币需求大于货币供给

    C. 投资大于储蓄，且货币需求大于货币供给

    D. 投资大于储蓄，且货币需求小于货币供给

12. 如果利率和收入都能按供求情况自动调整，则利率和收入的组合点出现在 IS 曲线左下方，LM 曲线右下方的区域中时，将会使（　　）。

    A. 利率上升，收入增加　　　　　　　　B. 利率上升，收入下降

    C. 利率上升，收入不变　　　　　　　　D. 利率下降，收入增加

（二）多项选择题

1. IS 曲线的斜率取决于（　　）。

    A. 投资需求对利率变动的反应程度　　B. 投资需求对收入变动的反应程度

    C. 货币需求对利率变动的反应程度　　D. 货币需求对收入变动的敏感程度

    E. 边际消费倾向

2. 一般而言，位于 IS 曲线右方的收入与利率的组合，都是（　　）。

    A. 产品市场需求小于供给的非均衡组合

    B. 产品市场需求大于供给的非均衡组合

    C. 产品市场投资小于储蓄的非均衡组合

    D. 产品市场投资大于储蓄的非均衡组合

    E. 产品市场和货币市场都处于非均衡组合

3. LM 曲线的斜率取决于（　　）。

    A. 投资需求对利率变动的反应程度　　　B. 投资需求对收入变动的反应程度

    C. 货币需求对收入变动的反应程度　　　D. 货币需求对利率变动的反应程度

    E. 边际消费倾向

4. 在其他条件不变的情况下，引起 LM 曲线向右移动的原因可以是（　　）。

    A. 货币供给量增加　　　　　　　　　　B. 实际国民生产总值增加

    C. 投资需求曲线右移　　　　　　　　　D. 货币交易需求曲线右移

    E. 实际支出等于意愿支出

5. 在 IS 曲线与 LM 曲线的交点（　　）。

    A. 消费等于储蓄

    B. 产品的供给等于产品的需求

    C. 产品市场与货币市场同时处于均衡状态

    D. 实际货币供给等于实际货币需求

    E. 实际支出等于意愿支出

（三）问答题

1. 凯恩斯是怎样论证投资需求不足的？

2. 比较国民收入与利息率均衡的分析（IS - LM 分析）与凯恩斯的国民收入理论，说明 IS - LM 分析在哪方面得出了与凯恩斯国民收入理论不同的结论。

3. 假设一个只有家庭和企业两个部门的经济中，消费 $c = 100 + 0.8y$，投资 $i = 150 - 600r$，货币供给 $m = 150$，货币需求 $L = 0.2y - 400r$。

（1）求 IS 和 LM 曲线。

（2）求商品市场和货币市场同时均衡时的利率和收入。

（3）若上述两部门经济变为三部门经济，其中税收 $t = 0.2y$，政府支出 $g = 100$，货币需求 $L = 0.2y - 200r$，实际货币供给 $m = 150$，求 IS 和 LM 曲线及均衡利率和均衡收入。

4. 已知消费函数、投资函数为 $c = 130 + 0.6y$ 和 $i = 750 - 2000r$，设政府支出为 $g = 750$。试计算：

（1）若投资函数变为 $i = 750 - 3000r$，推导函数变化前和变化后的 IS 曲线并比较斜率。

（2）增加政府支出时，比较投资函数在变化前后哪种情况对收入的影响大？

（3）增加货币供给时，比较投资函数在变化前后哪种情况对收入的影响大？

5. 假定有：消费函数 $c = 50 + 0.8y$，投资函数 $i = 350 - 2000r$，政府支出 $g = 10$，货币需求函数 $L = 500 - 1000r$，货币供给量 $m = 400$，且潜在产出 $y_f = 1500$。问：如果单纯通过财政政策实现充分就业均衡，需要如何调整政府支出？

6. 假定经济满足 $y = c + i + g$，且 $c = 800 + 0.63y$，$i = 7500 - 20000r$，货币需求 $L =$

$0.1625y - 10000r$，名义货币供给量 $m = 6000$，价格水平 $P = 1$。问：当政府支出从 7500 增加到 8500 时，政府支出的增加挤占了多少私人投资？

7. 假设货币需求为 $L = 0.2y$，货币供给量 $m = 200$，消费 $c = 90 + 0.8y_d$，税收 $t = 50$，投资 $i = 140 - 500r$，政府支出 $g = 50$。试求：

（1）导出 IS 和 LM 方程，并求出均衡收入和利率及投资水平。

（2）若其他情况不变，g 增加 20，均衡收入、利率和投资又各为多少？

（3）是否存在"挤出效应"？

8. 货币需求为 $L = 0.2y - 400r$，货币供给为 $m = 150$。试求：

（1）IS 为 $y = 1250 - 3000r$ 和 IS 为 $y = 1100 - 1500r$ 时的均衡收入和利率。

（2）货币供给从 150 增加到 170 后均衡收入、利率和投资变为多少？

（3）解释为何出现上述差距？

9. 已知在三部门经济中，$c = 100 + 0.8y_d$，$i = 150 - 6r$，$g = 100$，$t = 0.25y$，$m = 150$，$L_1 = 0.2y$，$L_2 = 2r$。试求：

（1）确定 IS 和 LM 方程及均衡收入与利率。

（2）其他情况不变，g 增加 50，求新的均衡收入与利率，此时挤出效应有多大？

（3）要消除财政政策的挤出效应，货币供给量应如何变化？

二、综合案例

美国联邦储备体系如何管理货币供给

案例内容：

美国的市场经济经过了百年的历史起伏，最终形成了一个成熟的货币管理方式。早在 1929 年大萧条出现之前，美国的经济就因频频出现银行危机进入了衰退阶段。为了防止危机恶化，国会在 1913 年通过了《联邦储备法案》，成立了美国联邦储备局。美国联邦储备局一般简称为美联储，就是美国的中央银行，为其他商业银行提供支票清算等业务，以此来行使最后贷款人的职责应对当时的银行挤兑危机。该体系于 1914 年开始运行。美联储设立之初并没有管理货币供给的职责，直到经历 20 世纪 30 年代的大萧条之后，国会修订了《联邦储备法案》，给予了美联储以"更有效地实现最大化就业、稳定物价、调节长期利率的目标"之责。

为了协助美联储实现职能，美国国会将全国划分为 12 个区，分别为本地区银行提供服务。而美联储的核心权力来自于位于华盛顿特区的联邦储备委员会。委员会由 7 人组成，均由总统直接指派，任期 14 年并且仅可任职一次。在 7 位委员中选出一位任主席，任期 4 年，可以连任。美联储自第二次世界大战之后才开始采取积极的货币政策，这期间委员会成员主要来自银行、商业和学术界，如来自华尔街的威廉·马丁，来自商界的威廉·米勒，来自学术界的阿瑟·伯恩斯和本·伯南克。

问题讨论（利用网络查找资料）：

1. 三大货币政策工具各有何优缺点？

2. 美联储是如何运用三大货币政策工具来实现经济目标的？

3. 三大货币政策与货币供给之间是什么关系？

理论提示：

1. 货币供给过程。

2. 中央银行与美联储。

3. 各种货币政策。

第四章　国民收入的决定：
总需求—总供给模型

导入案例

谁推动了 20 世纪 90 年代美国的总需求

　　克林顿总统把 1996 年美国经济的明显回升和活跃归功于自己，但分析家则认为应主要归功于消费者。

　　在 1996 年的大部分时间里，美国人在住房、汽车、电冰箱和外出吃饭方面慷慨支出，这使得年初看来有停止危险的经济扩张又得以持续下去。在这一过程中，消费者基本上没理会过分扩大支出的警示信号。经济学家说，在星期五公布惊人的强劲的数据中，消费者的无节制支出是主要力量。劳工部估算，经济创造了 23.9 万个就业机会，远远大于预期的水平。使这个月成为连续第五个月强有力的就业增加。当时的失业率为 5.3%，是 6 年来的最低水平，而且经济增长如此迅速，以至于人们又开始担心通货膨胀。

　　在各个行业中，就业增加最大的是零售业，它在 6 月增加了 7.5 万个就业机会，其中有将近一半是餐饮业创造的。在汽车、中间商、加油站、旅馆和出售建筑材料及家具的商店中，工作岗位的增加也是强劲的。但是，消费者这种无节制的消费方式能够持续多长时间，仍然是一个有争议的问题，而且，当联邦储备委员会的决策者在决定是否要提高利率，以便使经济的加速不至于引起通货膨胀加剧时，这也是个至关重要的问题。一些经济学家认为，消费者已经积累了如此巨大的债务，以至于他们被迫在随后的几年里放慢支出，这会引起经济增长放慢，在 1996 年第一季度，信用卡逾期不能付款的情况已达到 1981 年以来的最高水平，而且个人破产从 1995 年前 3 个月以来已达到 15%。

　　大多数经济学家还一致认为，1996 年支出迅速增加主要是由暂时的因素引起的，如低利率、高于预期水平的退税以及汽车制造商的回购等。而这些因素已经改变或不存在，确定消费者支出过程中的一个无法预料的事是股票市场，股票市场使较多消费者感到可以有持续的高涨，而且他们仍然没有得出一个一致的答案。但是，他们说，近年来的牛市给消费者更多的支出提供了某种刺激。

【案例导学】

　　在微观经济学部分我们学过，需求是与价格相联系的一个变量，它与价格呈反方向变动的关系。需求的这一规律表现在总需求这一变量上，就是整个社会对商品的总需求量随价格总水平的上升而下降。所以，总需求曲线也是一条向右下方倾斜的曲线。

　　在价格不变的情况下消费、投资、政府支出和净出口需求增加时，社会的总需求增加了，案例中分析了美国经济繁荣的主要原因是老百姓强劲的消费拉动了美国的经济增长。

由于消费增加，必须增加总供给，企业投资增加，劳动者的就业增加，就业增加引起收入增加，而收入增加又促进消费的增加，形成一种良性的循环。当然，克林顿政府也采用扩张性的宏观经济政策，使消费和投资等增加。

第一节　总需求曲线

总需求是社会对产品和劳务的需求总量，它通常以产出水平来表示。总需求函数是指以产量（国民收入）所表示的需求总量和价格水平之间的关系，它表示在某一特定的价格水平下，社会对产出的需求。总需求曲线则表示产品市场与货币市场同时达到均衡时的价格水平与产出水平的组合。

一、总需求曲线的推导

我们可以利用 IS－LM 模型来推导总需求曲线。

在 IS－LM 模型中，一般价格水平被假定为一个常数。现在假设其他条件不变，唯一变动的是价格水平，价格水平的变动不会影响产品市场的均衡，即不会影响 IS 曲线，但会影响到货币市场的均衡，即 LM 曲线会发生移动。这是因为，IS 曲线的变量被假定是实际变量而不是随价格变化而变动的名义变量。但 LM 曲线中的货币供给量则有名义货币供给量和实际货币供给量之分。

如果以 m 代表实际货币供给量，M 表示名义货币供给量，P 代表价格水平，则有：

$$m = \frac{M}{P}$$

由上式可以看出，实际货币供给量取决于名义货币供给量和价格水平。当名义货币供给量不变而价格水平下降时，会使实际货币供给量增加，如果货币需求不变，则实际货币供给量的增加会使货币市场上的货币需求小于货币供给，从而使利率水平下降。利率水平的下降会使投资增加，从而使总需求增加。因此，价格水平下降的结果是使总需求增加。同样，如果价格水平上升，则会使总需求减少。在宏观经济学中，将价格水平变动引起利率同方向变动，进而使投资和产出水平反方向变动的情况，称为利率效应。另外，价格水平下降会使人们所持有的货币及其他以货币为固定价值的资产的实际价值增加，从而使人们变得相对富有，这会使人们增加消费需求。这种效应被称为实际余额效应。而且，价格水平下降会使人们的名义货币收入减少，降低人们的纳税档次，并使人们的税负减少，可支配收入增加，从而增加消费需求。

当价格不变时，名义货币供给量增加，会使 LM 曲线右移；同样当价格水平下降时，实际货币供给量增加，也会推动 LM 曲线右移。如图 4－1（a）所示，当价格水平为 P_1 时 $LM(P_1)$ 与 IS 曲线相交于 E_1 点，决定了使货币市场和产品市场同时均衡的收入水平 y_1 和均衡利率水平 r_1。当价格不变时，名义货币供给量增加，会使 LM 曲线右移；同样当价格水平下降时，实际货币供给量增加，也会推动 LM 曲线右移。当价格水平由 P_1 降为 P_2 时，实际货币供给量增加，LM 曲线向右下方移动，由 $LM(P_1)$ 移至 $LM(P_2)$，又因为 IS 曲线一般不受物价水平影响，这时 LM(P$_2$) 曲线与 IS 曲线相交于 E$_2$ 点，均衡利率则由 r$_1$ 下降到 r$_2$，利率下降使投资增加，实际收入水平随之从 y$_1$ 增加到 y$_2$，由此在图 4 – 1（b）中，如果以价格水平作为纵轴，实际收入水平作为横轴，将与 P$_1$、P$_2$ 对应的 y$_1$、y$_2$ 组合点，连接成一条线，就可以构成总需求曲线（AD）。AD 曲线向右下方倾斜，这反映了实际总需求与一般价格水平之间反方向相变动的关系。可用图 4 – 1 来说明价格水平变动对总需求的影响过程。

总需求曲线的数学表达式也可以通过 IS 曲线和 LM 曲线的数学表达式推导出来。

$$\text{IS 曲线}\quad y = \frac{\alpha + e - dr}{1 - \beta} \quad \text{或} \quad r = \frac{\alpha + e}{d} - \frac{1 - \beta}{d} y$$

$$\text{LM 曲线}\quad y = \frac{hr}{k} + \frac{m}{k} \quad \text{或} \quad r = \frac{ky}{h} - \frac{m}{h}$$

引入 $m = \dfrac{M}{P}$，可以得出 y 和 P 的总需求函数：

$$\left(\frac{k}{h} + \frac{1 - \beta}{d} \right) y = \frac{\alpha + e}{d} + \frac{M}{hp} \quad \text{或} \quad y = \frac{(\alpha + e)h}{dk + (1 - \beta)h} + \frac{dM}{[dk + (1 - \beta)h]P}$$

也可以简写为 y = f(p) 或 AD = AD(p)。

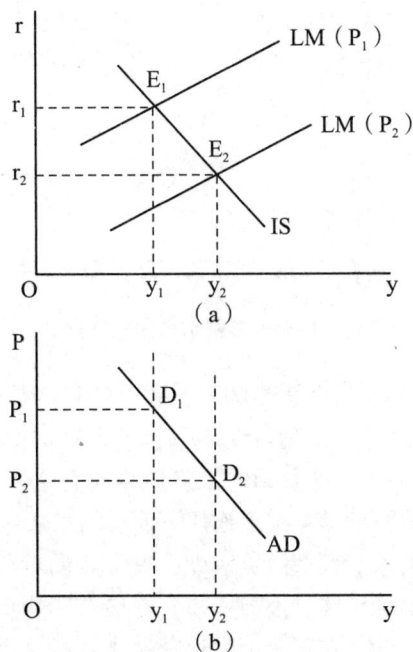

图 4 – 1　总需求曲线的推导

通过以上分析，我们知道了尽管总需求曲线 AD 与微观经济学中的需求曲线形状相似，但实际上两者的含义不同。微观经济学中的需求曲线仅是简单反映了某种商品的价格变化对需求量的影响；而总需求曲线反映的则是物价水平（P）下降，实际货币供给量 $\left(m = \dfrac{M}{P} \right)$ 增加，货币市场超额供给 $\left(m = \dfrac{M}{P} > L \right)$，引起利率（r）下降，从而投资（i）增加，最终总需求或收入水平（y）增加这样一个复杂的过程。总需求曲线概括地显示了价格水平和实际收入之间的反向关系。同时产品市场和货币市场达到均衡。

二、总需求曲线的斜率

总需求曲线的斜率反映了一定的价格水平变动引起的总需求与国民收入的不同变动情况。一般来说，总需求曲线的斜率越大，曲线越陡峭，如图 4 - 2 中的 AD_1 所示，在这种情况下，一定的价格水平变动所引起的总需求与国民收入变动越小；相反，总需求曲线的斜率越小，曲线越平坦，如图 4 - 2 中的 AD_0 所示，在这种情况下，一定的价格水平变动所引起的总需求与国民收入变动越大。图 4 - 2 中有两条总需求曲线，其中，总需求曲线 AD_0 较为平坦，斜率较小；AD_1 较为陡峭，斜率较大。当价格水平由 P_0 下降到 P_1 时，总需求曲线为 AD_0 时，总需求与国民收入的变动为 Y_0Y_2；当总需求曲线为 AD_1 时，总需求与国民收入的变动为 Y_0Y_1；与 AD_0 曲线相对应的国民收入增加较多，为 Y_0Y_2，而与 AD_1 曲线相对应的国民收入则增加较少，为 Y_0Y_1，并且 $Y_0Y_2 > Y_0Y_1$。也就是说，总需求曲线的斜率越小，一定价格水平变动所引起的总需求或国民收入变动越大；总需求曲线的斜率越大，一定价格水平变动引起的总需求和国民收入变动越小。

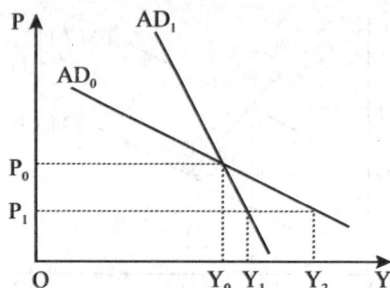

图 4 - 2　总需求曲线的斜率

那么总需求曲线的斜率受什么因素影响呢？我们知道物价水平变动导致总需求和国民收入变动的过程是一个迂回的过程：物价变动引起了实际货币供给的变动，于是造成货币市场的不均衡，从而导致利率变化使货币需求发生相应变化以适应新的货币供给水平；利率变化又会导致投资变动，投资变动在乘数作用下使总需求和国民收入发生变化。因此，总需求曲线的斜率取决于货币需求对利率的灵敏度，投资需求对利率的灵敏度，货币需求对收入的灵敏度以及投资乘数等多种因素。由前所知，价格水平的变动是通过实际货币供给量的变动来影响总需求水平的，因此，实际货币供给量的变动对总需求的影响就决定了总需求曲线的斜率，既决定实际货币供给量存量对总需求影响大小的因素也决定了总需求曲线的斜率。如果既定的实际货币供给量的变动所引起的总需求变动大，则总需求曲线斜率就小；相反，如果既定的实际货币供给量的变动所引起的总需求变动小，这种需求曲线的斜率就大。

具体来说，影响总需求曲线斜率的因素主要有以下几个：

第一，货币需求的利率弹性。货币需求对利率的灵敏度越小，总需求曲线的斜率越小。这是因为，当价格变化使实际货币供给变化导致货币市场供求不均衡时，如果货币需求对利率的灵敏度小，就需要利率有一个较大的变化，才能使货币需求有相应变化，使货币市场重新达到均衡，而利率的较大变化将导致投资以及总需求的较大变化，也就是总需求曲线的斜率较小。

第二，投资需求的利率弹性。投资对利率的灵敏度越大，总需求曲线的斜率越小。这是因为，当价格变化使实际货币供给变化导致货币市场供求不均衡时，为恢复货币市场供求均衡，利率就必然会变动。投资对利率的灵敏度越大，利率变动引起投资需求的变化量越大，从而总需求的变化就越大，也就说明总需求曲线斜率较小。

第三，货币需求的收入弹性。货币需求对收入的灵敏度越小，总需求曲线的斜率越小。这是因为，当价格变化使实际货币供给变化时，如果货币需求对收入的灵敏度越小，则需要收入的较大变动才能使货币交易需求有相应变化，从而使货币市场恢复均衡。也就是当要求总需求有较大变化时，总需求曲线的斜率较小。

第四，乘数。投资乘数越大，总需求曲线的斜率越小。这是因为，当价格变动引起利率变动从而导致投资变动时，如果投资乘数较大，经过乘数的放大作用，总需求或总收入的变化就较大，也就是说总需求曲线越平坦，斜率越小。

可以看出，总需求曲线的斜率与货币需求的利率弹性、货币需求的收入弹性呈同方向变化，而与投资需求的利率弹性和乘数呈反方向变化。

另外还有两种特例。第一种情况是货币需求对利率的灵敏度为零，也就是货币需求只有交易需求，LM 曲线是垂直的，货币实际供给量的变化对总需求的影响很大，因而 AD 曲线非常平缓，几乎是一条水平线。第二种情况是公众愿意在利率不变的条件下持有任何数量的货币实际余额，LM 曲线是一条水平线，因此价格变动引起的实际货币供给量变动对总支出和收入的影响很小，总需求曲线 AD 很陡峭，几乎是一条垂直线。当然以上只是两种极端情况，一般 AD 曲线是一条右下方倾斜的曲线。

延伸思考 4 – 1

微观经济学的需求与宏观经济学的需求

微观经济学的需求曲线以纵轴表示单个商品的价格，以横轴表示该商品的产量，并假定其他商品价格及消费者的总收入保持不变。而宏观经济学的总需求曲线上一般价格水平沿纵轴变化，总产量和总收入沿横轴变化。与此相反，在微观经济学的需求曲线上，收入和产量是保持不变的。

微观经济学需求曲线的斜率为负，是由于消费者用其他商品来替代所讨论的商品。肉价上升导致对肉的需求量下降，这是由于消费者用面包或土豆替代肉的结果，也就是说人们可以多用相对便宜的商品而少用相对昂贵的商品。但是宏观经济学总需求曲线向下倾斜的原因则大不相同：当总体价格水平上升时，总支出数量下降，主要是因为固定不变的货币供给量必须通过提高利率、紧缩信贷和降低总支出等手段在货币的需求者之间进行分配。

总之，宏观经济学与微观经济学中需求曲线的不同之处在于，宏观曲线描绘的是整体经济的价格和产量的变化，而微观曲线则分析单个商品的价格和产量。宏观的总需求曲线向下倾斜主要是因为货币供给效应，而微观的需求曲线向下倾斜则是由于消费者用其他商品替代涨价商品的结果。

第二节　总供给的一般说明

一、总供给和总供给曲线

在本章，由于取消了价格水平不变的假设，所以，总供给是指全社会的总产量（或总产出），即全社会在不同价格水平上所提供的商品和劳务的总量。总供给函数表示的就是供给总量和一般价格水平之间的关系，即全社会愿意并能够生产的商品量与价格之间的关系。若用 AS 代表经济社会的总供给水平，以 P 代表一般物价水平，则总供给函数可表示为：

$$AS = AS(P)$$

总供给曲线反映了价格水平与产量的相结合，即在某种价格水平时整个社会的厂商所愿意供给的产品总量，表示的是总供给量与一般价格水平之间的关系。一般而言，总供给主要由劳动力、生产性资本存量及技术决定。一般价格水平通过影响实际工资、劳动市场供求关系及就业量而最终影响总供给量。在总供给分析中，工资行为的决定具有十分重要的作用。但不同经济学对工资行为的决定有着不同的解释，因而形成了不同的总供给曲线。本书仅介绍总供给曲线的一般形状。

二、总供给曲线的一般形状与说明

西方经济学家将总供给曲线分为三大部分，如图 4 – 3 所示。

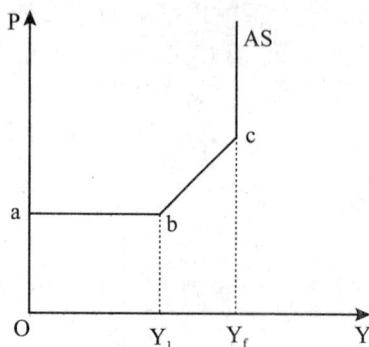

图 4 – 3　总供给曲线

（1）水平部分。如图 4 – 3 中的 ab 这一段水平线，表示产量或实际收入可在价格不变的情况下增加。ab 这部分又被称为凯恩斯主义的总供给曲线，这是凯恩斯所考察的低于充分就业阶段且社会上存在大量失业和资源设备闲置的情况，经济社会扩大产出不会提高现有平均成本，也就是厂商不必为增加产量而接受更高的成本水平。同时，资源要素的价格水平固定不变，因此，当产量减少时也不存在一般物价水平下跌的压力。

（2）垂直部分。在如图 4 – 3 中的 c 点以上的垂直部分这一段内，不论价格水平上升或下降，产量都不会扩大或减少，这时 $Y = Y_f$ 是充分就业时的产量，即经济社会所能产出的最大产量。这部分也被称为"古典"阶段，因为这一部分所反映的正是古典经济学考察的情形，即经济社会在长期达到充分就业的情况，又称"长期总供给曲线"。

（3）正斜率部分。这是夹在水平段和垂直段中间的部分，如图 4 – 3 中的 bc 部分所示。它表明了在资源接近充分利用的条件下，由于产量的增加会使生产要素的价格上涨，从而使生产成本增加，进而推动整个价格水平的上升，亦即表明总供给与价格水平呈同方向变动。但这是短期内存在的情况，该曲线又被称为"短期总供给曲线"。

短期总供给曲线表示社会供给方面的产量与价格之间的关系。这一关系来自总量生产函数和劳动市场。在西方经济学中，生产函数是指投入和产出之间的数量关系。生产函数有微观和宏观之分，微观生产函数在《微观经济学》中有详细的说明，宏观生产函数又称为总量生产函数，是指整个国民经济的生产函数，它表示总投入和总产出之间的关系。

三、生产函数

生产函数反应的是在经济制度、技术水平和土地等自然资源既定的情况下，劳动资源投入与总供给之间的关系。一般地，我们假定总供给是经济中的资本存量和所使用的劳动数量的函数。即：

$$y = f(N, K) \tag{4.1}$$

式中，y 为总产出；N 为整个社会的就业水平或就业量；K 为整个社会的资本存量；为了避免复杂化，技术水平没有被明确地表示出来。(4.1) 式表明，经济社会的产出主要取决于整个社会的就业量、资本存量和技术水平。

宏观生产函数可以被区分为短期和长期两种。在短期宏观生产函数中，由于资本存量和技术水平在短期内不可能有较大的改变，所以二者被认为是不变的常数，用 $\overline{K}$ 表示不变的资本存量，把它代入 (4.1) 式，有：

$$y = f(N, \overline{K}) \tag{4.2}$$

短期宏观生产函数 (4.2) 式表示，在一定的技术水平和资本存量条件下，经济社会生产的产量 y 取决于就业量 N，即总产量是经济中就业量的函数，随总就业量的变化而变化。

西方宏观经济学假定宏观生产函数 (4.2) 式有两条重要的性质，一是总产出随总就业量的增加而增加；二是在技术不变和 K 为常数的假设条件下，由于"边际报酬递减规律"的作用，随着总就业量的增加而增加，总产出按递减的比率增加。这样，短期宏观生产函数 (4.2) 式可以用图 4 - 4 表示。

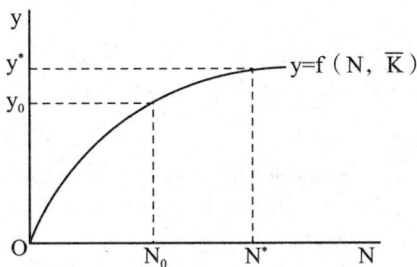

图 4 - 4 短期宏观生产函数

图中，横轴 N 表示总就业量，纵轴 y 表示总产量，曲线 $y = f(N, \overline{K})$ 表示总产量是总就业量的函数。例如，当总就业量为 N_0 时，对应的总产量为 y_0，图中曲线越来越平缓，表示总产量随总就业量的增加，按递减的比率增加。当 N 达到充分就业的 N^* 时，相应的产量为 y^*。

长期生产函数与短期生产函数的不同之处在于：在长期生产函数中，包括生产函数中的三个主要自变量在内的一切自变量都可以改变。首先，技术水平有很大的进步，存在着足够的改善技术的时间。其次，人口的增长能够影响充分就业的劳动者的数量。最后，资本的存量也会随着积累的增加有很大的变化。这样，长期生产函数可以用（4.3）式表示出来。

$$y^* = f(N^*, K^*) \tag{4.3}$$

式中，N^* 为各个短期中的充分就业量；K^* 为各期的资本存量；技术水平的变化没有被明确表示出来；y^* 为各期的充分就业时的产量，y^* 也被称为潜在产量。

在目前，我们所涉及的仅仅限于短期宏观生产函数。换句话说，正如（4.2）式所显示的那样，在一定时期和一定条件下，总供给将主要由经济的总就业水平决定。现在问，经济中的总就业水平又是由什么决定的呢？为此，有必要引入另一个市场，即劳动市场。

四、劳动市场

在西方宏观经济学中，关于总供给的理论是一个最有争议的领域，而这种争议在相当程度上体现在劳动市场方面。下面就是对简单的劳动市场—完全竞争的劳动市场加以说明。完全竞争要素市场的特征可以描述为，要素的供求双方人数都很多、要素之间没有任何差别，要素供求双方都具有完全的信息以及要素可以充分自由地流动。

如果劳动市场是竞争性的，而企业只能接受既定的市场工资和其产品的市场价格，则企业将会选择一个就业水平，使劳动的边际产品等于实际工资，因为，只有在这一就业水平，利润才能最大化。这里，实际工资等于货币工资 W 除以价格水平 P，即 $\frac{W}{P}$。如果企业的就业低于这一水平，则劳动的边际产品就将超过实际工资，从而存在着增加利润的机会。企业可以以工资 W 雇用一个工人，该工人按劳动的边际产品所给定的量生产更多的产品。企业将这些产品以价格 P 出售，便可从中获利。企业将不断利用这一获利的机会，直到增雇的工人将劳动的边际产品降低到和实际工资相等时为止。图4－5显示了利润最大化点。

由于劳动的边际产品随劳动投入的增加而降低，所以劳动的需求函数是实际工资的减函数。宏观经济学认为，上述微观经济学意义上的劳动需求与实际工资的关系，对于总量意义上的劳动市场也是成立的。

如果用 N_d 表示劳动需求量，则劳动需求函数可表示为：

$$N_d = N_d\left(\frac{W}{P}\right) \tag{4.4}$$

式中，$\frac{W}{P}$ 为实际工资，N_d 与 $\frac{W}{P}$ 成反向变动关系。实际工资低时，劳动的需求量大；实际工资高时，劳动的需求量小。换句话说，劳动需求函数（4.4）式的斜率为负。这样，劳动需求函数的几何表示，即劳动需求曲线可以表示为图4－6中的形状。

从图中可以看到，当实际工资为 $\left(\frac{W}{P}\right)_0$ 时，劳动需求量为 N_0；当实际工资从 $\left(\frac{W}{P}\right)_0$ 下降到 $\left(\frac{W}{P}\right)_1$ 时，劳动需求量就从 N_0 上升到 N_1。

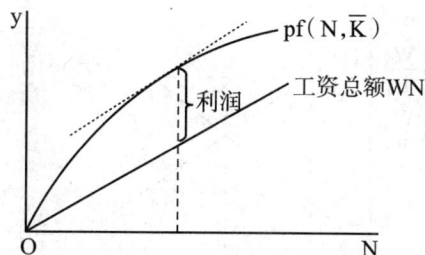

图 4-5 利润最大化的就业量

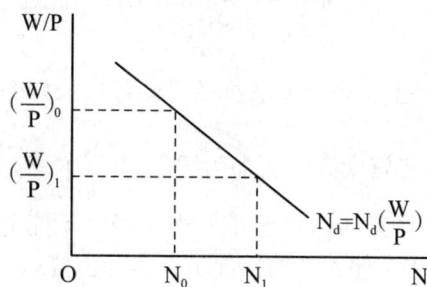

图 4-6 劳动需求曲线

同劳动的需求类似，总量意义上的劳动供给也被认为是实际工资的函数，劳动供给函数可表示为：

$$N_s = N_s \left(\frac{W}{P} \right)$$

式中，N_s 为劳动供给总量。而且，劳动供给量是实际工资的增函数。实际工资低时，劳动的供给量小；实际工资高时，劳动的供给量大。劳动供给函数的几何表示，即劳动供给曲线如图 4-7 所示。

从图中可以看出，当实际工资为 $\left(\frac{W}{P} \right)_0$ 时，劳动供给量为 N_0；当实际工资从 $\left(\frac{W}{P} \right)_0$ 上升到 $\left(\frac{W}{P} \right)_1$ 时，劳动供给量就从 N_0 上升到 N_1。

如果工资 W 和价格 P 两者都是可以调整的，那么实际工资 $\frac{W}{P}$ 也是可以调整的。劳动市场的均衡就由劳动需求曲线和劳动的供给曲线的交点来决定。如图 4-8 所示。

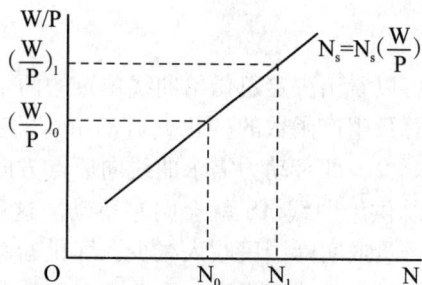

图 4-7 劳动供给曲线

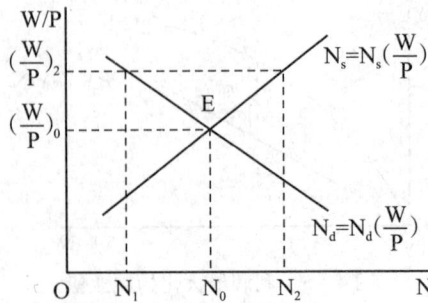

图 4 - 8 劳动市场均衡

在实际工资 $\left(\dfrac{W}{P}\right)_0$ 的水平上,企业所选择的劳动数量恰好等于公众所提供的劳动数量,即就业水平为 N_0。如果实际工资太高,例如为图中的 $\left(\dfrac{W}{P}\right)_2$,则劳动的供给量为 N_2,而劳动的需求量只为 N_1,这意味着劳动供过于求,表明经济不能为所有愿意工作者提供足够的职位,在价格和工资具有完全伸缩性的情况下,实际工资就会降低,从而刺激企业的劳动需求,抑制劳动者的劳动供给。随着实际工资的不断调整,劳动的供求数量也不断进行调整,直到使劳动市场达到供求相等的均衡状态为止。

总之,在价格和工资具有完全伸缩性的完全竞争的经济中,劳动市场的均衡条件为:

$$N_s\left(\frac{W}{P}\right) = N_d\left(\frac{W}{P}\right)$$

劳动市场的均衡一方面决定了均衡的实际工资,另一方面决定了均衡的就业量。用图 4 - 8 来说就是 $\left(\dfrac{W}{P}\right)_0$ 和 N_0。

对于上述关于劳动市场的说明,这里还需指出两点:第一,在有伸缩性的工资和价格下,实际工资调整到劳动供求相等的水平,从而使劳动市场处于均衡的状态在宏观经济学中被称为充分就业的状态。第二,根据本节的说明,在任意时点上,资本存量 K 都是由以往的投资决策所决定的。将就业水平 N 和既定的资本存量 $\overline{K}$ 代入到短期总量生产函数 $f(N,\overline{K})$ 就可立刻得出产量水平。这就表明:劳动市场在经济的总供给方面处于主导地位,因为它决定经济的总供给或产量。更进一步地说明,在工资和价格具有完全伸缩性的情况下,经济中的产量始终等于充分就业时的产量或潜在产量。

五、总供给曲线的移动

通过上述内容的分析,可以看出决定总供给曲线位置的两个基本因素是总量生产函数和劳动市场的均衡。因此,总量生产函数的变化或劳动市场的变化最终都会导致 AS 曲线的移动。例如,劳动力需求减少,即劳动力需求曲线向原点方向移动,会使均衡就业量减少,如果总生产函数不变,总供给曲线 AS 就会向左移动。这就说明在同一物价水平下,由于对劳动的需求减少,使产量或实际国民收入减少,即供给总量减少。再例如,如果由于技术进步等原因使劳动生产率水平普遍提高,则总生产函数曲线会向右上方移动,于是总供给曲线也会右移。这说明在同一物价水平下,劳动生产率的提高使实际产出或收入水平提高，也就是总供给量增加。

关于 AD 曲线和 AS 曲线的一个提醒

　　有必要强调一点：千万不要将宏观经济学的 AD 曲线和 AS 曲线与微观经济学的需求曲线和供给曲线相混淆。微观经济学的供给曲线和需求曲线指的是单个商品的数量和价格，其前提是假定国民收入、其他商品的价格这类因素保持不变。而总供给曲线和总需求曲线则不同，它体现的是总产出水平与总价格水平的决定，其前提假定是货币供应量、财政政策以及资本存量这类因素保持不变。总供给和总需求解释的是税收如何影响国民产出和所有价格的变动；而微观经济学中的供给和需求则可能考虑汽油税怎样影响汽车的购买量。这两组曲线表面上相似，但它们所解释的却是截然不同的经济现象。

第三节　总需求—总供给模型对现实的解释

　　在得到总需求和总供给曲线之后运用总需求与总供给模型便能对现实的经济情况加以解释。经济情况当然是千变万化的，因此不可能对他们一一加以解释。为了论述方便，可以把它们分为三种情况，即宏观经济的短期目标，总需求曲线移动的后果和总供给曲线移动的后果。对这三种情况，我们顺次加以说明。

一、宏观经济的短期目标

　　在短期中，宏观经济试图达到的目标是充分就业和物价稳定，即不存在非自愿失业，同时，物价既不上升也不下降，如图 4－9 所示。

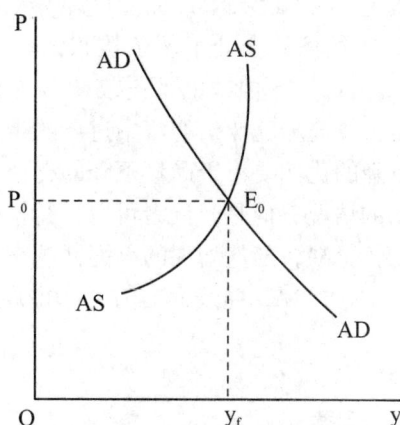

图 4－9　宏观经济的短期目标

　　该图表明当总需求曲线和总供给曲线相交于 E_0 点时，产量（y）处于充分就业的水平（y_f），价格为 P_0，而此时的 P 既不上升也不会下降。关于为什么 P 既不上升也不下降，本书第五章的菲利普斯曲线部分将有较详细的说明，总之，E_0 点表示宏观经济管理的短期目标，即充分就业和价格稳定。

然而，只有在偶然的情况下，AD 和 AS 曲线才能相交于 E_0 点，经济中有很多因素都会移动 AD 和 AS 曲线的位置，使二者的交点脱离 E_0 点。我们在下面分别论述总需求曲线（AD）和总供给曲线（AS）移动的情况。

二、总需求曲线移动的后果

总需求曲线移动的后果可以用图 4 – 10 加以说明。

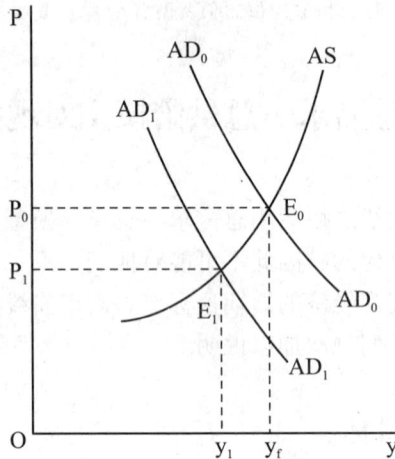

图 4 – 10　总需求曲线移动的后果

该图表示，在某一时期，AD_0 和 AS 曲线相交于代表充分就业的 E_0 点。E_0 点的产量为 y_f，价格为 P_0。这时，由于总需求减少，AD 曲线向左移动到 AD_1 的位置，这样，AD_1 和 AS 曲线相交于 E_1 点。这表明经济社会处于萧条状态，其产量和价格分别为 y_1 和 P_1，二者均低于充分就业的数值。然而，AS 曲线的形态表明，二者下降的比例并不相同。在小于充分就业的水平时，越是偏离充分就业，经济中过剩的生产能力就越多，价格下降的空间就越小，这说明：价格下降的比例要小于产量下降的比例。为了简化图形，我们没有做出 AD 曲线从 AD_0 向右移动的情况，但是，读者可以自行推想，这一情况代表经济处于过热状态，这时的生产能力比较紧缺，产量增加的可能性越来越小。而价格上升的压力却越来越大，也就是说在 E_0 点的右方，AD 曲线向右方移动的距离越大，价格（P）上升的比例要大于产量上升的比例。

三、总供给曲线移动的后果

总供给曲线移动的后果可以由图 4 – 11 表示出来。

在该图中，AD 和 AS_0 曲线相交于充分就业的 E_0 点。这时的产量和价格水平依次为 y_f 和 P_0。此时，如果由于某种原因，如大面积的粮食歉收、石油供给紧缺或原料价格猛涨等，AD 曲线由 AS_0 向左移动到 AS_1，使 AD 与 AS_1 曲线相交于 E_1 点，那么，E_1 点就可以表示滞胀状态，其产量和价格水平依次为 y_1 和 P_1，这表示失业和通货膨胀的并存。进一步说，AS 曲线向左偏离 AS_0 的程度越大，失业和通货膨胀就越严重。但是，失业下降的比例和价格上涨的比例这二者之间的相对关系却并不明确。读者可以设想 AS 曲线向右移动的后果。当生产技术的突然提高使 AS 曲线由 AS_0 向右移动时，产量增加，而价格水平则会下降。然而，必须注意：在短时间内，生产技术虽然可能突然提高，但是，要想很快得到它的成果却是很困难的。因此，AS 曲线从 AS_0 在短期向右方的移动是非常少见的，甚至只是一种理论上的想象而已。

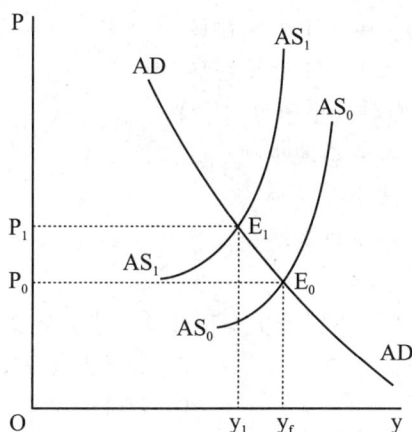

图 4 – 11　总供给曲线移动的后果

本 章 小 结

本章的内容可以被归结为以下几点：

（1）和微观经济学中的供给曲线的交点决定个别产品的数量和价格相类似，总需求与总供给曲线的交点决定整个社会的产量和价格水平。

（2）总需求曲线表示社会需求方面的产量与价格水平之间的关系。这一关系来自假设价格不变的 IS – LM 模型。去掉该模型中的价格不变的假设，即可得到需求方面的产量（y）与价格水平（P）之间的关系。总需求曲线向右下方倾斜。

（3）短期总供给曲线表示社会供给方面的产量与价格之间的关系。这一关系取消了价格水平不变的假设，即可得到供给方面的产量（y）与价格水平（P）之间的关系。西方经济学者将总供给曲线分为三大部分，即水平部分、垂直部分和正斜率部分。常规的总供给曲线向右上方倾斜。

（4）总需求与总供给曲线的交点决定产量（y）和价格水平（P）。在短期内，总需求曲线的移动比较频繁。它向左和右的移动造成产量（y）的减少和增加，以及相应的价格水平的下降和上升。在短期内，总供给曲线不易移动，但是，来自外部的冲击可以使它从充分就业的位置向左移动，从而导致失业和价格水平的上升，即导致滞胀状态；它在短期内从充分就业向右的移动是罕见的，甚至仅是一种理论的设想。

实践与应用

一、复习与思考

（一）单项选择题

1. 价格水平上升时，会（　　　）。
    A. 增加实际货币供给并使 LM 曲线右移
    B. 增加实际货币供给并使 LM 曲线左移
    C. 减少实际货币供给并使 LM 曲线右移
    D. 减少实际货币供给并使 LM 曲线左移

2. 总需求曲线向右下方倾斜是由于（　　　）。
    A. 价格水平上升时，投资会减少
    B. 价格水平上升时，消费会减少
    C. 价格水平上升时，净出口会减少
    D. 以上几个因素都不正确

3. 其他条件不变的情况下，下列情况会引起总需求曲线向右移动的是（　　　）
    A. 物价水平不变时利率上升　　　　　B. 货币供给量增加
    C. 税收增加　　　　　　　　　　　　D. 物价水平下降

4. 当（　　　）时，总需求曲线更平缓。
    A. 投资支出对利率较敏感　　　　　　B. 货币需求对利率较敏感
    C. 支出乘数较小　　　　　　　　　　D. 货币供给量较大

5. 假定经济实现充分就业，总需求曲线是垂直线，减税将（　　　）。
    A. 提高价格水平和实际产出　　　　　B. 提高价格水平但不影响实际产出
    C. 提高实际产出但不影响价格水平　　D. 对价格水平和实际产出均不产生影响

6. 假定经济处于低于充分就业均衡水平，总需求增加就会引起（　　　）。
    A. 物价水平上升和实际国民生产总值增加
    B. 物价水平上升和实际国民生产总值减少
    C. 物价水平下降和实际国民生产总值增加
    D. 物价水平下降和实际国民生产总值减少

7. 假定经济实现充分就业，总需求曲线向右移动会增加（　　　）。
    A. 实际工资、就业量和实际产出　　　B. 名义工资、就业量和实际产出
    C. 劳动力需求、就业量和实际工资　　D. 劳动生产率和实际产出

8. 假定经济实现充分就业，总供给曲线斜率为正，那么减税会使（　　　）。
    A. 价格水平上升，实际产出增加　　　B. 价格水平上升但不影响实际产出
    C. 实际产出增加但不影响价格水平　　D. 名义工资和实际工资都上升

9. 当总供给曲线斜率为正，单位原材料的实际成本增加时，总供给曲线会（　　　）。
    A. 向左移，价格水平下降，实际产出增加
    B. 向左移，价格水平上升，实际产出减少
    C. 向右移，价格水平下降，实际产出增加

    D. 向右移，价格水平上升，实际产出减少

10. 总供给曲线右移可能是因为（   ）。

    A. 其他情况不变而企业对劳动力的需求增加

    B. 其他情况不变而原材料价格上涨

    C. 其他情况不变而劳动生产率下降

    D. 其他情况不变而所得税增加

（二）多项选择题

1. 以下关于总需求的论述正确的是（   ）。

    A. 总需求是在某个特定的价格水平下，经济社会需要的总产量水平

    B. 根据总需求函数，价格水平与国民收入呈反向变动

    C. 总需求曲线反映的是产品市场和货币市场同时处于均衡时，价格水平和总产出
水平的关系

    D. 财政政策和货币政策的变化通过 IS – LM 模型对总需求曲线产生影响

    E. 总需求即总收入

2. 总需求的决定因素包括（   ）。

    A. 国内资源的价格的变化   B. 消费者预期的变化

    C. 政府支出的变化   D. 利率的变化

    E. 税率的变化

3. 以下关于总供给曲线表述正确的是（   ）。

    A. 总供给曲线表示总产量与一般价格水平之间的关系

    B. 短期总供给曲线的斜率为正值

    C. 长期总供给曲线趋近于垂直

    D. 凯恩斯总供给曲线表现出两段式的特征

    E. 萧条情况下的凯恩斯总供给曲线是一条水平线

4. 以下关于充分就业的说法正确的是（   ）。

    A. 充分就业是指在现有资本和技术水平条件下，经济社会的潜在就业量所能产生的产量

    B. 充分就业量是指一个社会在现有激励条件下，所有愿意就业的人都参与经济活
动时所达到的就业量

    C. 社会实现充分就业时，失业率为零

    D. 社会实现充分就业时，依然存在自然失业率

    E. 充分就业时的产量称为潜在产量

（三）问答题

1. 简述价格水平变动会从哪些方面影响总需求量？

2. 试说明边际消费倾向、投资对利率的敏感性、货币交易需求对收入的敏感性、货币
投机需求对利率的敏感性与总需求曲线斜率的关系。

3. 试说明总需求曲线的推导过程。

4. 引起总需求曲线和总供给曲线移动的因素有哪些？

5. 某经济中，消费函数为 c = 600 + 0.8y，投资函数为 i = 400 – 50r，政府购买为 g =
200，货币需求函数为 L = 250 + 0.5y – 125r，名义货币供给量为 M = 1250，价格水平为 P =

1。求：

（1）IS 方程和 LM 方程。

（2）均衡收入和均衡利率。

（3）假设充分就业收入为 5000，若政府欲采用扩张性货币政策实现充分就业，需要增加多少货币供给？

（4）当价格水平可以变动时，推导出总需求函数。

（5）假定总供给函数为 $y = 2375 + 125P$，根据（4）求出总需求函数，求均衡价格水平和均衡收入。

6. 假定经济由四个部门构成：$y = c + i + g + nx$，其中：$c = 300 + 0.8y_d$，$i = 200 - 1500r$，$g = 200$，税率 $t = 0.2$，$nx = 100 - 0.04y - 500r$，实际货币需求 $L = 0.5y - 2000r$，名义货币供给 $M = 550$，试求：

（1）总需求函数。

（2）价格水平 $P = 1$ 时的利率和国民收入，并证明家庭、政府部门和国际部门的储蓄总和等于企业投资。

7. 假定经济的短期生产函数为 $y = 14N - 0.04N_2$，劳动供给函数是 $N_s = 70 + 5\left(\dfrac{W}{P}\right)$。求：

（1）劳动需求函数。

（2）在 $P = 1$，$P = 1.25$ 的水平下，求劳动市场的均衡就业量。

（3）经济的短期产出水平。

二、综合案例

美国 21 世纪 70 年代的"滞涨"

案例内容：

从 1969 年到 1982 年，美国经济发展史上的第一次出现了"滞涨"，根据美国国家经济研究局（NBER）的统计资料，美国在此阶段分别经历了 1969 年 12 月至 1970 年 11 月、1973 年 11 月至 1975 年 3 月、1980 年 1 月至 1980 年 7 月、1981 年 7 月至 1982 年 11 月四次经济衰退，平均每 3 年多就发生一次衰退，经济低谷分别在 1970 年 11 月、1975 年 3 月、1980 年 7 月和 1982 年 11 月。这几次经济危机期间，生产下降，失业率猛增，物价持续大幅度上涨，出现了高通货膨胀率、高失业率和低经济增长并存的独特经济现象。

此次"滞涨"经历时间之长创第二次世界大战后新纪录，对美国经济造成了沉重的打击。一方面，工业生产经历了长时间的下降，下降幅度在 11.8% ~ 22%、1974 ~ 1979 年美国的年均生产率增长为 - 0.1%。另一方面，大量企业破产倒闭，失业率攀升，均上升到第二次世界大战后历次危机的最高值。1974 年美国失业比例高达 10% 以上，在 20 世纪 70 年代发生的经济危机中，企业破产数量达 25300 家，失业率最高时达 14% 以上。此外，物价持续上涨，年平均通货膨胀率达到 10.46%，与美国第二次世界大战后平均为 2.33% ~ 3.54% 的通货膨胀率形成了巨大反差。该"滞涨"时期成为美国第二次世界大战后最为艰难的时期。

问题讨论：

1. 试分析 20 世纪 70 年代"滞涨"产生的原因。

2. 成本上涨与通货膨胀之间有何关系？

3. 想象一下，如果预期是正确的，而且物价和工资调整非常快，是否还会发生"滞涨"？

理论提示：

1. 总供给与总需求的原理。

2. "滞涨"与通货膨胀。

3. 预期理论与长期和短期总供给曲线之间的关系。

第五章 失业与通货膨胀

菲利普斯曲线在美国的运用

通货膨胀与失业之间的这种交替关系被称为菲利普斯曲线。这个名称是为了纪念第一个研究了这种关系的经济学家而命名的。20 世纪 70 年代末到 80 年代初，美联储主席为反通货膨胀所付出的代价说明了菲利普斯曲线的存在。20 世纪 70 年代，滞胀一直困扰着美国。1979 年夏，通货膨胀率高达 14%，失业率高达 6%，经济增长率不到 1.5%。在这种形势下，沃尔克被卡特任命为美联储主席。沃尔克上任后把自己的中心任务定为反通货膨胀。他把贴现率提高到 12%，货币量减少，但到 1980 年 2 月通货膨胀率仍高达 14.9%。与此同时，失业率高达 10%。沃尔克顶住各方面压力，继续实施这种紧缩政策，终于在 1984 年使通货膨胀率降至 4%，开始了 20 世纪 80 年代的繁荣。

沃尔克反通货膨胀的最终胜利是以高失业率为代价的。经济学家把通货膨胀率减少了 1% 的过程中每年国内生产总值减少的百分比称为牺牲率。国内生产总值减少必然引起失业加剧。这充分说明通货膨胀与失业之间在短期内存在交替关系，实现低通货膨胀在一定时期内以高失业为代价。

经济学家把牺牲率定为 5%，即通货膨胀每年下降 1%，每年的国内生产总值减少 5%，沃尔克把 1980 年 10% 的通货膨胀率降低至 1984 年的 4%，按此推理，每年减少的国内生产总值应为 30%。实际上，国内生产总值的降低并没有这么严重。其原因在于沃尔克坚定不移的反通货膨胀决心使人们对通货膨胀的预期降低，从而菲利普斯曲线向下移动。这样反通货膨胀的代价就小了。但代价仍然是有的，美国这一时期经历了自 20 世纪 30 年代以来最严重的衰退，失业率达到 10%。反通货膨胀付出的代价证明了短期菲利普斯曲线的存在，也说明维持物价稳定的重要性。

【案例导学】

传统经济学认为，经济增长会导致工资提高，工资提高会引起物价上涨，从而引起通货膨胀率上升。著名的菲利普斯曲线是一条向右下方倾斜的曲线，它显示了失业率和通货膨胀率之间存在的反相关关系，即如果失业率降低，通货膨胀率就会较高；如果通货膨胀率较低，失业率就会较高。因此，一个国家要保持较低的通货膨胀率就必须接受较低的经济增长率；要保持较高的经济增长速度，就必须付出高通货膨胀的代价。

因此了解菲利普斯曲线对观察和发现许多经济事件的发生原因和发展趋势是至关重要的。特别是决策者在运用各种政策工具时，会经常需要考虑并用到这种交替关系。因为在短期决策中政府可以通过改变财政支出量、税收量和货币的发行量来影响经济发展中的通货膨胀与失业量之间的关系。

第一节　失业的描述

一、失业的数据

西方国家重视失业的问题，从而经常通过民间和官方组织来收集和公布失业的数据。例如，美国的盖洛普（Gallop）公司经常进行民意调查，向人们询问什么是美国面临的最主要问题，答案可能包括毒品、犯罪、污染和核战争等。1983 年由于美国的失业率达到了9.5%，接受调查的大多数美国人都认为失业是当时美国面临的最主要的问题。而在 1996年，美国的失业率为 5.6%，美国的民意调查表明，失业已不被认为是最主要的问题，也就是说当失业率高时，失业就被视为美国的全国性问题，而当失业率低时，失业就不被列入重要问题的名单之中。

图 5 - 1 为美国 1960 ~ 2010 年的失业率情况。

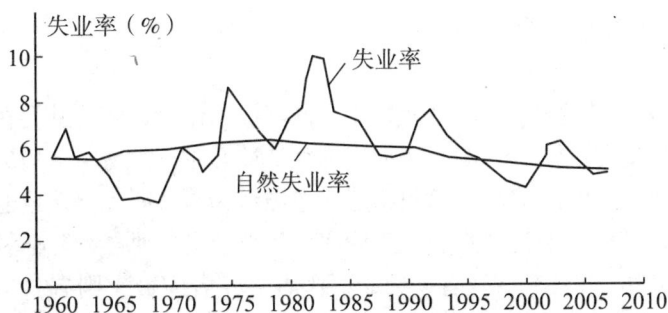

图 5 - 1　美国 1960 ~ 2010 年的失业率

失业率是指劳动力中没有工作而又在寻找工作的人所占的比例，失业率的波动反映了就业的波动情况。当就业率下降时，由于工人被解雇，失业率上升。一般的失业率在经济衰退期间上升，在经济复苏期间下降，1982 年美国的失业率上升到近 10%，1989 年降到了 5%，1992 年再次上升至近 8%，1995 年又降到了 6% 以下。

二、失业的分类

宏观经济学通常将失业分为三种类型，即摩擦性失业，结构性失业以及周期性失业。

摩擦性失业是指在生产过程中难以避免的摩擦而造成的短期、局部性失业。这种失业在性质上是过渡性或短期性的，它通常起源于劳动力的供给方，像人们换工作或找新的工作便是这种失业的例子，在这里，工作机会和寻找工作的人的匹配在经济中并不总是顺利的，结果一些人便找不到工作。摩擦性失业被认为在任何时候都存在，但对任何人或家庭来说，它是过渡性的。因此，摩擦性失业不被认为是严重的经济问题。

结构性失业是指劳动力的供给和需求不匹配所造成的失业，其特点是既有失业，又有职位空缺，失业者或者没有合适的技能，或者居住地点不当，因此无法填补现有的职位空缺。结构性失业在性质上是长期性的，而且通常起源于劳动力的需求方。结构性失业是由经济变化所导致的，这些经济变化引起特定市场和区域中的特定类型劳动力的需求相对低于其供给。在特定市场中，劳动力的需求相对较低可能由于以下原因：一是技术变化。尽管技术变化被认为能减少成本，扩大整个经济的生产能力，但也可能会对某些特定的市场（或产业）带来破坏性极大的影响。二是消费者偏好的变化。消费者产品偏好的改变在某些地区扩大了生产，增加了就业，但在其他地区减少了生产和就业。三是劳动力缺少流动性。这种流动性不足延长了由于技术变化或消费者偏好改变而造成的失业时间。工作机会的减少本应引起失业者流动，但流动性障碍却没有使这种情况发生。

周期性失业是指经济周期处于衰退或萧条阶段时，因需求下降而造成的失业，这种失业是由整个经济的支出和产出下降造成的。当经济中的总需求的减少降低了总产出时，会引起整个经济体系的较普遍的失业。

除了上述三种失业类型外，在宏观经济学中还有一种关于失业的分类，即所谓的自愿失业和非自愿失业，前者指工人不愿意接受现行工资水平而形成的失业，后者指愿意接受现行工资但仍找不到工作的失业。

三、自然失业率和自然就业率

由于摩擦性失业的普遍性和不可避免性，宏观经济学认为，经济社会在任何时期总存在一定比率的失业人口，为此，定义自然失业率为经济社会在正常情况下的失业率，它是劳动市场处于供求稳定状态时的失业率，这里稳定状态被认为是：既不会造成通货膨胀也不会导致通货紧缩的状态。为了更好地理解自然失业率，下面给出一种自然失业率的表示方式。

设 N 代表劳动力，E 代表就业者人数，U 代表失业者人数，则有 N = E + U，相应地，失业率为 U/N。假定劳动力总数 N 不变，并重点考察劳动力中的人数在就业与失业之间的转换。

设 l 代表离职率，即每个月失去自己工作的就业者的比例；f 代表就职率，即每个月找到工作的失业者比例。

容易理解，如果失业率既没有上升也没有下降，换句话说，如果劳动市场处于稳定状态，那么，找到工作的人数必定等于失去工作的人数。而找到工作的人数是 fU，失去工作的人数是 lE，因此，劳动市场达到稳定状态的条件就是：

$$fU = lE$$

又因为，E = N − U，上式变为：

$$fU = l(N − U)$$

解得：

$$U/N = \frac{l}{1 + f}$$

上式给出的失业率就是自然失业率，因为在正常时期失业率是稳定的，上式表明，自然失业率取决于离职率 l 和就职率 f。离职率越高，自然失业率越高；就职率越高，自然失业率越低，上述公式的另一个意义在于，给出了一种估计自然失业率的方法。

与自然失业率相联系的一个概念是自然就业率，其含义是与自然失业率相对应的就业率，即充分就业量除以劳动力的总量所得到的比率。按照这一界定，显然，一个经济的自然失业率与自然就业率之和为100%，这意味着知道两者中的一个，就可以推知另一个。从这个意义上说，自然失业率和自然就业率两者是一回事。在一些西方文献中，在不会产生混淆的情况下，就将它们统称为自然率。

自然失业率不仅在理解充分就业和潜在产量（或充分就业产量）方面发挥作用，也在理解宏观经济学和宏观经济政策方面发挥着重要的作用。

第二节　失业的原因

经济学家认为，失业的成因主要由以下几个因素构成：

（1）自愿失业。即能够胜任某项工作的人拒绝考虑这项工作，而暂时处在闲置状态。

（2）就业不足。即劳动者实际工作的时间少于他们希望工作的时间。

（3）表面上是在工作或愿意工作，但利用不充分。这种失业包括：

变相的就业不足。一些人看起来全天在农场、工厂和政府部门工作，但实际上他们提供的服务只要更少的时间就能完成。

隐性失业。有些人因找不到工作不得不选择非就业活动，典型的就是去接受教育和从事家务劳动。如受过一定教育的人本想参加工作，但因就业机会缺乏而被迫继续上学；妇女本来愿意参加工作，但因受传统风俗习惯和道德因素的影响而找不到工作，她们不得不围着灶台转。这样，教育机构和家庭就成为这些"愿意就业者最后的场所"。

提前退休。这种现象在公务员中特别明显，而且呈上升趋势。尽管人们的寿命在延长，但退休年龄却在逐渐下降，这主要是为更多的年轻人创造就业和提升的机会。

（4）损伤。指本来在整个工作阶段都能工作的人；但由于营养不良或缺乏正常的卫生保健条件而致身体欠佳，或者不能做全日工作。

（5）生产无效益。指本来有生产能力的劳动者，因投入资源不充分，生产率极低，生产出来的成果甚至还不能补偿他们的生活必需品。

延伸思考5－1

我国失业的原因

当前，我国尚处于转型发展时期。一方面市场经济有了初步的发展，西方经济学所区分的市场经济条件下失业存在的几种主要形式，在当前中国城镇的实际生活中均程度不同地存在着。例如，随着中国市场经济的发展和国有企业改革的深化，从一种职业（单位）转移到另外一种职业（单位）导致的摩擦性失业越来越多；产业结构的调整、市场竞争的加剧，越来越多的企业面临停产、亏损、被兼并的命运，这些企业中的职工有可能陷入结构性失业。同时，技术进步也会引起排斥工人的后果（技术性失业）。此外，我国的宏观经济运行中存在明显的周期性波动，使周期性失业的存在在所难免。另一方面，中国还属于典型的发展中国家，因而发展经济学所归纳的发展中国家失业存在的基本形式，在当前中国城镇地区同样也存在。作为发展中国家，中国城镇不但存在着一支规模不小的公开性失业队伍，而且还潜伏着数量十分庞大的非公开性失业。就中国城镇非公开性失业而言，就业不足的形式主要集中在效益不好的国有和集体企业单位，这些企业单位的职工实际工作的时间远远低于他们愿意工作的时间，尤为典型的是，甚至有些单位对部分职工长期放假。表面上在工作或愿意工作，但利用不充分的形式更是十分普遍。政府机关中的工作人员尽管全日制上班，但满负荷工作的时间很少（变相的就业不足）。一些学校毕业的学生因为就业困难不得不继续上学。有些妇女也因为就不了业不得不走向厨房（隐蔽性失业）。在中国，提前退休的现象比比皆是。此外，中国城镇以损伤和生产无效益形式存在的非公开性失业也较普遍。尤其是以生产无效益形式存在的非公开性失业，使得一些国有企业人浮于事、生产效率低下，严重时，会使企业走向破产、倒闭的行列。显然，转型发展时期，中国城镇失业的存在形式也有着与其他发展中国家同样的特点。

第三节 失业的影响与奥肯定律

一、失业的影响

失业有两种主要的影响，即社会影响和经济影响。失业的社会影响虽然难以估计和衡量，但它最易为人们所感受到。失业威胁着作为社会单位和经济单位的家庭稳定。没有收入或收入遭受损失，户主就不能起到应有的作用。家庭的要求和需要得不到满足，家庭关系将因此而受到损害。西方学者已经发现，高失业率常常与吸毒、高离婚率以及高犯罪率联系在一起。西方有关心理学研究指出，失业造成的创伤不亚于亲人去世或学业上的失败。此外，家庭之外的人际关系也受到失业的严重影响。一个失业者在就业的人员当中失去了自尊和影响力，面临着被同事拒绝的可能性，并且可能要失去自尊和自信。最终失业者在情感上会遭遇严重打击。

失业的经济影响可以用机会成本的概念来理解，当失业率上升时，经济中本可由失业工人生产出来的产品和劳务就损失了。衰退期间的损失，就好像是将众多的汽车、房屋、衣物、和其他物品都销毁了。从产出核算的角度看，失业者的收入总损失等于生产的损失，因此，丧失的产量是计量周期性失业损失的主要尺度，因为它表明经济处于非充分就业状态。

二、奥肯定律

20 世纪 60 年代，美国经济学家阿瑟·奥肯根据美国的数据提出了经济周期中失业变动与产出变动的经验关系，即奥肯定律。

奥肯定律的内容是，失业率每高于自然失业率 1 个百分点，实际 GDP 将低于潜在 GDP 2 个百分点。换一种方式说，相对于潜在 GDP，实际 GDP 每下降 2 个百分点，实际失业率就会比自然失业率上升 1 个百分点。

西方学者认为，奥肯定律揭示了产品市场和劳动市场之间极为重要的联系。它描述了实际 GDP 的短期变动与失业率变动的联系。根据奥肯定律，可以通过失业率的变动推测或估计 GDP 的变动，也可以通过 GDP 的变动预测失业率的变动。例如，如果实际失业率为 8%，高于 6% 的自然率 2 个百分点，则实际 GDP 就将比潜在 GDP 低 4% 左右。在宏观经济学中，GDP 偏离其潜在值的百分比被称为 GDP 缺口。

奥肯定律可以用下面的公式来表示：

$$\frac{y - y_f}{y_f} = -\alpha(u - u^*)$$

式中，y 为实际产出，y_f 为潜在产出，u 为实际失业率，u^* 为自然失业率，α 为大于零的参数。

奥肯定律的一个重要理论是，实际 GDP 必须保持与潜在 GDP 同样快的增长，以防止失业率的上升。如果政府想让失业率下降，那么，该经济社会的实际 GDP 的增长必须快于潜在 GDP 的增长。

第四节　通货膨胀的描述

一、通货膨胀的数据

描述通货膨胀的主要工具是通货膨胀率。例如，1981 年，美国的通货膨胀率达到 10.4%，在盖洛普公司进行的民意调查中，接受调查的大多数美国人都认为当时的通过膨胀是美国面临的最主要问题。1983 年以后的一段时间里，美国的通货膨胀率都维持在 6% 以下，相关的民意调查显示，通货膨胀不再被认为是主要问题。和失业一样，通货膨胀是经济运行状况的主要指示器。

二、通货膨胀的衡量

当一个经济中的大多数商品和劳务的价格连续在一段时间内普遍上涨时，宏观经济学就称这个经济经历着通货膨胀。按照这一说法，如果仅有一种商品的价格上升，这不是通货膨胀。只有大多数商品和劳务的价格持续上升才是通货膨胀。

那么，如何理解大多数商品和劳务的价格上升呢？考虑到现实经济当中成千上万种不同商品价格加总的实际情况，以及经济当中一些商品价格上涨的同时，另一些商品的价格却可能在下降，而且各种商品价格涨跌幅度也不尽相同，宏观经济学运用价格指数这一概念来进行说明。

先看一下人们较熟悉的股票市场的情况。在股票市场上，在开市期间的每时每刻都有许多股票在进行交易。在同一时间里，所交易的股票的价格各异，而且它们都在不断变化。有些股票价格上涨，有些股票价格下跌，且各种股票的涨跌幅度也不相同，有些大，有些小。在这种市场中，单用某一种股票价格的变化来描述整个股票市场的价格变动情况显然是不合适的。那么，究竟怎样描述整个股票市场的价格变动情况呢？为此，人们提出了股票价格指数的概念。股票价格指数是股票市场上各种股票价格的一种平均数，利用股票价格指数及其变化，人们就可以衡量和描述整个股票市场的价格的变化情况。

与股票的情形相类似，宏观经济学用价格指数来描述整个经济中的各种商品和劳务价格的总体平均数，也就是经济中的价格水平。宏观经济学中常涉及的价格指数主要有 GDP

折算指数、消费价格指数（CPI）和生产者价格指数（PPI）。

消费价格指数（CPI）告诉人们的是，对普通家庭的支出来说，购买具有代表性的一组商品，在今天要比在过去某一时间多花费多少。这一指数的基本意思是，人们有选择地选取一组（相对固定的）商品和劳务，然后比较它们按当期价格购买的花费和按基期价格购买的花费。用公式表示，就是：

$$CPI = \frac{一组固定商品按当期价格计算的价值}{一组固定商品按基期价格计算的价值} \times 100$$

例如，设 1993 年为基年，如果 1993 年某国普通家庭每个月购买一组商品的费用为 857 美元，1997 年购买同样一组商品的费用是 1174 美元，那么该国 1997 年消费价格指数就为：

$$CPI_{1997} = \frac{1174}{857} \times 100 \approx 137$$

类似地，如果在 1980 年相同的一组商品的费用为 412 美元，那么 1980 年的消费价格指数（仍以 1993 年为基年）是这一数值与 1993 年购买相同一组商品的费用比较的结果，即：

$$CPI_{1980} = \frac{412}{857} \times 100 \approx 48$$

作为衡量生产原材料和中间投入品等价格平均水平的价格指数，生产者价格指数（PPI）是对给定的一组商品的成本的度量。它与 CPI 的一个不同之处在于，它包括原材料和中间产品，这使得 PPI 成为表示一般价格水平变化的一个信号，被当做经济周期的指示性指标之一，受到政策制定者的密切关注。

有了价格水平（价格指数）这一概念，就可以将通货膨胀更为精确地描述为经济社会在一定时期价格水平持续地和显著地上涨。通货膨胀的程度通常用通货膨胀率来衡量。通货膨胀率被定义为从一个时期到另一个时期价格水平变动的百分比。用公式表示就是：

$$\pi_t = \frac{P_t - P_{t-1}}{P_{t-1}}$$

式中，π_t 为 t 时期的通货膨胀率；P_t 和 P_{t-1} 分别为 t 时期和（t-1）时期的价格水平。如果用上面介绍的消费价格指数（CPI）来衡量价格水平，则通货膨胀率就是不同时期的消费价格指数变动的百分比。假定消费价格指数，从上年的 100 增加到今年的 127，那么这一时期的通货膨胀率就为 $\frac{127-100}{100} = 27\%$。

三、通货膨胀的分类

对于通货膨胀，西方学者从不同角度进行了分类。

1. 按照价格上升的速度进行分类

按照价格上升的速度，西方学者认为存在着三种类型的通货膨胀：第一种为温和的通货膨胀，指每年物价上升的比例在 10% 以内。目前，许多国家都存在着这种温和类型的通货膨胀。一些西方经济学家并不十分害怕温和的通货膨胀，甚至有些人还认为这种缓慢而逐步上升的价格对经济和收入的增长有积极的刺激作用。第二种为奔腾的通货膨胀，指年通货膨胀率在 10% ~ 100%。这时，货币流通速度提高而货币购买力下降，并且均具有较快的速度。西方学者认为，当奔腾的通货膨胀发生以后，由于价格上涨率高，公众预期价格还会进一步上涨，因而采取各种措施来保护自己，以免受通货膨胀之害，这使得通货膨胀更为加剧。第三种为超级通货膨胀，指通货膨胀率在100%以上。发生这种通货膨胀时，价格持续猛涨，人们都尽快地使货币脱手，从而大大加快货币流通速度。其结果是，人们对货币完全失去信任，货币购买力猛降，各种正常的经济联系遭到破坏，以致使货币体系和价格体系最后完全崩溃。在严重的情况下，还会出现社会动乱。

2. 按照对价格影响的差别进行分类

按照对不同商品的价格影响的大小加以区分，存在着两种通货膨胀的类型：第一种为平衡的通货膨胀，即每种商品的价格都按相同比例上升。这里所指的商品价格还包括生产要素的价格，如工资率、租金、利率等。第二种为非平衡的通货膨胀，即各种商品价格上升的比例并不完全相同。例如，甲商品价格的上涨幅度大于乙商品的，或者，利率上升的比例大于工资上升的比例等。

3. 按照人们的预期程度进行分类

按照人们的预期程度加以区分，存在着两种通货膨胀类型：一种为未预期到的通货膨胀，即价格上升的速度超出人们的预料，或者人们根本没有想到价格会上涨。例如，国际市场原料价格的突然上涨所引起的国内价格的上升，或者在长时期中价格不变的情况下突然出现的价格上涨。另一种为预期到的通货膨胀。例如，当某一国家的物价水平年复一年地按5%的速度上升时，人们便会预计到，物价水平将以同一比例继续上升。既然物价按5%的比例增长成为意料之中的事，则该国居民在日常生活中进行经济核算时会把物价上升的比例考虑在内。例如，银行贷款的利率肯定会高于5%，因为5%的利率仅能起到补偿通货膨胀的作用。由于每个人都把5%的物价上涨考虑在内，所以以每个人所要求的价格在每一时期中都要上升5%。每种商品的价格上涨5%，劳动者所要求的工资、厂商所要求的利润率都会以相同的速度上涨。因此，预期到的通货膨胀具有自我维持的特点，有点像物理学上运动中物体的惯性。所以，预期到的通货膨胀有时又被称为惯性的通货膨胀。

第五节 通货膨胀的原因

关于通货膨胀的原因，西方经济学家提出了种种解释，可分为三个方面：第一个方面为货币数量论的解释，这种解释强调货币在通货膨胀过程中的重要性；第二个方面是用总需求与总供给来解释，包括从需求的角度和供给的角度的解释；第三个方面是从经济结构因素变动的角度来说明通货膨胀的原因。下面依次加以说明。

一、作为货币现象的通货膨胀

货币数量论在解释通货膨胀方面的基本思想是，每一次通货膨胀背后都有货币供给的迅速增长。这一理论的出发点是如下所示的交易方程：

$$MV = Py \tag{5.1}$$

式中，M为货币供给量；V为货币流通速度，它被定义为名义收入与货币量之比，即一定时期（如一年）平均一元钱用于购买最终产品与劳务的次数；P 为价格水平；y 为实际收入水平。

方程（5.1）左边的 MV 反映的是经济中的总支出，而右方的 Py 为名义收入水平。由于经济中对商品与劳务支出的货币额即为商品和劳务的总销售价值，因而方程两边相等。由方程（5.1），可以得到如下的关系式：

$$\pi = \hat{m} - \hat{y} + \hat{v} \tag{5.2}$$

式中，π 为通货膨胀率；$\hat{m}$ 为货币增长率；$\hat{v}$ 为货币流通速度变化率；$\hat{y}$ 为产量增长率。

根据方程（5.2），通货膨胀来源于三个方面，即货币流通速度的变化、货币增长和产量增长。如果货币流通速度不变且收入处于其潜在水平上，则显然可以得出，通货膨胀的产生主要是货币供给增加的结果。换句话说，货币供给的增加是通货膨胀的基本原因。

二、需求拉动的通货膨胀

需求拉动的通货膨胀，又称超额需求通货膨胀，是指总需求超过总供给所引起的一般价格水平的持续显著的上涨。需求拉动的通货膨胀理论把通货膨胀解释为"过多的货币追求过少的商品"。图 5 – 2 常被用来说明需求拉动的通货膨胀。

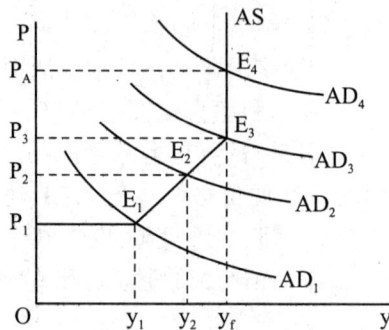

图 5 – 2　需求拉动的通货膨胀

图中，横轴 y 表示总产量（国民收入），纵轴 P 表示一般价格水平，AD 为总需求曲线，AS 为总供给曲线。总供给曲线 AS 起初呈水平状。这表示，当总产量较低时，总需求的增加不会引起价格水平的上涨。在图 5 – 2 中，产量从零增加到 y_1，价格水平始终稳定。总需求曲线 AD_1 与总供给曲线 AS 的交点 E_1 决定的价格水平为 P_1，总产量水平为 y_1。当总产量达到 y_1 以后，继续增加总需求，就会遇到生产过程中的所谓瓶颈现象，即由于劳动、原料、生产设备等的不足而使成本提高，从而引起价格水平的上涨。图中总需求曲线 AD 继续提高时，总供给曲线 AS 便开始逐渐向右上方倾斜，价格水平逐渐上涨。总需求曲线 AD_2 与总供给曲线 AS 的交点决定的价格水平为 P_2，总产量为 y_2。当总产量达到充分就业的产量 y_f 时，整个社会的经济资源全部得到利用。图中总需求曲线 AD_3 同总供给曲线 AS 的交点 E_3 决定的价格水平为 P_3，总产量水平为 y_f。价格水平从 P_1 上涨到 P_2 和 P_3 的现象被称为瓶颈式的通货膨胀。在达到充分就业的产量 y_f 以后，如果总需求继续增加，总供给就不再增加，因而总供给曲线 AS 呈垂直状。这时总需求的增加只会引起价格水平的上涨。例如，图中总需求曲线从 AD$_3$ 提高到 AD$_4$ 时，它同总供给曲线的交点所决定的总产量并没有增加，仍然为 y$_f$，但是价格水平已经从 P$_3$ 上涨到 P$_4$，这就是需求拉动的通货膨胀。西方经济学家认为，不论总需求的过度增长是来自消费需求、投资需求，或是来自政府需求，国外需求，都会导致需求拉动的通货膨胀。需求方面的原因或冲击主要包括财政政策、货币政策、消费习惯的突然改变，国际市场的需求变动等。

三、成本推动的通货膨胀

成品推动的通货膨胀理论，是西方学者试图从供给方面说明为什么会发生一般价格水平上涨的一种理论。成本推动的通货膨胀，又称成本通货膨胀或供给通货膨胀，是指在没有超额需求的情况下由于供给方面成本的提高所引起的一般价格水平持续和显著的上涨。

西方学者认为，成本推动的通货膨胀主要是由工资的提高造成的。他们把这种成本推动的通货膨胀叫做工资推动的通过膨胀，以区别于利润提高造成的成本推动的通货膨胀。

工资推动的通货膨胀是指不完全竞争的劳动市场造成的过高工资所导致的一般价格水平的上涨。据西方学者解释，在完全竞争的劳动市场上，工资率完全取决于劳动的供求，工资的提高不会导致通货膨胀；而在不完全竞争的劳动市场上，由于工会组织的存在，工资不再是竞争的工资，而是工会和雇主集体议价的工资。并且由于工资的增长率超过生产率增长率，工资的提高就导致成本提高，从而导致一般价格水平上涨，这就是所谓的工资推动的通货膨胀。西方学者进而认为，工资提高和价格上涨之间存在着因果关系；工资提高引起价格上涨，价格上涨又引起工资提高。这样工资提高和价格上涨形成了螺旋式的上升运动，即所谓的工资—价格螺旋。

利润推动的通货膨胀是指垄断企业和寡头企业利用市场势力谋取过高利润所导致的一般价格水平的上涨。西方学者认为，就像不完全竞争的劳动市场是工资推动通货膨胀的前提一样，不完全竞争的产品市场是利润推动的通货膨胀的前提。在完全竞争的产品市场上，价格完全取决于商品的供求，任何企业都不能通过控制产量来改变市场价格；而在不完全竞争的产品市场上，垄断企业和寡头企业为了追求更大的利润，可以操纵价格，把产品价格定得很高，致使价格上涨的速度超过成本增长的速度。

在总需求曲线不变的情况下，包括工资推动的通货膨胀和利润推动的通货膨胀在内的成本推动的通货膨胀，可用图 5-3 来说明。

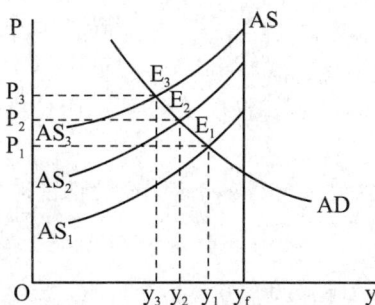

图 5-3 成本推动的通货膨胀

图中，总需求是既定的，不发生变动，变动只出现在供给方面，当供给曲线为 AS_1 时，这一总供给曲线和总需求曲线 AD 的交点 E_1 决定的总产量为 y_1，价格水平为 P_1。当总供给曲线由于成本提高而移动至 AS_2 时，总供给曲线与总需求曲线的交点 E_2 决定的总产量为 y_2，价格水平为 P_2。这时，总产量比以前下降，而价格水平比以前上涨。总供给曲线由于成本进一步提高而移动至 AS_3 时，总供给曲线和总需求曲线 AD 的交点 E_3 决定的总产量为 y_3，价格水平为 P_3。这时的总产量进一步下降，而价格水平进一步上涨。

一些西方学者认为，单纯用需求拉动或成本推动都不足以说明一般价格水平持续上涨，而应当同时从需求和供给两个方面以及二者的相互影响说明通货膨胀。于是又有人提出了从供给和需求两个方面及其相互影响说明通货膨胀的理论，即混合通货膨胀理论。

四、结构性通货膨胀

西方经济学家认为，在没有需求拉动和成本推动的情况下，只是由于经济结构因素的变动，也会出现一般价格水平的持续上涨，他们把这种价格水平的上涨叫做结构性通货膨胀。

结构性通货膨胀理论把通货膨胀的起因归结为本身所具有的特点。据西方学者解释，从生产效率提高的速度看，社会经济结构的特点是：一些部门生产率提高的速度快，另一些部门生产率提高的速度慢；从经济发展的过程看，社会经济结构的特点是：一些部门正在迅速发展，另一些部门渐趋衰落；从同世界市场的关系看，社会经济结构的特点是：一些部门（开放部门）同世界市场的联系十分密切，另一些部门（非开放部门）同世界市场没有密切联系。现代社会经济结构不容易使生产要素从生产率低的部门转移到生产率高的部门，从渐趋衰落的部门转移到正在迅速发展的部门，从非开放部门转移到开放部门。但是，生产率提高慢的部门、正在趋向衰落的部门以及非开放部门在工资和价格问题上都要求"公平"，要求向生产率提高快的部门、正在迅速发展的部门以及开放部门"看齐"，要求"赶上去"，结果导致一般价格水平的上涨。

西方学者通常用生产率提高快慢不同的两个部门说明结构性通货膨胀。由于生产率提高的快慢不同，两个部门的工资增长的快慢也应当有所区别，但是，生产率提高慢的部门要求工资增长向生产率提高快的部门看齐，结果使全社会工资增长速度超过生产率增长速度，因而引起通货膨胀。

假定 A、B 分别为生产率提高快慢不同的两个部门，二者的产量相等，部门 A 的生产增长率 $\left(\dfrac{\Delta y}{y}\right)_A$ 为 3.5%，工资增长率 $\left(\dfrac{\Delta W}{W}\right)_A$ 也为 3.5%，这时全社会的一般价格水平不会因部门 A 工资的提高而上涨。但是，当部门 B 的生产增长率 $\left(\dfrac{\Delta y}{y}\right)_B$ 是 0.5%，而工资增长率 $\left(\dfrac{\Delta W}{W}\right)_B$ 因向部门 A 看齐也达到 3.5% 时，这就使全社会的工资增长率超过生产增长率。

全社会的工资增长率为：

$$\frac{\Delta W}{W} = \left[\left(\frac{\Delta W}{W}\right)_A + \left(\frac{\Delta W}{W}\right)_B \right] \div 2 = 3.5\%$$

全社会的生产增长率为：

$$\frac{\Delta y}{y} = \left[\left(\frac{\Delta y}{y} \right)_A + \left(\frac{\Delta y}{y} \right)_B \right] \div 2 = (3.5\% + 0.5\%) \div 2 = 2\%$$

这样，全社会工资增长率超过生产增长率1.5%，工资增长率超过生产增长率的百分比就是价格上涨率或通货膨胀率。西方学者认为，上述说明同样适用于在工资问题上渐趋衰落的部门向正在迅速发展的部门看齐，非开放部门向开放部门看齐的情况。

五、通货膨胀的持续

上面关于需求拉动的通货膨胀和成本推动的通货膨胀的分析表明，对经济的冲击如何移动了总需求曲线和总供给曲线，导致一个新的更高价格水平的均衡。但是，通货膨胀不是价格水平的一次性改变，而是价格水平的持续上升。在大多数情况下通货膨胀似乎有一种惯性。如果经济有了8%的通货膨胀率，那么，这8%的通货膨胀率会有不断持续下去的趋势。这种情况被称为通货膨胀螺旋。

产生这种现象的原因在于，如果经济中大多数人都预期到同样的通货膨胀率，那么，这种通货膨胀预期就会变成经济运行的现实。在通货膨胀时期，劳工与厂方谈判，要求保证工资上升与物价水平的上涨一致，以使他们的实际工资不会下降。银行在贷款时也希望确保一定的实际收益率，因此，他们在确定贷款利率时，要考虑到他们年末收回的货币值低于年初贷出时的货币值这一情况。这意味着，在以货币计量的一些名义变量（如工资，租金等）的提高和价格上涨之间存在着因果关系。以工资为例，工资提高引起价格上涨，价格上涨又引起工资提高。于是，工资提高和价格上涨形成了螺旋式的上升运动。

考虑到上述情况，可以说，单纯用需求拉动或成本推动都不足以说明一般价格水平持续上涨。事实上，无论通货膨胀的原因如何，只要通货膨胀开始，需求拉动和成本推进过程几乎都发挥着作用，即使导致通货膨胀的初始原因消失了，通货膨胀也可以自行持续下去。当工人们预期物价会上涨时，他们就会坚持要求增加工资，而工资的上升，使企业成本增加，从而又导致更高的价格水平。

延伸思考 5 - 2

通货膨胀的灾难性影响

过去我们一般都是在兜里装着钱去商店购物，将买到的食物装在篮子里带回来。而现在我们是用篮子装钱，再用衣兜装回所买的食品。除了纸币以外，一切都十分缺乏！物价一片混乱，生产也一塌糊涂。以前一次餐费的价钱与一张歌剧票差不多，可现在却几乎是原来的20倍。每个人都在囤积"东西"，并尽力抛掉"不值钱"的纸币，这就将"值钱"的金属货币赶出了流通领域。结果，人们的生活部分地退回到极不方便的物物交换时代。

第六节 通货膨胀的成本

通货膨胀的成本有以下几种：

第一种叫做"鞋底成本"。高的通货膨胀率会导致公众对存款信心的下降，比起储蓄人们也许更加愿意将货币置换成其他商品，比如房产或者黄金，以避免实际购买力的降低。这样的话，银行所持有的货币减少，银行持有的货币量直接影响着银行的利润，所以银行会提高存款利率来吸引储蓄。这样就导致了名义利率的上升（这个现象叫做费雪效应）。名义利率的上升又减少了实际的货币余额，如果人们都减少了所持有的货币余额，他们就必然更频繁的跑去银行存款取款。这种因为通货膨胀造成的货币持有量下降而带来的不方便用术语说就叫做"鞋底成本"，这个词源于因为常常去银行所造成的鞋底的磨损。

第二种叫做"菜单成本"。高通货膨胀会使企业更频繁的改变自己的报价，改变物价有时是有成本的，例如，它需要经常印刷并发送新的报价表。由于高通货膨胀率，微观经济资源配置无效率所带来的成本被称为"菜单成本"。这个词源于因为高通胀率时，餐馆需要经常地印刷新菜单。

第三种成本产生于税法，许多的税收法则并没有考虑到通货膨胀的影响。通货膨胀会以法律制定者没有想到的方式改变个人所得税负担。

举个简单的例子，你在年初购买了一定量的股票，购入价每股100元，股票一年升值12%，年底你以每股112元的价格将股票售出，假设当年的通货膨胀率同样为12%，那么这一笔股票投资并没有为你赚到钱，你的实际购买力与年初你购进股票时是相同的。但在这种情况下，税收法则并没有考虑通货膨胀所带来的影响，你依然需要为你每股12元的收益缴纳个人所得税，这就在无形中加大了股民的个人所得税的负担。

除了这三种显而易见的通货膨胀成本以外，通货膨胀还会给我们带来一些很难感觉到的成本，这种未能预期到的通货膨胀成本比任何一种可以预期的通货膨胀成本都更加有害，它在人们中间任意地再分配财富。我们可以通过考察长期贷款来说明这种影响在如何发挥作用。

长期贷款协议一般规定名义利率，这个名义利率根据签订协议时预期的通货膨胀率来确定。如果结果证明实际通货膨胀率与所预期的不同，债务人向债权人支付的事后实际收益就不同于双方所预期的。如果结果证明通货膨胀率高于预期，则债务人获益而债权人受损，因为债务人偿还的是贬值了的贷款。反之，如果结果证明通货膨胀率低于预期，则债权人获益而债务人受损。未预期到的通货膨胀还损害了依靠固定养老金生活的人。当工人退休时，工人和企业通常根据固定的数额签订养老金协议。那么如果通货膨胀率高于预期，那么工人的利益将受到损失。

上述这些情况为反复多变的通货膨胀提供了明确的支持。通货膨胀率波动越大，债务人与债权人所面临的不确定性就越大。由于多数人是风险的规避者，他们讨厌不确定性。所以极其多变的通货膨胀引起的不可预期性几乎伤害到了每一个人。

我们讨论了通货膨胀的许多种成本，这些成本使得许多人认为货币政策的制定者应该以零通货膨胀作为目标。然而，事情总有它的另一面，一些经济学家相信微弱的通货膨胀，比如每年2%~3%的通货膨胀是一件好事。

对于温和通货膨胀的支持是以观察到名义工资极少被降低开始的。企业不愿意削减他们工人的工资，当然，工人们也不愿意接受工资的降低。在一个零通货膨胀的世界里削减2%的工资实际上与在通货膨胀率为5%的情况下提高工资3%是一样的。但是工人们并不这么看，削减2%的工资看起来是一种侮辱，而3%的提升毕竟也是一种提升。现实研究也证明了名义工资极少被降低。所以，温和的通货膨胀可以使劳动力市场运转的更好。不同种类的劳动力的供求总和总是在发生变化，有时候，供给的增加或者需求的减少会让这种工人的实际工资下降。如果名义工资不下降，那么唯一的降低实际工资的方法就是借助通货膨胀，没有通货膨胀实际工资将会停留在原来的水平上，从而导致更多的失业。由于这个原因，通货膨胀像是给劳动力市场的车轮上了油。

第七节　失业与通货膨胀的关系——菲利普斯曲线

一、菲利普斯曲线的含义

1958 年，在英国任教的新西兰籍经济学家菲利普斯在研究了 1861～1957 年英国的失业率和货币工资增长率的统计资料后，提出了一条用以表示失业率和货币工资增长率之间替换关系的曲线。在以横轴表示失业率，纵轴表示货币工资增长率的坐标系中，画一条向右下方倾斜的曲线，这就是最初的菲利普斯曲线。该曲线表明：当失业率较低时，货币工资增长率较高；反之，当失业率较高时，货币工资增长率较低，甚至为负数。

以萨缪尔森为代表的新古典综合派随后便把菲利普斯曲线改造为失业和通货膨胀之间的关系，并把它作为新古典综合理论的一个组成部分，用以解释通货膨胀。

新古典综合派对最初的菲利普斯曲线加以改造的出发点在于如下所示的货币工资增长率、劳动生产率和通货膨胀率之间的关系：

$$通货膨胀率 = 货币工资增长率 - 劳动生产增长率$$

根据这一关系，若劳动生产率为零，则通货膨胀率就与货币工资增长率一致。因此，经改造的菲利普斯曲线就表示了失业率与通货膨胀率之间的替换关系，即失业率高，则通货膨胀率低；失业率低，则通货膨胀率高。菲利普斯曲线如图 5-4 所示：

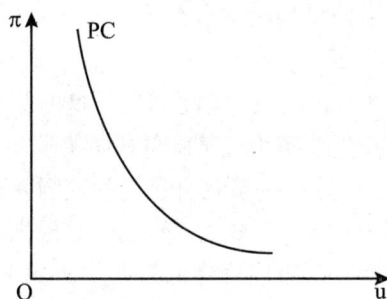

图 5-4　菲利普斯曲线

图中，横轴代表失业率 u，纵轴代表通货膨胀率 π，向右下方倾斜的曲线 PC 即为菲利普斯曲线。

二、菲利普斯曲线的政策含义

在 20 世纪 60 年代，菲利普斯曲线受到了西方国家政府的广泛关注，因为当时西方许多国家政府面临着通货膨胀和失业两大难题，而菲利普斯曲线所揭示的失业率和通货膨胀率之间的交替关系，为政府制定经济政策提供了依据，迅速成为西方宏观经济政策分析的基石。它表明，政策制定者可以选择不同的失业率和通货膨胀率的组合。例如，只要他们能够容忍高通货膨胀，他们就可以拥有低的失业率，或者他们可以通过高失业率来维持低通货膨胀率。换言之，在失业和通货膨胀之间存在着一种"替换关系"，即用一定的通货膨胀率的增加来换取一定的失业率的减少，或者，用后者的增加来减少前者。

具体而言，一个经济社会先确定一个社会临界点，由此确定一个失业与通货膨胀的组合区域。如果实际的失业率和通货膨胀率组合在组合区域内，则社会的决策者不用采取调节行动；如在区域之外，则可根据菲利普斯曲线所表示的关系进行调节。如图 5 - 5 所示：

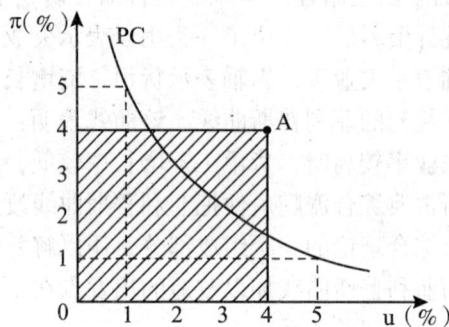

图 5 - 5　菲利普斯曲线与政策运用

在图中，假定当失业率和通货膨胀率在 4% 以内时，经济社会被认为是安全的或可容忍的，这时在图中就得到一个临界点，即 A 点，由此形成一个四边形的区域，称其为安全区域，如图中的阴影部分所示。

如果该经济的实际失业率与通货膨胀率组合落在安全区域内，则决策者无须采取任何措施（即政策）进行调节。

如果实际通货膨胀率高于 4%，例如达到了 5%，这时根据菲利普斯曲线，经济决策者可以采取紧缩性政策，以提高失业率为代价降低通货膨胀率。从图中可以看到，当通货膨胀率降到 4% 以下时，经济的失业率仍然在可忍受的范围内。

如果经济社会的失业率高于 4%，例如为 5%，这时根据菲利普斯曲线，决策者可以采取扩张性政策，以提高通货膨胀率为代价降低失业率。如图中看到，当失业率降到 4% 以下时，经济的通货膨胀率仍然在可忍受的范围内。

三、短期菲利普斯曲线

在短期中，劳动者来不及调整其对通货膨胀的预期，预期的通货膨胀率低于以后实际发生的通货膨胀率。这样劳动者所得到的实际工资就可能小于原来预期的工资，从而使实际利润增加，刺激了投资，扩大了就业，使失业率下降。在此前提下，通货膨胀率与失业率之间存在交替关系。短期菲利普斯曲线正是表明在预期的通货膨胀率低于实际发生的通货膨胀率的短期中，通货膨胀率与失业率之间存在交替关系的曲线。所以，向右下方倾斜的菲利普斯曲线在短期内是成立的。这也说明在短期中引起通货膨胀率上升的扩张性财政政策与货币政策是可以起到减少失业率的作用。这就是宏观经济政策的短期有效性。短期菲利普斯曲线如图 5-6 所示，表示在短期内，通货膨胀率提高，则失业率降低；通货膨胀率降低，则失业率提高。

四、长期菲利普斯曲线

在长期中，劳动者将根据实际发生的情况不断调整自己的预期。他们预期的通货膨胀率与实际上发生的通货膨胀率迟早会一致。这时，工会要求增加名义工资，使实际工资不变，从而通货膨胀就不会使实际利润增加，不能刺激投资起到减少失业的作用。这时的菲利普斯曲线是一条垂线，它表明失业率与通货膨胀率之间不存在交替关系。而且，在长期中，经济中能实现充分就业，失业率是自然失业率 u^*。因此，垂直的菲利普斯曲线表明了无论通货膨胀如何变动，失业率总是固定在自然失业率的水平上。以引起通货膨胀为代价的扩张性财政政策与货币政策并不能减少失业，这就是宏观经济政策的长期无效性。长期菲利普斯曲线如图 5-6 所示：表示在长期中，失业率是自然失业率，失业率与通货膨胀率之间不存在交替关系。

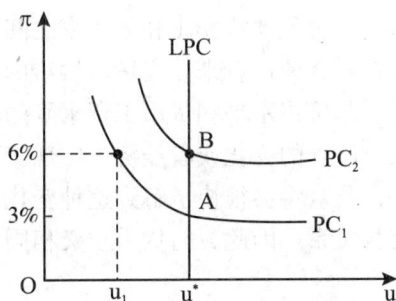

图 5-6 短期和长期菲利普斯曲线

上述分析表明，只有在短期内，由于人们的预期错误，通货膨胀率和失业率才会有反方向的交替关系；在长期，预期的通货膨胀率和实际的通货膨胀率是相等的，不管实际通货膨胀率有多高，劳动力市场的失业量都会处于长期均衡水平，失业率也就处于自然失业率水平上。这意味着长期的菲利普斯曲线是一条位于自然失业率水平上的垂直于横轴的线。换言之，政府运用扩张性的需求管理政策把失业率降低到自然失业率的努力，只会在短期内奏效，而在长期只会引起通货膨胀率的上升。另外，当工人的通货膨胀率预期下降是会引起短期的菲利普斯曲线的向下移动，直到预期的通货膨胀率和实际的通货膨胀率相等时的位置，这时失业率回到自然失业率水平。换言之，政府运用紧缩性的需求管理政策试图降低通货膨胀率时，在短期会引起失业率的暂时上升，但是在长期只会引起通货膨胀率的下降，而失业率会处于自然失业率水平上。

五、关于菲利浦斯曲线的争论

尽管各个学派的经济学家都承认在长期通货膨胀率和失业率之间不存在交替关系，但是他们二者在短期内是否存在交替关系的问题上存在着明显的分歧。凯恩斯主义者非常强调二者之间短期内的交替关系。在他们看来，菲利普斯曲线的移动是非常慢的。这一方面是由于凯恩斯主义对货币幻觉效应的强调，另一方面是由于凯恩斯主义对货币工资刚性的强调。即使人们意识到了通货膨胀率的上升，但是如果货币工资水平是既定的，在执行中的劳动合同结束以前，人们对通货膨胀前预期的变化就无法影响货币工资增长率，也就无法影响通货膨胀率。于是，政府扩张性的货币政策可以使失业率在低于自然失业率的水平上停留几年甚至更长的时间。同样，如果政府采用紧缩性的货币政策来降低通货膨胀率，失业率在高于自然失业率的水平上也会停留很长时间。换言之，凯恩斯主义者认为政府运用紧缩性的货币政策来降低通货膨胀所引起的产出和就业成本是很大的。因此，他们主张使用其他手段，例如，使用收入政策来对付通货膨胀。

货币主义经济学家也承认通货膨胀率和失业率之间短期交替关系的存在，也承认短期菲利普斯曲线的移动需要一定的时间，但是他们认为短期菲利普斯曲线的移动要比凯恩斯主义者所认为的快得多。因此，他们不主张用扩张性的货币政策来降低失业率，也不主张采用收入政策来控制通货膨胀。他们强调稳定中央银行货币供给增长率的重要性。

理性预期学派的经济学家不仅否认通货膨胀和失业率之间长期交替关系的存在，而且不承认二者短期交替关系的存在。在他们看来，当货币供给的增长率发生变化时，公众会预期到这一变动。结果，只会引起价格水平和货币工资水平的变化，对就业率和产出不会发生影响。当然，如果发生政策以外的变化或者经济中出现需求或者供给冲击，就业量和产出会发生相应的变化，但是，公众将会很快了解到这种变化，从而使通货膨胀率和失业率在短期也不会具有明显的交替关系。因此，与货币主义相同，他们也主张中央银行货币供给增长率应该保持稳定。

供给学派与理性预期学派一样，也否认通货膨胀率和失业率之间短期交替关系的存在。与理性预期学派不同的是，他们认为通货膨胀率和失业率在短期都可以降低。他们的理由是，中央银行要实行适度从紧的货币政策，从而引起人们通货膨胀预期的下降。同时，政府应该实行减税政策，促进人们工作和储蓄的积极性，增加场上投机的积极性，结果，总供给相对于总需求会增加，在这种情况下，通货膨胀率和失业率就都可以降低。

本 章 小 结

本章要点可以被归结如下：
（1）失业可分为摩擦性失业、结构性失业和周期性失业。
（2）自然失业率是经济在稳定状态下的失业率，也是经济在正常时期的失业率，它取决于离职率和就职率。
（3）奥肯定律描述了失业与实际 GDP 的关系。

（4）失业的影响既有经济方面的，也有社会方面的。

（5）通货膨胀可以从不同角度进行分类，既可按照价格上升的速度进行分类，又可按照对价格影响的差别进行分类，还可按照人们的预料程度进行分类。

（6）通货膨胀现象既可从货币角度解释，也可从总需求角度解释，还可以从经济结构角度来解释。

（7）菲利普斯曲线最初反映的是失业率与工资上涨率之间的关系。现代的菲利普斯曲线主要反映失业率与通货膨胀率之间的关系。

（8）根据菲利普斯曲线，控制总需求的决策者面临通货膨胀与失业之间的短期替换关系。

（9）在以失业率为横坐标，通货膨胀率为纵坐标的坐标系中长期菲利普斯曲线是一条位于自然失业率水平上的垂直线。

实践与应用

一、复习与思考

（一）单项选择题

1. 以下理论不是新凯恩斯主义经济学对失业原因的解释的是（　　）。

 A. 劳动工资合同论　　　　　　　B. 局内人—局外人理论

 C. 效率工资理论　　　　　　　　D. 有效需求理论

2. 失业的影响是（　　）。

 A. 失业增加经济的运行成本　　　B. 失业带来产出的损失

 C. 失业影响社会稳定　　　　　　D. 以上三项均不正确

3. 根据古典理论，通货膨胀主要是（　　）。

 A. 经济周期的结果　　　　　　　B. 流通中的货币量过多的结果

 C. 总需求超过总供给量的结果　　D. 工会过高的工资要求和管理价格的结果

4. 根据凯恩斯的观点，通货膨胀是（　　）。

 A. 流通中货币量过多的结果

 B. 部分商品物价水平上升

 C. 实现充分就业后，物价水平的上升

 D. 未实现充分就业时，产出水平和物价水平的同时上升

5. 垄断企业和寡头企业利用市场势力谋取过高利润所导致的通货膨胀，属于（　　）。

 A. 成本推动型通货膨胀　　　　　B. 抑制型通货膨胀

 C. 需求拉动型通货膨胀　　　　　D. 结构性通货膨胀

6. 一般而言，通货膨胀会使（　　）。

 A. 债权人受益，债务人受损　　　B. 债权人受损，债务人受益

 C. 债权人和债务人都受益　　　　D. 债权人和债务人都受损

7. 以下不可能同时发生的情况是（　　）。

 A. 失业和通货膨胀　　　　　　　B. 结构性失业和成本推动型通货膨胀

 C. 摩擦性失业和需求拉动型通货膨胀　D. 需求不足失业和需求拉动型通货膨胀

8. 菲利普斯曲线的基本含义是（　　）。

    A. 失业率和通货膨胀同时上升　　　B. 失业率和通货膨胀同时下降

    C. 失业率上升，通货膨胀率下降　　D. 失业率的变动与通货膨胀的变动无关

（二）多项选择题

1. 凯恩斯认为，有效需求不足是导致失业的原因，而有效需求的不足是三大基本心理规律起作用的结果，这三大心理规律是（　　）。

    A. 流动性偏好规律　　　　　　　　B. 边际收益递减规律

    C. 边际效用递减规律　　　　　　　D. 边际消费倾向递减规律

    E. 资本边际效率递减规律

2. 通货膨胀按照发生的原因可分为（　　）。

    A. 需求拉动型通货膨胀　　　　　　B. 成本推动型通货膨胀

    C. 爬行型通货膨胀　　　　　　　　D. 加速型通货膨胀

    E. 结构性通货膨胀

3. 以下说法正确的是（　　）。

    A. 需求拉动型的通货膨胀会促进产出水平的提高

    B. 需求拉动型的通货膨胀会引起经济衰退

    C. 成本推动型的通货膨胀会引起产出和就业的减少

    D. 成本推动型的通货膨胀会引起产出和就业的增加

    E. 成本推动型的通货膨胀会使总需求水平超过总供给

4. 结构性通货膨胀的原因是（　　）。

    A. 各经济部门生产率提高的快慢不同

    B. 各产业部门的需求状况不断变化

    C. 生产率提高慢的部门要求工资增长向生产率提高快的部门看齐

    D. 全社会工资增长速度超过生产效率高的部门

    E. 生产要素从生产率低的部门转移到生产率高的部门

（三）问答题

1. 简述失业的经济效应。

2. 试述凯恩斯失业理论及就业对策。

3. 通货膨胀有哪几种类型？

4. 货币数量论是如何解释通货膨胀的成因的？

5. 简述需求拉动型通货膨胀的运行过程。

6. 简述成本推动型通货膨胀的运行过程。

7. 简要解释短期菲利普斯曲线与长期菲利普斯曲线的区别。

二、综合案例

通货膨胀的影响之一：通货膨胀税

案例内容：

在 2012 年 1 月 16 日 "2011 年全国十大税收新闻发布会" 上，国家发改委宏观经济研究所副院长陈

东琪指出，去年百姓交了太多通货膨胀税，今年我国经济会减速，居民财产性收入会下降。普通民众所熟悉的通常是所得税、增值税等，知道通货膨胀税的可能比较少，有些甚至根本没有听说过。那么，什么是通货膨胀税？

　　货币学派的代表人物弗里德曼指出："把发行法定货币导致的通货膨胀看做对现金余额的一种税收已经很普遍。最简单的情况是政府是唯一的货币发行者并且所有货币都是无利息的。在这种情况下，当现金持有者对通货膨胀完全调整后，在均衡情况下，这种税收的实际收益通常等于价格上涨率乘以实际货币存量，这个乘积反过来被看做新发行货币的实际值。价格上涨率是税率，实际货币量是税基，和商品消费税完全相似，收益是两者乘积。"他强调："通货膨胀税指当政府增发纸币并导致一般物价水平上升时，微观经济单位个体所持有的纸币贬值，就如同政府对持有纸币者征收了税收。"这个定义明确指出了通货膨胀税并不是真正意义上的税收。通货膨胀税虽然不是税收，但它却减少了民众持有的货币财富，降低了民众福利水平，在这方面它与税收具有相同的作用。通常来说，一国发行的货币越多，货币贬值程度越大，通货膨胀税就越高。

　　问题讨论：

　　1. 什么是通货膨胀税？它与真正的税收有何异同？

　　2. 通货膨胀税会带来什么后果和影响？

　　3. 如果通货膨胀使得人们的收入进入更高的纳税等级，这是不是教科书中讨论的通货膨胀税？

　　理论提示：

　　1. 通货膨胀的再分配效应。

　　2. 通货膨胀税和铸币税。

　　3. 通货膨胀带来的税收扭曲。

第六章　宏观经济政策

导入案例

政府的钱从哪里来，又到哪去

　　政府的钱从哪里来，又到哪去？这就是我们要探讨的财政收入和财政支出。为了更好地发挥政府作用，使钱来的合理、用的恰当，政府就必须制定合适的财政政策。

　　在美国流行着这样的说法："每个人有两件事情不可避免，第一件是死亡，另一件就是纳税。"政府的钱是从这里来的，税收是财政收入的主要来源，除此之外还有债务收入、企业收入和其他收入。

　　现在我国和国外对个人收入实行的大都是累进税，但利息税在我国实行的是20%的比例税，富人和穷人都按利息收入的20%纳税。富人和穷人按同比例纳税，前者负担轻后者负担重，所以比例税不利于调节收入分配。但这是一个无奈的选择，当初开征利息税时，还没有实行存款实名制，现在实行了，但银行没有联网，因而难以汇总个人存款的利息所得。在美国利息税不是一个独立的税种，而是纳入个人的总收入，一并征收个人收入所得税，实行超额累进税率。

　　无论是发达国家还是不发达国家，政府财政收入主要是从税收中来。税收的特点是强制性，而且是无偿的。现在我国的税收管理体制分为国家税和地方税两部分，国家税归中央政府所有，地方税归地方政府所有。税收是一个政府赖以生存的经济基础，没有税收收入，政府就难以维持运转。所以纳税是每一个公民的义务，如果大家都不纳税的话，政府就无法运转了。

　　有了收入就要进行支出，比如我们公立学校教师的收入，是从政府的税收而来的，而大家交的税款养活了教师。大家缴税给政府，政府把这笔钱从财政部拨出一部分给教育部，教育部拨给全国的学校，学校再给教师发一部分工资。我们有几百万的军队，有国家的公检法机构，有教育、体育、文化、科技部，还有庞大的公务员队伍，这些都需要财政去保障，都是政府给发工资。这些支出叫财政的经常性支出，就是每个月都要支出，绝不能停发。否则就没有人为政府工作，政府机构就无法运转。

【案例导学】

　　财政政策是指政府为了达到既定的经济目标或者说国家其他目标而对财政收入和财政支出以及公债的发行、公债的偿还做出的决策。财政收入主要是来源于税收，有了收入就要进行支出。财政支出大体可分为政府购买和政府转移支付两大类。政府购买作为计入GDP的四大需求项目（消费、投资、政府购买和出口余额）之一，包括购买军需品、警察装备用品、机关办公用品以及支付给政府雇员的工资薪金。政府转移支付包括社会保障社会福利支出、政府对农业的补贴以及公债利息。

我们知道，如果财政收入大于财政支出，就会出现财政盈余；当财政收入小于财政支出，就会出现财政赤字；当财政收入等于财政支出，就是财政平衡。

第一节　宏观经济政策目标以及经济政策影响

以前章节在说明均衡收入和利率的变动时曾经说到，IS 和 LM 相交所决定的均衡收入不一定是充分就业收入，而且依靠市场的自发调节无法实现充分就业均衡，需要依靠国家政策和货币政策进行调节。具体地说，需要运用财政和货币政策来改变 IS 和 LM 曲线的位置，使它们相交于充分就业的国民收入。

宏观经济目标分别为充分就业、物价稳定、经济增长和国际收支平衡。

充分就业是指在某一工资水平之下，所有愿意接受工作的人，都获得了就业机会。充分就业并不等于全部就业或者完全就业，而是仍然存在一定的失业。但所有的失业均属于摩擦性的和季节性的，而且失业的间隔期很短。通常把失业率等于自然失业率时的就业水平称为充分就业。充分就业状态下，社会公众对政府机构的满意度得到提升，政治支持率会得到提高，政府也能够用不断增长的财政收入支撑社会全面发展，有劳动能力并愿意工作的劳动力人口都各就其业，社会发展中潜藏的某些动荡、冲突、摩擦和骚乱等不稳定因素得到及时消解，既不会出现纵向的政府与公众之间的社会剧烈摩擦，也不会出现横向的社会各阶层或各利益集团之间的巨大矛盾冲突。

物价稳定是指物价总水平基本稳定。物价水平稳定并不等于物价上涨率为零。从世界范围看，在纸币流通条件下，物价总水平的不断上升似乎是一个普遍现象，但是物价波动的幅度不能太大。如果物价总水平大幅度上升，必然导致货币贬值、通货膨胀，严重影响人民生活，加剧社会分配不公。同时，物价大幅度上涨也容易导致总供求的失衡，严重制约经济的稳定与增长。因而需要运用宏观政策工具，将物价总水平控制在一定时期社会可接受的范围内。一般认为，物价上涨幅度不超过 5%，即可视为物价总水平基本稳定。

经济增长是指一个国家或地区生产的物质产品和服务的持续增加，它意味着经济规模和生产能力的扩大，可以反映一个国家和地区经济实力的增长。一个国家或地区经济增长的快慢可以通过经济增长率反映出来。经济增长率既是反映一定时期经济发展水平变化程度的动态指标，也是反映一个国家或地区经济是否具有活力的基本指标。经济增长率的核算通常依靠 GDP、GNP 等统计数据，基本方法一般以本年度的 GDP 总量对比往年的 GDP 总量，如果用名义 GDP 计算，得出的就是名义增长率，如果用实际 GDP 计算，得出的就是实际增长率。在宏观经济分析中，一般采用实际经济增长率。

国际收支是由一个国家对外经济、政治、文化等方面往来活动而引起的。狭义的国际收支是指一国一定时期的外汇收支，广义的国际收支是指一国一定时期内全部国际经济交易的货币价值总和。当一国国际收入等于国际支出时，称为国际收支平衡。一国国际收支的状况主要取决于该国进出口贸易和资本流入流出状况。一国国际收支持续不平衡时，无论是顺差还是逆差，都会给该国经济带来危害，政府必须进行适当的调节，以使该国的国内经济和国际经济得到健康的发展。

这四个目标之间是有矛盾的，如充分就业与物价稳定。充分就业是指所有生产要素都得到利用，没有闲置和浪费。物价稳定不是价格静止不动，略微上升和下降都属于物价稳定。宏观经济政策的目标之间的矛盾，就要求政策制定者或者确定重点政策目标，或者对这些政策目标进行协调。宏观经济政策目标的确定既要考虑国内外的政治、经济现状与未来发展，又要考虑社会的承受力或可接受程度。

第二节　财政政策及其效果

一、财政政策

财政政策是指为促进就业水平提高，减轻经济波动，防止通货膨胀，实现稳定增长而对政府财政支出、税收和借债水平所进行的选择，或对政府财政收入和支出水平所作的决策。或者说，财政政策是指政府变动税收和支出以便影响总需求进而影响就业和国民收入的政策。变动税收和变动政府支出是国家干预经济的主要政策之一。

财政政策是国家整个经济政策的组成部分，同其他经济政策有着密切的联系。财政政策的制定和执行，要有金融政策、产业政策、收入分配政策等其他经济政策的协调配合。政府支出有两种形式：其一是政府购买，指的是政府在物品和劳务上的花费——购买坦克、修建道路、支付法官的薪水等；其二是政府转移支付，以提高某些群体（如老人或失业者）的收入。税收是财政政策的另一种形式，它通过两种途径影响整体经济。一方面税收影响人们的收入，另一方面税收还能影响物品和生产要素，因而也能影响激励机制和行为方式。

二、财政政策的分类

1. 自动稳定的财政政策和相机抉择的财政政策

将财政政策分为自动稳定财政政策和相机抉择财政政策，是根据财政政策调节经济周期的作用来划分的。

（1）自动稳定的财政政策，是指财政制度本身存在一种内在的、不需要政府采取其他干预行为就可以随着经济社会的发展，自动调节经济的运行机制。这种机制也被称为财政自动稳定器。主要表现在两方面：一方面，是个人所得税的累进所得税的自动稳定作用。在经济萧条时，个人和企业利润降低，符合纳税条件的个人和企业数量减少，因而税基相对缩小，使财政政策——加息财政政策——加息用的累进税率相对下降，税收自动减少。因税收的减少幅度大于个人收入和企业利润的下降幅度，税收便会产生一种推力，防止个人消费和企业投资的过度下降，从而起到反经济衰退的作用。在经济过热时期，其作用机理正好相反。另一方面，是政府福利支出的自动稳定作用。如果经济出现衰退，符合领取失业救济和各种福利标准的人数增加，失业救济和各种福利的发放就会自动增加，从而有利于抑制消费支出的持续下降，防止经济的进一步衰退。在经济繁荣时期，其作用机理正好相反。最后，是农产品价格维持制度的自动稳定作用。在经济萧条时，国民收入下降，农产品价格下降，政府依照农产品价格维持制度，按支持价格收购农产品，可使农民收入和消费维持在一定水平上。在经济繁荣时期，其作用机理正好相反。

（2）相机决策的财政政策，是指政府根据一定时期的经济社会状况，主动灵活选择不同类型的反经济周期的财政政策工具，干预经济运行，实现财政政策目标。在 20 世纪 30 年代的世界经济危机中，美国实施的罗斯福·霍普金斯计划（1929～1933 年）、日本实施的时局匡救政策（1932 年）等，都是相机决策财政政策选择的范例。相机抉择财政政策具体包括汲水政策和补偿政策。汲水政策是指经济萧条时期进行公共投资，以增加社会有效需求，使经济恢复活力的政策。汲水政策有几个特点：第一，它是以市场经济所具有的自发机制为前提，是一种诱导经济恢复的政策；第二，它以扩大公共投资规模为手段，启动和活跃社会投资；第三，财政投资规模具有有限性，即只要社会投资恢复活力，经济实现自主增长，政府就不再投资或缩小投资规模。补偿政策是指政府有意识的从当时经济状况反方向上调节经济景气变动的财政政策，以实现稳定经济波动的目的。在经济萧条时期，为缓解通货紧缩影响，政府通过增加支出，减少收入政策来增加投资和消费需求，增加社会有效需求，刺激经济增长；反之，经济繁荣时期，为抑制通货膨胀，政府通过财政增加收入、减少支出等政策来抑制和减少社会过剩需求，稳定经济波动。

2. 扩张性财政政策、紧缩性财政政策和中性财政政策

将财政政策划分为扩张性财政政策、紧缩性财政政策和中性财政政策，是根据财政政策调节国民经济总量和结构中的不同功能来划分的。

（1）扩张性财政政策（又称积极的财政政策）是指通过财政分配活动来增加和刺激社会的总需求，主要措施有：增加国债、降低税率、提高政府购买和转移支付。

（2）紧缩性财政政策（又称适度从紧的财政政策）是指通过财政分配活动来减少和抑制总需求，主要措施有：减少国债、提高税率、减少政府购买和转移支付。

（3）中性财政政策（又称稳健的财政政策）是指财政的分配活动对社会总需求的影响保持中性。

三、财政政策的手段

财政政策的手段主要包括税收、预算、国债、购买性支出和财政转移支付等手段。例如，经济萧条时：（1）减税，给个人和企业留下更多的可支配收入，刺激消费需求，增加生产和就业。但是会增加对货币的需求，导致利率上升，私人投资受到影响。（2）改变所得税结构，使高收入者增加税负，低收入者减少负担。可以刺激社会总需求。（3）扩大政府购买，多搞公共建设，可以扩大对私人产品的需求，增加消费，刺激总需求，也会导致货币需求增加。（4）给私人企业以津贴，如通过减税和加速折旧等方法，直接刺激私人投资，增加就业和生产。

财政政策的手段是国家为实现财政政策目标所采取的经济、法律、行政措施的总和。经济措施主要指财政杠杆；法律措施是通过立法来规范各种财政分配关系和财政收支行为，对违法活动予以法律制裁；行政措施指运用政府机关的行政权力予以干预。

财政政策手段的选择是由财政政策的性质及其目标所决定的。财政政策的形式具体目标不同，所采取的手段也不同。

四、财政政策的效果

虽然实行扩张性的财政政策和货币政策都能产生增加国民收入的效果，然而，政策效果的大小却因 IS 和 LM 曲线的斜率不同而有很大差别。

财政政策效果：政府收支使得 IS 曲线变动，对国民收入变动产生的影响。

财政政策乘数：在货币供给量不变时，政府收支的变化使得国民收入变动的倍数。

财政政策乘数要小于政府支出乘数，因为政府支出乘数没有考虑到利率的影响，由于存在挤出效应，财政政策乘数要小于简单的政府支出乘数。

1. LM 曲线不变时的情况

LM 曲线不变时，IS 曲线越陡峭，导致的利率变化越大，移动 IS 时，对于收入的变化越大，财政政策效果越大。IS 曲线越平坦，导致的利率变化越小，移动 IS 时，收入变化越小，政策效果越小。从图 6-1 和图 6-2 中，可以看出 LM 曲线不变时，IS 曲线陡峭时的收入增幅（$y_0 \rightarrow y_2$）大于 IS 曲线平坦时的收入增幅（$y_0 \rightarrow y_1$）。

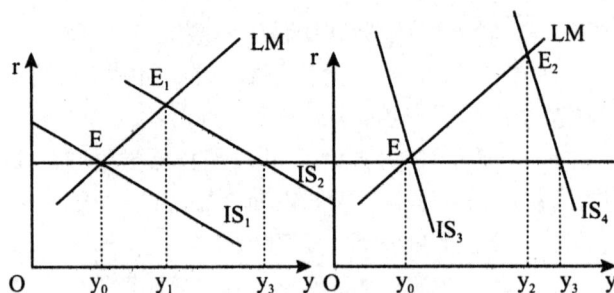

图 6-1 LM 不变时扩张财政政策的挤出效应

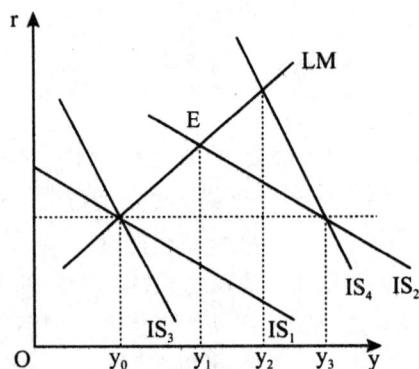

图 6-2 扩张财政政策下不同 IS 斜率的挤出效应

2. IS 曲线不变时的情况

IS 曲线不变时，LM 曲线越平坦，收入变动幅度越大，扩张的财政政策效果越大。LM 越陡峭，收入变动幅度越小，扩张的财政政策效果越小。在图 6-3 中，可以看出 IS 曲线不变时，LM 曲线平坦时的收入增幅（$y_1 \rightarrow y_2$）大于 LM 曲线陡峭时的收入增幅（$y_3 \rightarrow y_4$）。

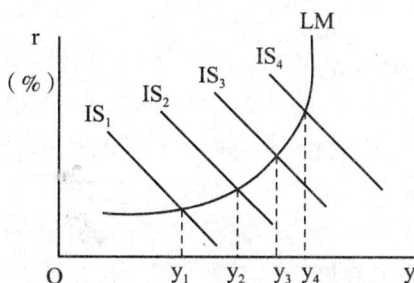

图 6-3　财政政策效果因 LM 斜率而异

五、挤出效应

政府支出增加引起的私人消费或投资降低的经济效应被称为挤出效应。在 IS-LM 模型中，若 LM 曲线不变，向右移动 IS 曲线，两种市场同时均衡时会引起利率的上升和国民收入的增加。但是，这一增加的国民收入小于不考虑货币市场的均衡（即 LM 曲线）或利率不变条件下的国民收入的增量，这两种情况下的国民收入增量之差，就是利率上升而引起的"挤出效应"。挤出效应越小，财政政策效果越大。

政府支出会在多大程度上"挤占"私人支出呢？这是取决于以下几个因素：

第一，支出乘数的大小。乘数越大政府支出所引起的产出增加固然越多，但利率提高使投资减少所引起的国民收入减少也越多，即"挤出效应"就越大。反之，则"挤出效应"就越小。

第二，货币需求对产出变动的敏感程度。即货币需求函数（$L = ky - hr$）中的 k 的大小。k 越大，政府支出增加所引起的一定量产出水平增加所导致的对货币的需求（交易需求）的增加也越大，因而使利率上升也越多，从而"挤出效应"也就越大。反之，则"挤出效应"就越小。

第三，货币需求对利率变动的敏感程度。即货币需求函数中 h 的大小，也就是货币需求的利率变动系数的大小。如果这一系数越小，说明货币需求稍有变动，就会引起利率大幅度变动。因此，当政府支出引起货币需求增加所导致的利率上升就越多，因而对投资的"挤占"也就越多。相反，如果 h 越大，则"挤出效应"就越小。

第四，投资需求对利率变动的敏感程度。即投资的利率系数的大小。投资的利率系数越大，则一定量利率水平的变动对投资水平的影响就越大，因而，"挤出效应"就越大。反之，则"挤出效应"就越小。

这四个因素中支出乘数主要决定于边际消费倾向。而边际消费倾向一般被认为是比较稳定的。货币需求对产出水平的敏感程度 k 主要取决于支付习惯和制度，一般也被认为是比较稳定的。因此"挤出效应"大小的决定性因素是货币需求及投资需求对利率的敏感程度，即货币需求的利率系数及投资需求的利率系数的大小。

在凯恩斯主义极端情况下，货币需求利率系数为无限大，而投资需求的利率系数等于零。因此，政府支出的"挤出效应"为零，财政政策效果极大。反之，在古典主义极端情况下，货币需求利率为零，而投资利率需求系数极大，因此，"挤出效应"是完全的即政府支出增加了多少，私人投资支出就被挤了多少，因而财政政策毫无效果。

六、凯恩斯主义的极端情况

如果 LM 曲线越平坦，或 IS 越陡峭，则财政政策的效果越大，货币政策效果越小。例如，持有货币，不买证券的利息损失很小，购买证券的风险很大，因为其价格达到最高。这时货币政策无效，货币供给量增加不会降低利率和促进投资，对于增加收入没有作用。但是政府增加支出和减少税收的政策非常有效，因为作为扩张性财政政策，是通过出售公债，向私人部门借钱，此时私人部门的资金充足，不会使利率上升，不产生挤出效应。如图 6-4 所示。

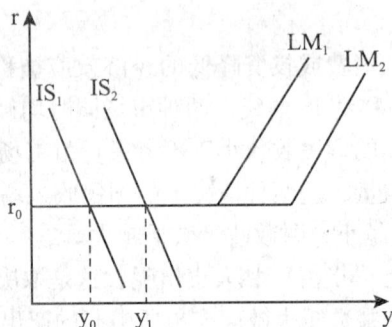

图 6-4　IS 在凯恩斯陷阱中的移动

如果 LM 为水平，IS 垂直时，货币政策完全失效，而财政政策效果极大。投资需求的利率系数为 0，投资不随利率变动而变动。即使货币政策能够改变利率，对收入仍没有作用，如图 6-5 所示。

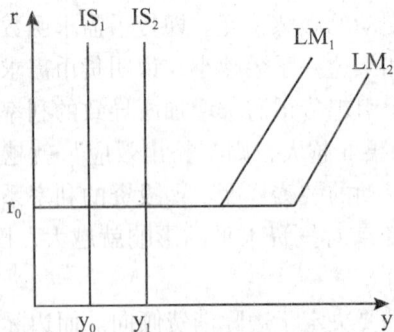

图 6-5　凯恩斯极端的财政政策情况

第三节 货币政策及其效果

一、货币政策

货币政策是指政府或中央银行为影响经济活动所采取的措施，尤指控制货币供给以及调控利率的各项措施。

货币政策有狭义和广义之分。狭义的货币政策指中央银行为实现其特定的经济目标而采用的各种控制和调节货币供应量或信用量的方针和措施的总称，包括信贷政策、利率政策和外汇政策。广义的货币政策指政府、中央银行和其他有关部门所有有关货币方面的规定和采取的影响金融变量的一切措施。

两者的不同主要在于后者的政策制定者包括政府及其他有关部门，他们往往影响金融体制中的外生变量，改变游戏规则，如硬性限制信贷规模，信贷方向，开放和开发金融市场。前者则是中央银行在稳定的体制中利用贴现率，准备金率，公开市场业务达到改变利率和货币供给量的目标。

二、货币政策的分类

根据对总产出的影响方面，可把货币政策分为两类：扩张性货币政策（又称积极的货币政策）和紧缩性货币政策（又称稳健的货币政策）。在经济萧条时，中央银行采取措施降低利率，由此引起货币供给增加，刺激投资和净出口，增加总需求，这种政策被称为扩张性货币政策。反之，经济过热、通货膨胀率太高时，中央银行采取一系列措施减少货币供给，以提高利率、抑制投资和消费，使总产出减少或放慢增长速度，使物价水平控制在合理水平，这种政策被称为紧缩性货币政策。

三、货币政策的作用

货币政策的性质（中央银行控制货币供应，以及货币、产出和通货膨胀三者之间联系的方式）是宏观经济学中最吸引人、最重要、也最富争议的领域之一。一国政府拥有多种政策工具可用来实现其宏观经济目标。其中主要包括：（1）由政府支出和税收所组成的财政政策。财政政策的主要用途是：通过影响国民储蓄以及对工作和储蓄的激励，从而影响长期经济增长。（2）货币政策由中央银行执行，它影响货币供给。

积极的货币政策是通过提高货币供应增长速度来刺激总需求，在这种政策下，取得信贷更为容易，利息率会降低。因此，当总需求与经济的生产能力相比很低时，使用扩张性货币政策最合适。

稳健的货币政策是通过削减货币供应的增长率来降低总需求水平，在这种政策下，取得信贷较为困难，利息率也随之提高。因此，在通货膨胀较严重时，采用紧缩性货币政策较合适。

货币政策调节的对象是货币供应量，即全社会总的购买力，具体表现形式为：流通中的现金和个人、企事业单位在银行的存款。流通中的现金与消费物价水平变动密切相关，是最活跃的货币，一直是中央银行关注和调节的重要目标。

四、货币政策的主要措施

运用货币政策所采取的主要措施包括七个方面：（1）控制货币发行；（2）控制和调节对政府的贷款；（3）推行公开市场业务；（4）改变存款准备金率；（5）调整再贴现率；（6）选择性信用管制；（7）直接信用管制。

五、货币政策效果的 IS – LM 图形分析

货币政策的效果指变动货币供给量的政策对总需求的影响，假定增加货币供给量能使国民收入有较大增加，则货币政策效果就大；反之，则货币政策效果就小。货币政策效果同样取决于 IS 和 LM 曲线的斜率。

在 LM 曲线形状基本不变时，IS 曲线越平坦，LM 曲线移动（由于实行变动货币供给量的货币政策）对国民收入变动的影响就越大；反之，IS 曲线越陡峭，LM 曲线移动对国民收入变动的影响就越小，如图 6 – 6 所示。

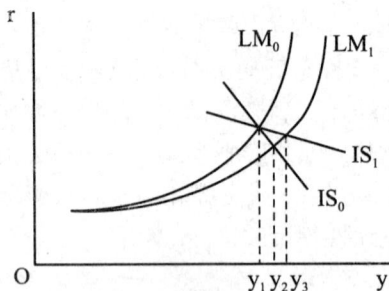

图 6 – 6　货币政策效果因 IS 斜率而异

图中有两条 IS 曲线，IS_0 较陡峭，IS_1 较平坦。当货币供给增加使 LM 从 LM_0 右移到 LM_1 时，IS 较陡时，国民收入增加较少，即货币政策效果较小；而 IS 较平缓时，国民收入增加较多，即货币政策效果较大。这是因为，IS 较陡，表示投资的利率系数较小（当然，支出乘数较小时也会使 IS 较陡，但 IS 斜率主要取决于投资的利率系数），即投资对利率变动的敏感程度较差，因此，LM 曲线由于货币供给增加而向右移动使利率下降时，投资不会增加很多，从而国民收入也不会有较大增加；反之，IS 较平坦时，表示投资利率系数较大，因此，货币供给增加使利率下降时，投资和收入会增加较多。

当 IS 曲线斜率不变时，LM 曲线越平坦，货币政策效果就越小；反之，则货币政策效果就越大，如图 6 – 7 所示。

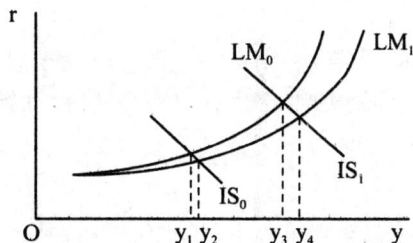

图 6 - 7　货币政策效果因 LM 斜率而异

在图中，IS_0 和 IS_1 的斜率相同，货币供给增加使 LM 从 LM_0 右移到 LM_1 时，LM 曲线较平坦，收入增加甚少；而 LM 较陡峭时，收入增加较多。

为什么会如此？这是因为，LM 较平坦，表示货币需求受利率的影响较大，即利率稍有变动就会使货币需求变动很多，因而货币供给量变动对利率变动的作用较小，从而增加货币供给量的货币政策就不会对投资和国民收入有较大影响；反之，若 LM 曲线较陡峭，表示货币需求受利率的影响较小，即货币供给量稍有增加就会使利率下降较多，因而对投资和国民收入有较多增加，即货币政策的效果较强。

总之，一项扩张的货币政策如果能使利率下降较多（LM 较陡时就会这样），并且利率的下降能对投资有较大刺激作用（IS 较平坦时就会这样），则这项货币政策的效果较强；反之，货币政策的效果就较弱。

六、古典主义的极端情况

与凯恩斯极端情况相反，如果水平的 IS 和垂直的 LM 相交，则就出现了所谓古典主义的极端情况，如图 6 - 8 所示。

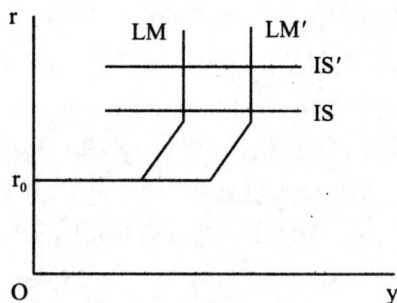

图 6 - 8　古典主义极端

当出现这种古典主义极端情况时，财政政策就完全无效，而货币政策十分有效。为什么呢？原因是：

一方面，LM 垂直，说明货币需求的利率系数等于零，就是说，利率已高到如此地步，一方面使人们持有的货币的成本或者说损失极大；另一方面又使人们看到债券价格低到了只会上涨而不会再跌的程度。因此，人们再不愿为投机而持有货币。这时候，政府如推行一项增加支出的扩张性财政政策而要向私人部门借钱的话，由于私人部门没有闲置货币，所以只有在私人部门认为将投资支出减少一个等于政府借款数目是核算的时候，政府才能借到这笔款项。为此利率（政府借款利率）一定要上涨到足以使政府公债产生的收益大于私人投资的预期效益。在这样的情况下，政府支出的任何增加都将伴随私人投资的等量减少。显然，政府支出对私人投资的"挤出"就是完全的，扩张性财政政策并没有使收入水平有任何改变。

另一方面，IS 呈水平状，说明投资需求的利率系数达到无限大，利率稍有变动，就会使投资大幅度变动。因此，政府因支出增加或税收减少而需要向私人部门借钱时，利率只要稍有上升，就会使私人投资大大减少，产生完全"挤出效应"。

总之，在古典主义极端情况下，财政政策完全无效，可是，如果实行增加货币供给的政策，则效果会很大。这是因为，当货币当局准备用购买公债的办法增加货币供给量时，公债价格必须上升到足够高，人们肯卖出公债以换回货币。由于人们对货币没有投机需求，他们将用这些出卖公债而所得的货币购买其他生息资产，这些生息资产可以是新的资本投资（新证券），也可以是购买现有的生息证券。新的资本投资将提高生产或者说收入水平，从而提高货币的交易需求量，人们手中只要还有超过交易所需的闲置货币，总会竞相争购生息资产，于是，公债价格将继续上升，即利率继续下跌，直到新的投资（购买生息资产）使收入水平提高到正好把所增加的货币额全部吸收到交易需求中。假定货币当局增加的货币供给量 Δm，k 是交易所需货币占收入的比例，即 $k = m/y$，则均衡收入水平必定要增加到 $\Delta y = \Delta m/k$。上述货币供给量增加所带来的实际经济生活的变化其实只是说明，由于 LM 垂直，人们对货币没有投机需求，因此，增加的货币供给将全部用来增加交易需求。为此，它要求国民收入增加 Δm 的 $1/k$ 倍。

IS 呈水平状，也可以用来说明货币政策效果极大。因为 IS 的斜率为 0，说明投机对利率极为敏感，因此，当货币供给增加使利率稍有下降，就会使投资极大地增加，从而使国民收入有很大的增加。

图 6-8 所示情况之所以称为古典主义的极端情况是因为古典学派认为，货币需求只同产出水平有关，同利率没有多大关系，货币需求对利率极不敏感，货币需求的利率系数几乎近于 0。因此，LM 是一条垂直线，货币供应量的任何变动都对产出有极大的影响，因此货币政策是唯一的有效的政策。

西方学者认为在现实生活中都极少见这种极端现象，真正常见的是 LM 曲线向右上方倾斜，IS 曲线向右下方倾斜，水平的和垂直的 LM 和 IS 充其量只是这些曲线斜率变化过程中的一个极端的阶段或者说区域。而介乎这两种极端情况之间的中间区域。在大多数情况下，IS 和 LM 的交点是在中间区域。现在许多西方经济学家都同意，无论是财政政策还是货币政策，都可以对经济起到一定的稳定作用。在衰退时期，要多使用财政政策，而在通货膨胀严重时期，应多使用货币政策。

西方经济学家还认为，尽管凯恩斯主义极端和古典主义极端并不常见，但这两个模型有一定的理论价值，它为分析财政政策和货币政策效果提供了工具。有些经济学家看重财政政策，另一些经济学家看重货币政策，就是由于他们对 LM 和 IS 可能有的形状有着不同的看法。

七、货币政策的局限性

西方国家实行货币政策，常常是为了稳定经济，减少经济波动。但在实践中也存在一些局限性。

（1）在通货膨胀时期实行紧缩的货币政策可能效果比较显著，但在经济衰退时期，实行扩张的货币政策效果就不明显。那时候，厂商对经济前景普遍悲观，即使中央银行松动银根，降低利率，投资者也不肯增加贷款从事投资活动，银行为安全起见，也不肯轻易贷款。特别是由于存在着流动性陷阱，无论银根如何松动，利息率都不会降低。这样，货币政策作为反衰退的政策，其效果就相当微弱。在西方有些学者把货币政策制止通货膨胀的效果比喻为马用缰绳拉车前进，意思是说：效果很好；然而，他们却把货币政策促进繁荣的效果比喻为马用缰绳使车后退，即政策很难发挥作用。

进一步说，即使从反通货膨胀看，货币政策的作用也主要表现于反对需求拉上的通货膨胀，而对成本推进的通货膨胀，货币政策效果就很小，因为物价的上升若是由工资上涨超过劳动生产率上升幅度引起或由垄断厂商为获取高额利润引起，则中央银行想通过控制货币供给来抑制通货膨胀就比较困难了。

（2）从货币市场均衡的情况看，用增加或减少货币供给量来影响利率的话，必须以货币流通速度不变为前提。如果这一前提并不存在，货币供给变动对经济的影响就要打折扣。在经济繁荣时期，中央银行为抑制通货膨胀需要紧缩货币供给，或者说放慢货币供给的增长率，然而，那时公众一般会增加支出，而且物价上升快时，公众不愿把货币持有在手中，而希望尽快花出去，从而货币流通速度会加快，在一定时期内本来的 1 美元也许可完成 2 美元交易的任务，这无异在流通领域增加了一倍货币供给量。这时候，即使中央银行把货币供给减少一倍，也无法使通货膨胀率降下来。反过来说，当经济衰退时，货币流通速度下降，这时中央银行增加货币供给对经济的影响也就可能被货币流通速度下降所抵消。货币流通速度加快，意味着货币需求增加，流通速度放慢，意味着货币需求减少，如果货币供给增加量和货币需求增加量相等，LM 曲线就不会移动，因而利率和收入也不会变动。

（3）货币政策的外部时滞也影响政策效果。中央银行变动货币供给量，要通过影响利率，再影响投资，然后再影响就业和国民收入，因而，货币政策作用要经过相当长一段时间才会充分得到发挥。市场利率变动以后，投资规模并不会很快发生相应变动；利率下降后，厂商扩大生产规模，需要一个过程；利率上升以后，厂商缩小生产规模，更不是一件容易的事，已经在建的工程难以停建，已经雇用的职工要解雇也不是轻而易举的事。总之，货币政策即使在开始采用时不要花很长时间，但执行后到产生效果却要有一个相当长的过程，在此过程中，经济情况有可能发生与人们原先预料的相反的变化。比方说，经济衰退时中央银行扩大货币供给，但未到这一政策效果完全发挥出来经济就已转入繁荣，物价已开始较快地上升，则原来扩张性货币政策不是反衰退，却为加剧通货膨胀起了火上浇油的作用。

（4）在开放经济中，货币政策的效果还要因资金在国际上流动而受到影响，例如，一国实行紧的货币政策时，利率上升，国外资金会流入，若汇率浮动，本币会升值，出口会受抑制，进口会受刺激，从而使本国总需求比在封闭经济情况下有更大的下降。若实行固定汇率，中央银行为使本币不升值，势必抛出本币，按固定汇率收购外币，于是货币市场上本国货币供给增加，使原先实行的紧的货币政策效果大打折扣。

货币政策在实践中存在的问题远不止这些，但仅从这些方面来看，货币政策作为平抑经济波动的手段，作用也是有限的。

第四节 两种政策的混合使用

根据以上几节分析可知，如果某一时期经济处于萧条状态，政府既可以采用扩张性财政政策，也可以采用扩张性货币政策，还可以将两种政策结合起来用。如图 6 – 9 所示：

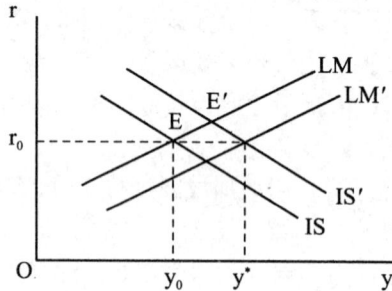

图 6 – 9 财政政策和货币政策的混合使用

假定经济起初处于图中 E 点，收入为 y_0，利率为 r_0，而充分就业的收入为 y^*。为渡过萧条，达到充分就业，政府可实行扩张性财政政策将 IS 右移，也可实行扩张性货币政策将 LM 右移。采用这两种政策虽然可以使收入达到 y^*，但会使利率大幅度上升或下降，如果既想使收入增加到 y^* 又不使利率变动，则可采用扩张性财政政策和货币政策结合使用的办法。如图 6 – 9 中所示，为了使收入从 y_0 提高到 y^*，可实行扩张性财政政策使产出水平上升，但为了使利率不由于产出上升而上升，可相应地实行扩张性货币政策增加货币供给量，使利率保持原有水平。从图 6 – 9 中可见，如果仅实行扩张性财政政策，将 IS 移到 IS′，则均衡点为 E′，利率上升到 r_0 之上，发生"挤出效应"，产量不可能达到 y^*，如果采用"适应性的"货币政策，即按利率不上升的要求，增加货币供给将 LM 移到 LM′，则利率可保持不变，投资不被挤出，产量可达到 y^*。

财政政策和货币政策可有多种结合，这种结合的政策效应，有的是事先可预计的，有的则必须根据财政政策和货币政策何者更强有力而定，因而是不确定的，例如，图 6 – 9中 IS 和 LM 移动幅度相同，因而产出增加时利率也不变，若财政政策影响大于货币政策，IS 右移距离超过 LM 右移距离，则利率就会上升；反之，则会下降。可见，这两种政策结合使用时对利率的影响是不确定的。表 6 – 1 中给出了各种政策结合使用的效应。

表6-1　　　　　　　　　　财政政策和货币政策混合使用的政策效应

	政策混合	产出	利率
1	扩张性财政政策和紧缩性货币政策	不确定	上升
2	紧缩性财政政策和紧缩性货币政策	减少	不确定
3	紧缩性财政政策和扩张性货币政策	不确定	下降
4	扩张性财政政策和扩张性货币政策	增加	不确定

　　政府和中央银行可以根据具体情况和不同目标，选择不同的政策组合。当经济萧条又不太严重时，可采用第一种组合，用扩张性财政政策刺激总需求，又用紧缩性货币政策控制通货膨胀；当经济发生严重通货膨胀时，可采用第二种结合，用紧缩货币来提高利率，降低总需求水平，同时又紧缩财政，以防止利率过分提高；当经济中出现经济膨胀又不太严重时，可采用第三种组合，用紧缩财政压缩总需求，又用扩张性货币政策降低利率，以免财政过度紧缩而引起衰退；当经济严重萧条时，可采用第四种组合，用扩张财政增加总需求，用扩张货币降低利率以克服"挤出效应"。

　　例如，20世纪60年代初美国经济萧条，为度过衰退，政府一方面减税，另一方面采用"适应性的"货币政策，使产量增加时利率基本上保持不变。到60年代末70年代初，美国经济生活中通货膨胀率过高而失业率较低，为控制通货膨胀，实行了紧缩货币和紧缩财政相结合的政策。70年代末80年代初，美国里根政府为克服通货膨胀和经济萧条并存的"滞胀"局面，采用了减税和紧缩通货相结合的政策，一方面刺激需求，增加供给，另一方面又克服通货膨胀。

　　在考虑如何混合使用两种政策时，不仅要看当时的经济形势，还要考虑政治上的需要，这是因为，虽然扩张性财政政策都可增加总需求，但不同政策的后果可以对不同的人群产生不同的影响，也使GDP的组合比例发生变化。例如，实行扩张性货币政策会使利率下降，投资增加，因而对投资部门尤其是住宅建设部门十分有利。可是实行减税的扩张性财政政策，则有利于增加个人可支配收入，从而可增加消费支出。而同样是采用扩张性财政政策，如果是增加政府支出，例如，兴办教育、防止污染、培训职工等，则人们受益的情况又不同。正因为不同政策措施会对GDP的组合比例（投资、消费和政府购买在GDP中的构成比例）产生不同影响，进而影响不同人群的利益，因而，政府在作出混合使用各种政策的决策时，必须考虑各行各业、各个阶层的人群的利益如何协调的问题。

延伸思考6-1

实践中的财政——货币政策组合方案

　　财政——货币政策组合在美国经济政策中引起了激烈的争论。下面有两种主要的方案。

　　宽松的财政政策和紧缩的货币政策。假定初始经济在低通货膨胀和潜在产出水平上运行，新上任的总统准备在不增加税收的情况下，大幅度增加国防支出。这样就会导致政府赤字的增加和总需求的上升。在这种情况下，美联储就要紧缩货币政策，阻止经济过热。结果就会出现实际利率上升和美元升值。高利率将挤出国内投资，美元升值会减少净出口。净效应为：国防开支的增加挤出了国内投资和净出口。这项政策就是美国20世纪80年代早期出现的情况，并在21世纪初期又一次出现。

　　紧缩性的财政政策和宽松的货币政策。假定经济开始时国民储蓄率比较低，政府希望通过增加投资来进一步推动资本存量，提高潜在产出的增长率。在实际操作中，政府可以提高消费税，压缩转移支付，从而减少可支配收入，降低消费水平（紧缩性的财政政策）。这将会伴随着扩张性的货币政策，从而导致低利率和投资增加，以及美元贬值和净出口的增加。整个过程通过增加政府储蓄来刺激私人投资。这就是克林顿总统的经济哲学。它在1993年的预算法案中得以体现，导致了20世纪90年代末的预算盈余。

第五节 博弈论在宏观经济政策中的应用

一、货币政策的博弈论描述

按照西方学者的说法，货币政策可以看成是政府（中央银行）与工会之间的一场博弈。政府为了达到低通货膨胀的目标，需要影响工人的工资协议，而这又取决于工会组织如何预期并作出相应的反应。

这场博弈的规则是，工会组织也一致要求增加货币工资作为第一步，工会须在增加名义工资还是不增加名义工资之间做出选择。政府走第二步，如果政府可以自由运用相机抉择权，它可以在提高货币增长率和不提高货币增长率之间作出选择。

二、货币政策的博弈模型

为了以简单的方式用博弈论分析上面描述的货币政策，今用一个具体的博弈模型来说明。如上所述，博弈的局中人为政府（中央银行）和工会，政府的策略有两个：不提高货币增长率和提高货币增长率，为简单起见，分别将其记为"不增"和"增"。工会的策略也有两个：不增加货币工资和增加货币工资，其也分别简记为"不增"和"增"。四种可能的博弈的支付（即可以用货币来衡量的好处）由下述矩阵表示。

		政府	
		不增	增
工	不增	(5, 5)	(1, 7)
会	增	(7, 1)	(2, 2)

在上述矩阵中，数对中的第一个数表示工会所获的支付，第二个数表示政府的支付。例如，策略组合（不增，增）的支付为（1，7），如果工会采取不增加货币的工资策略，政府采取提高货币增长率策略，则工会的支付为1，而政府的支付为7。读者可以对其他支付数对作类似的解释。现在的问题是求出这个模型的解。

这里所给出的模型与《微观经济学原理与应用》中"囚徒困境"的结构是一样的。于是，容易理解，从工会和政府共同的观点看，最好的选择显然是工会不要求增加货币工资，政府不增发货币，即策略组合为（不增，不增）。但是从博弈两方自身的利益看，无论对方选择什么策略，采取"增"这一策略总是最好的选择，然而，一旦博弈的双方从各自的利益出发都选择"增"策略，工会和政府都会面对"更坏"的结果：双方所获得的支付都比他们同时选择"不增"策略时的支付要低。在单期静态博弈的情况下，这一模型的解，即策略组合（增，增），便构成纳什均衡，因为经济一旦处于这一状态，任何一方要改变策略都会使其自身的状况变坏。就像"囚徒困境"模型一样，虽然博弈双方都采取"不增"的策略的组合从总体上说是最有利的，但这一状态是不稳定的。由于双方都从利己的动机出发，结果都采取"增"策略，这虽不是最有利的结局，但却是一个稳定的结局。总之，这一简单的博弈模型刻画了政府（中央银行）和公众（工会）在宏观经济政策方面的复杂的关系。

三、时间不一致性

利用前面所描述的工会与政府的博弈，还可以说明宏观经济政策的一个重要特点，即时间不一致性。

假定在工资谈判前，政府公布紧缩性的货币政策，希望它有助于节制工资上升。如果政府坚持这样做，那么，对工会来说最有利的选择是不要求与预期通货膨胀相一致的工资上涨。这样将产生理想的结果：低通货膨胀率、低失业率。若工会坚持要求增加工资，而政府仍坚持紧缩性货币政策，失业率就会提高。然而，工会还能设想出这样的问题：一旦不要求工资上涨的工作协议定下来后，政府还会把不提高货币增长率作为最好的政策吗？答案往往是否定的。

实际的情况是，出于政治的原因，政府常常倾向于采取高通货膨胀率换取低失业率的政策。这就出现了这样一种可能性：如果工会同意不增加货币工资，政府很可能想抓住这个机会来减少失业。由于工资已经被盯住，更快的货币增长至少在短期内有利于创造就业机会，结果，工人遭受实际工资下降的损失。

另一种情况是，假若工会签订了增加货币工资的合同，政府决策者面临的选择是：或者坚持紧缩性货币政策，让失业率上升；或者放弃紧缩性政策，以减少失业，在这种情况下，工会便会预期政府很可能放弃原来的紧缩性政策，而选择目前看来更好的政策：加快货币扩张，以降低失业率。一项起初适于今天的政策，随着时间的推移，就可能不再适合明天，这就发生了因时间不一致性。如果工会意识到这一点，并预期货币将会更快地增长，那么，签订增加货币工资的合同总会使他们的处境好一些。假若真如预期的那样，中央银行放弃了紧缩性政策，其结果则很明显是高通货膨胀率，而就业却不会增加。由此看来，如果政府可以根据情况的变化自由选择某个时期的政策，即使是最好的政策也存在着通货膨胀的倾向。政策的时间不一致性告诉人们，没有硬性规定政府必须执行其原来的计划，政府就有权选择目前看来更好的政策。问题在于，如果经济主体（在这里是工会）意识到这种情况，他们就会预测政策的变化，并采取相应的行动，以阻止决策者所设想的目的的实现。

因此，赢得信誉的可靠方法就是：借助于人人相信决策者必须遵从有约束力的规则来消除政府可以改变的可能性。在"时间不一致"概念提出之前，赞成规则的人倾向于非干预主义，他们认为反通货膨胀政策是无效的，甚至是有害的。时间不一致的概念不仅使宏观经济政策争论的焦点转移到了积极干预政策是否有效的问题上，而且向人们启示，建立对规则的信任比具体的规则本身更为重要。

本章小结

本章要点可以被归结如下：

（1）依靠市场力量可达到两个市场同时均衡，但却未必能实现充分就业均衡。为此，需要依靠国家用财政政策和货币政策进行调节。各种财政政策工具（所得税、政府支出、投资津贴等）和货币政策对利率、消费、投资和 GDP 会有不同的影响。

（2）从 IS－LM 图形分析，当 LM 不变时，如果 IS 较平坦，表示投资的利率系数较大，因而一项扩张性财政政策使利率上升时，就会使私人投资下降较多，即"挤出效应"较大，从而使这项政策的效果就较小，即货币需求对利率反应较不灵敏，这意味着一定的货币需求增加将使利率上升较多，从而对私人部门产生较大的挤出效应，财政政策效果就较小。反之，IS 越陡峭，LM 越平坦则财政政策效果越大。如果 IS 陡峭的像垂直线，LM 平坦的像水平线，则财政政策效果就极大，这是一种凯恩斯主义极端情况。

（3）从 IS－LM 图形分析，LM 形状不变时，IS 曲线较平坦，表示投资的利率系数较大，若增加货币供给，投资和收入会增加较多，即货币政策效果大；反之，IS 越陡峭，货币政策效果就越小。当 IS 形状不变时，若 LM 较平坦表示货币需求受利率的影响较大，即利率稍有变动就会使货币需求变动很多，因而货币供给量变动对利率影响较小，即货币政策效果小；反之，LM 越陡峭，货币政策效果就越大。如果 IS 呈水平状，LM 呈垂直状，货币政策效果就极大，这就是古典主义极端情况。

（4）根据政策调节的需要，扩张性和紧缩性的财政政策和货币政策可以搭配使用。

实践与应用

一、复习与思考

（一）单项选择题

1. 以下四种宏观经济政策中，属于需求管理的是（　　）。

    A. 财政政策　　　　　B. 收入政策　　　　　C. 人力政策　　　　　D. 指数化政策

2. 以下会产生挤出效应的情况是（　　）。

    A. 货币供给的下降提高利率，从而挤出了对利率敏感的私人支出

    B. 对私人部门税收的增加引起私人部门可支配收入和支出的下降

    C. 政府支出增加使利率提高，从而挤出了私人部门的支出

    D. 政府部门支出的下降导致消费支出的下降

3. 扩张性财政政策会对经济产生的影响是（　　）。

    A. 缓和了经济萧条，减少了政府债务　　　B. 缓和了经济萧条，但增加了政府债务

    C. 缓和了通货膨胀，减少了政府债务　　　D. 缓和了通货膨胀，但增加了政府债务

4. 按照凯恩斯货币理论，货币供给增加将（　　）。

A. 降低利率，从而减少投资　　　　B. 降低利率，从而增加投资

C. 提高利率，从而减少投资　　　　D. 提高利率，从而增加投资·

5. 紧缩性货币政策的运用将导致（　　）。

A. 货币供给量增加，利率提高　　　B. 货币供给量增加，利率降低

C. 货币供给量减少，利率降低　　　D. 货币供给量减少，利率提高

6. 一般而言，实行扩张性货币政策的主要目的是（　　）。

A. 抑制投资需求的不断增长　　　　B. 刺激社会总需求的增长

C. 控制通货膨胀的进一步加剧　　　D. 防止物价上涨的太快

7. 当经济出现通货膨胀与经济萧条并存的"滞胀"局面时，政府进行宏观调控所应选择的宏观经济政策是（　　）。

A. 扩张性财政政策与紧缩性货币政策　　B. 扩张性财政政策与扩张性货币政策

C. 紧缩性财政政策与紧缩性货币政策　　D. 紧缩性财政政策与扩张性货币政策

8. 当经济处于繁荣时期，社会总需求明显大于社会总供给时，政府进行宏观调控所应选择的宏观经济政策是（　　）。

A. 扩张性财政政策与紧缩性货币政策　　B. 扩张性财政政策与扩张性货币政策

C. 紧缩性财政政策与紧缩性货币政策　　D. 紧缩性财政政策与扩张性货币政策

9. 当经济处于萧条时期，社会商品总供给过剩，失业过多时，政府进行宏观调控所应选择的宏观经济政策是（　　）。

A. 扩张性财政政策与紧缩性货币政策　　B. 扩张性财政政策与扩张性货币政策

C. 紧缩性财政政策与紧缩性货币政策　　D. 紧缩性财政政策与扩张性货币政策

10. 当一国或地区采用扩张性财政政策，而不采用紧缩性货币政策时，一定会使（　　）。

A. 产出上升，利率上升　　　　　　B. 产出上升，利率不确定

C. 产出不确定，利率上升　　　　　D. 产出不确定，利率下降

（二）多项选择题

1. 宏观经济政策的主要目的是（　　）。

A. 充分就业　　　　　　　　　　　B. 稳定物价

C. 经济增长　　　　　　　　　　　D. 国际收支平衡

E. 预算平衡

2. 财政政策工具包括（　　）。

A. 政府购买　　　　　　　　　　　B. 转移支付

C. 征税　　　　　　　　　　　　　D. 发行公债

E. 发行货币

3. 自动稳定器是经济系统本身存在的一种减少对国民收入冲击和干扰的机制，自动稳定器包括（　　）。

A. 政府采购制度　　　　　　　　　B. 公债发行制度

C. 农产品价格维持制度　　　　　　D. 失业保障机制

E. 所得税税收体系

4. 货币政策工具包括（　　）。

A. 公开市场业务　　　　　　　B. 转移支付

C. 法定准备金率　　　　　　　D. 再贴现率

E. 税率

（三）问答题

1. 简述宏观经济政策的目标。

2. 什么是财政政策与货币政策？

3. 什么是自动稳定器？简述自动稳定器发挥作用的过程。

4. 在美联储 20 世纪 90 年代以来的货币政策调控的中介目标中，货币量已基本不被视为货币调控的中介目标，这与货币主义倡导的货币调控中介目标截然不同。试回答：

（1）为什么会有这种变化？

（2）与此同时，一些经济学家建议美联储选择联邦基金利率（r）目标的货币规则应为 $r = 2\% + \pi + 0.5(y - y^*) + 0.5(\pi - \pi^*)$。其中，$\pi$ 为过去一年的平均通货膨胀率；y 为最近衡量的实际 GDP；y^* 是经济的自然产出水平；π^* 为美联储的通货膨胀目标。试解释这个确定利率规则背后的逻辑。

（3）一些经济学家支持这种货币规则，但认为 π 和 y 应该是通货膨胀和产量的未来预期值。用预期值而不用实际值有什么优点和缺点？

5. 货币政策在实践中的局限性体现在哪些方面？

6. 什么是挤出效应？说明影响挤出效应的主要因素。

7. 根据 IS - LM 模型，简述财政政策和货币政策的搭配方式，以及各种搭配情况对经济产生的影响。

二、综合案例

中国的公开市场操作：中国人民银行的逆回购

案例内容：

2012 年 8 月 21 日，中国人民银行发布公告称，当日以利率招标方式开展了 1500 亿元 7 天期逆回购和 700 亿元 14 天期逆回购操作，中标利率分别为 3.40%、3.60%，其中 7 天期逆回购中标利率较上周小幅攀升 5 个基点，央行有意加大逆回购操作力度，在稳定流动性的同时，促进资金面维持相对平衡状态。

央行数据显示，2012 年 8 月 20～26 日，一周内有 1200 亿元的逆回购到期，减去票据及正回购到期 330 亿元，则公开市场的净回笼量为 870 亿元，由于 8 月 21 日央行展开了共计 2200 亿元的逆回购操作，由此公开市场提前实现资金净投放。

问题讨论：

1. 什么是逆回购？

2. 回购、逆回购作为货币政策工具，与存款准备金率相比有哪些优点？

理论提示：

1. 公开市场操作；

2. 回购；

3. 逆回购；

4. 存款准备金；

5. 利率市场化。

第七章　经济增长与经济周期

什么原因导致美国经济增长放慢

从 1959 年到 1973 年，美国企业每年生产率增长是 3.2%。从 1973 年到 1994 年，每年生产率增长只有 1.3%。这种生产率增长放慢反映在实际工资和家庭收入增长的减少上，也反映在一般人对经济的忧虑上。

究竟是什么原因导致经济增长放慢？有两个事实确定无疑。第一，经济增长放慢是一个世界性现象。在 20 世纪 70 年代中期，除美国外，包括加拿大、法国、德国、意大利、日本、英国在内的工业化国家，都发生了经济增长放慢。因此，为了解释美国经济增长放慢，必须超出美国来观察。第二，这种放慢不能归因于最常提及的生产要素。经济学家可以直接衡量工人所得到的物质资本数量和以正规教育年限为形式的人力资本。显然，生产率放慢主要并不是由于这些投入增长的减少。看来技术是剩下的少数几个可归咎的原因之一。事实正是如此，20 世纪 90 年代以来，计算机信息技术所带来的技术革命，使得生产率大大提高，技术和经济的融合，掀起了全球范围的经济增长浪潮。

【案例导学】

经济增长通常是指宏观经济增长，即一国在一定时期内产品量和服务量的增加。经济增长的基础是技术进步、制度变革和意识形态的调整。

决定经济增长的直接因素，一是投资量。一般情况下，投资量与经济增长成正比。二是劳动量。在劳动者同生产资料数量、结构相适应的条件下，劳动者数量与经济增长成正比。三是生产率。生产率是指资源（包括人力、物力、财力）利用的效率。提高生产率也对经济增长直接做出贡献。

三个因素对经济增长贡献的大小，在经济发展程度不同的国家或不同的阶段，是有差别的。一般来说，在经济比较发达的国家或阶段，生产率提高对经济增长的贡献较大；在经济比较落后的国家或阶段，资本投入和劳动投入增加对经济增长贡献较大。

经济增长放慢一直是经济决策者面临的最大问题之一。经济学家经常问，什么原因引起了这种放慢，以及如何可以改变这种放慢，至今这个问题仍然在研究中。

在西方经济学中，虽然长期和短期的划分标准并不精确，但是大体来说，本章以前所论述的内容属于短期国民收入决定的范围，而本章的内容则涉及长期国民收入的决定。

长期国民收入的决定包括两个主要问题，即国民收入长期增长的趋势问题和实际国民收入围绕长期趋势而做出周期性波动的问题。本章所论述的内容就是对此问题的研究。

第一节　国民收入长期趋势和波动

图 7－1 说明了随着时间的推移，国民收入长期增长趋势和波动的情况。

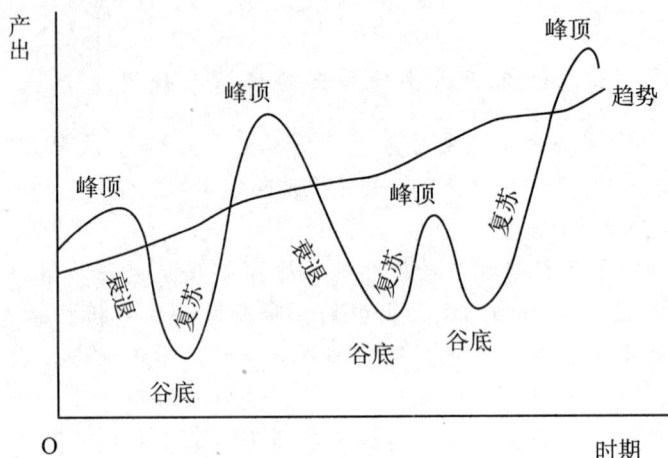

图 7－1　经济波动

图 7－1 中的细线表示了实际 GDP 的趋势过程。GDP 的趋势过程是经济中当生产要素被充分利用时，GDP 所经历的过程。给定一个特定的时期，细线所对应的产量即为经济中现有资源被充分利用时所能产生的产量，也就是充分就业产量或潜在产量。一般的，随着时间的推移，潜在产量由于下述原因而呈现出上升趋势，即经济中可得到的资源更多了，人口规模增加了，厂商获得了更先进的生产工具并修建了新的工厂，土地得到改良从而利于种植，新产品和新生产方法的发明和采用，知识存量增加了等等。总之，经济中资源可得性的增加使得经济能生产出更多的商品和劳务。

图 7－1 中的粗线则表示在不同时期实际 GDP 的路径，从图 7－1 中可以看出，经济中实际的产量不总是处于其趋势水平即充分就业的水平，更经常的是产量围绕其趋势水平波动。在图中所标志的复苏时期，生产要素的利用量增加，由于人们加班加点工作，几台机器轮班运转，因此产量有可能超过其趋势；反之，衰退时期，由于失业增加，机器设备闲置，因此产量小于现有资源与技术实际能生产的水平。

图 7－2 显示了美国 1965～2010 年实际产量的时间路径。

图 7－2 中阴影部分的时期表示美国经济正经历着衰退。该图揭示出这样一个事实，即经济波动是无规律的。衰退并不是有规律的间隔发生，而且衰退持续的时间和衰退的严重程度也是不同的。

下面先论述国民收入的长期增长问题。

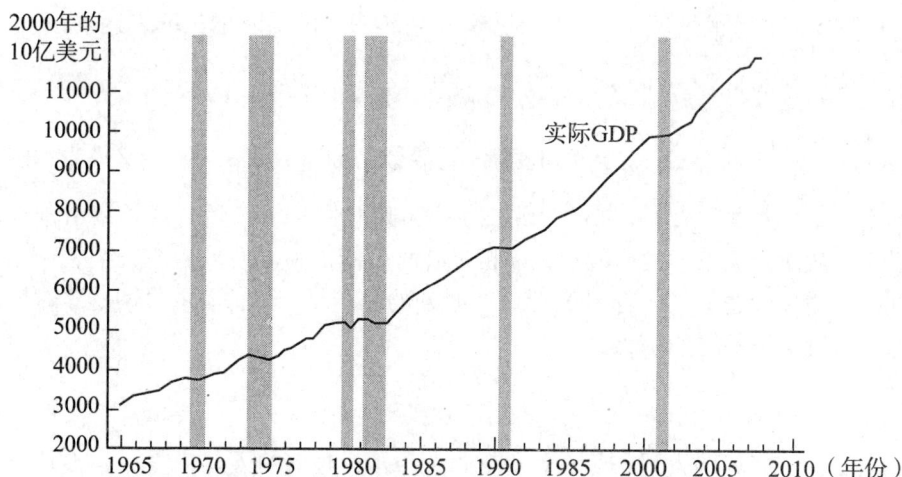

图 7 - 2 美国 1965 ~ 2010 年的实际产量

第二节 经济增长的描述和事实

经济增长是最古老的经济学议题之一。人类要生存、要发展，其基础和前提就是物质产品或物质财富的丰富和增加。对于一个国家而言，发展的基本目标是民富和国强。一个持续稳定增长的经济能够给该经济体的居民提供更多的福祉。那么，什么是经济增长？如何描述它呢？

一、经济增长和经济发展

在宏观经济学中，国内生产总值既是衡量一个国家（或地区）经济活动的重要指标，也反映该国（或该地区）在一定时期内生产总成果的重要指标。因此，从理论的层面看，为了描述和反映一个经济体（国家或地区）物质产品的丰富和增加，很自然地会联系到以GDP 表示的产量的概念。

一般的，在宏观经济学中，经济增长被规定为产量的增加，这里，产量既可以表示为经济的总产量（GDP 总量），也可以表示为人均产量（人均 GDP）。经济增长的程度可以用增长率来描述。

先来考察增长率这一概念。从抽象意义上讲，设变量 $Z(t)$ 是时间变量 t 的实值函数，则变量 Z 从时间 t 到时间 $t + \Delta t$ 的增长率被定义为以下关系式：

$$g_z = \frac{Z(t + \Delta t) - Z(t)}{\Delta t Z(t)} \qquad (7.1)$$

式中，Δt 为时间改变量，g_z 为变量 Z 的增长率，在式中，若取 $\Delta t = 1$，则增长率的关系式变为：

$$g_z = \frac{Z(t+1) - Z(t)}{Z(t)} \qquad (7.2)$$

上式就是人们较熟悉的增长率的表达式。如果让时间改变量 Δt 趋于零，则在变量

Z(t)关于时间 t 可微分的情况下，可得到变量 Z 在时间 t 的瞬时增长率表达式：

$$g_z = \lim_{\Delta t \to 0} \frac{Z(t+\Delta t) - Z(t)}{\Delta t Z(t)} = \frac{Z'(t)}{Z(t)} = \frac{d\ln Z(t)}{dt} \tag{7.3}$$

式中，$Z'(t) = \dfrac{dZ(t)}{dt}$ 为 Z(t) 关于时间变量 t 的导数。通常，可将式（7.2）表示的增长率称为常规增长率，将式（7.3）表示的增长率称为瞬时增长率。瞬时增长率由于与导数或微分相联系，从而在关于增长率的理论分析中有时可能更为方便。

回到经济增长问题上来，若用 Y_t 表示 t 时期的总产量，Y_{t-1} 表示（t-1）时期的总产量，则总产量意义下的增长率为：

$$g_Y = \frac{Y_t - Y_{t-1}}{Y_{t-1}} \tag{7.4}$$

若用 y_t 表示 t 时期的人均产量，y_{t-1} 表示（t-1）时期的人均产量，则人均产量意义下的增长率为：

$$g_y = \frac{y_t - y_{t-1}}{y_{t-1}} \tag{7.5}$$

考察国民经济长期问题经常涉及两个既有联系又有区别的概念，即经济增长和经济发展。

如果说经济增长是一个"量"的概念，那么经济发展就是一个比较复杂的"质"的概念。从广泛的意义上说，经济发展不仅包括经济增长，而且还包括国民的生活质量，以及整个社会各个不同方面的总体进步。总之，经济发展是反映一个经济社会总体发展水平的综合性概念。

一般的，主流的宏观经济学都把经济增长作为其一个重要的内容，而对经济发展问题论述的并不多。遵循着这种做法，本章主要论述经济增长的内容。

二、经济增长的一些事实

为了更好地理解和认识经济增长问题的重要性，有必要说明经济增长的一些事实。先来考察国家间收入水平的差异，然后展示国家间收入增长率的差异。

虽然 GDP 指标有着这样那样的缺陷，但 GDP 仍不失为一个粗略的度量一国生活水平的现成指标。

表 7-1 给出了 2007 年世界上 12 个人口最多的国家的人均收入情况。

表 7-1　　　　　　　　　　　2007 年生活水平的国际差异　　　　　　　　　单位：美元

国家	人均 CDP（以 2000 年美元价格计算）	人口（百万）
中国	1811	1318
印度	686	1125
美国	38096	302
印度尼西亚	1034	226
巴西	4222	192

续表

国家	人均 CDP（以 2000 年美元价格计算）	人口（百万）
巴基斯坦	654	162
孟加拉国	436	159
尼日利亚	471	148
俄罗斯	2858	142
日本	40745	128
墨西哥	6543	105
菲律宾	1215	88

资料来源：世界银行发展指数在线数据库，网址：ddp-ext. worldbank. org/ext。

该表明确的反映了这样一个事实：在国家间人均收入方面，进而在生活水平方面存在着巨大差异。以该表为例，在 2007 年，日本以人均收入 40745 美元列在首位。孟加拉国的人均收入仅为 436 美元，日本人均收入约为孟加拉国人均收入的 93 倍。换一种方式说，一个代表性的日本工人一天的工作收入相当于一个代表性的孟加拉国工人 90 天的收入。

人均 GDP 尽管不是一个衡量人类福利的完美的指标，但是正像美国经济学家曼昆所说的，GDP 高的国家负担得起孩子更好的医疗保健，负担得起更好的教育，也可以教育更多公民阅读和欣赏诗歌。总之，GDP 确实衡量了人们过上一种有意义生活的投入能力。

表 7 - 1 显示的是不同国家的收入水平，这些数据说明国家之间的富裕程度或生活水平存在着巨大差异。下面要展示的是一些国家的收入增长率，即人均收入以多快的速度增长。增长是重要的，因为增长较快的国家随着时间的推移其收入可以达到更高的水平。

设 y_t 和 y_{t+n} 分别为一国 t 时期和（t + n）时期的人均 GDP，则该国 n 期的人均 GDP 的平均增长率可表示为：

$$g = \left(\frac{y_{t+n}}{y_t} \right)^{\frac{1}{n}} - 1 \tag{7.6}$$

根据式（7.6），当知道每个国家在任意不同年份的人均 GDP 数据时，就可求得该国在相应时期的人均 GDP 的年平均增长率。图 7 - 3 显示了 107 个国家（地区）1960 ~ 2000 年经济增长率的分布状况。

在图中，按照人均收入平均增长率对这些国家（地区）进行分组，图中显示了每一组国家（地区）的数据以及属于该组的其中几个国家（地区）的名字。例如，加拿大在此期间的年增长率为 2.49%，因此，加拿大与另外 12 个国家（地区）同处一组，他们的年增长率落在 2.0% - 2.5% 的范围内。

图 7 - 3 显示，不同国家（地区）的经济增长率有显著的差异。在图形的顶部是所谓"增长奇迹"的国家和地区，如新加坡、韩国、中国台湾和中国香港，它们的年均增长率均超过 5%。位于图形底部的则是"增长灾难"的国家（地区），如委内瑞拉、卢旺达、尼日利亚和尼加拉瓜，这些国家在 40 年的时期中都经历了负增长。

年均增长率（%）　　　　国家（地区）实例

年均增长率区间	国家（地区）实例
7.0~7.5	新加坡
6.5~7.0	中国台湾
6.0~6.5	韩国
5.5~6.0	中国香港
5.0~5.5	博茨瓦纳
4.5~5.0	泰国
4.0~4.5	日本、中国大陆、爱尔兰
3.5~4.0	罗马尼亚、葡萄牙、马来西亚
3.0~3.5	挪威、希腊、西班牙
2.5~3.0	美国、法国、印度、以色列、巴西、意大利
2.0~2.5	英国、瑞典、加拿大、土耳其、澳大利亚
1.5~2.0	阿尔及利亚、尼泊尔、津巴布韦、哥伦比亚、墨西哥
1.0~1.5	菲律宾、阿根廷、肯尼亚、厄瓜多尔、约旦
0.5~1.0	坦桑尼亚、布基纳法索、牙买加、秘鲁
0.0~0.5	贝宁、玻利维亚、埃塞俄比亚、喀麦隆
−0.5~0.0	委内瑞拉、塞内加尔、卢旺达、布隆迪、马里
−1.0~−0.5	尼日利亚、乍得、马达加斯加、赞比亚
−1.5~−1.0	尼加拉瓜、莫桑比克
−2.0~−1.5	尼日尔
−2.5~−2.0	中非共和国

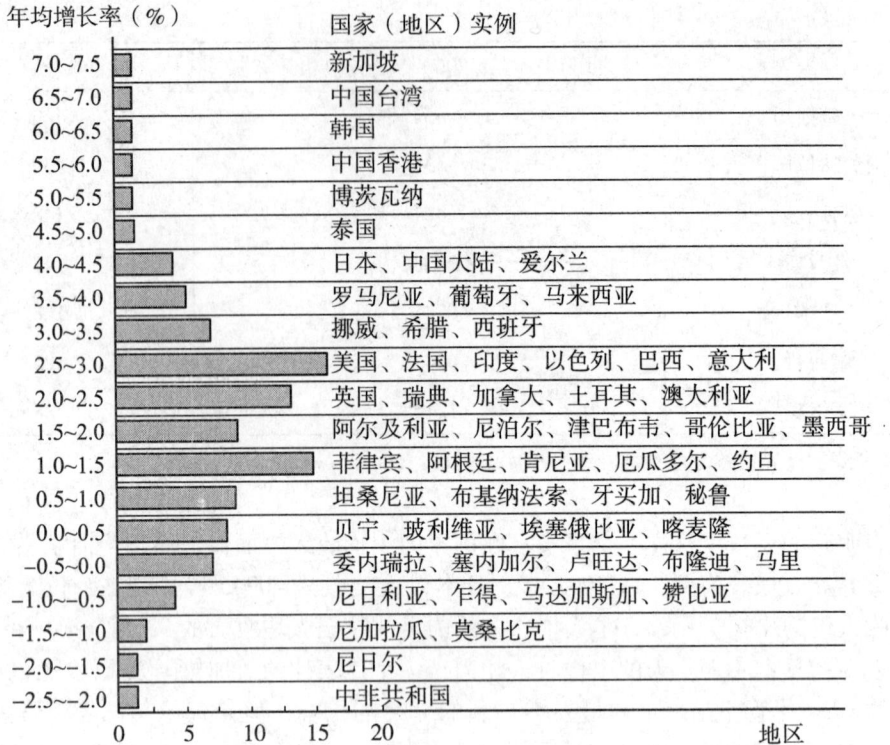

图 7 - 3　1960 ~ 2000 年年均经济增长率分布

经济增长作为人类福利进步的一项基础，其重要性不言而喻。事实上，国家间人均收入增长率即使是微小的差别，如果长期持续下去，也会导致不同国民之间相对生活水准的显著差异。表 7 - 2 显示了持续增长对于五个假想国家的生活水平的复利效果，这五个国家的人均收入都以 1000 美元作为起点。

表 7 - 2　　　　　　　　　　　　　不同增长率的累积效果

年数	国家 1 增长率 g = 1%	国家 2 增长率 g = 2%	国家 3 增长率 g = 3%	国家 4 增长率 g = 4%	国家 5 增长率 g = 5%
0	1000	1000	1000	1000	1000
10	1100	1220	1340	1480	1630
20	1220	1490	1800	2190	2650
30	1350	1810	2430	3240	4320
40	1490	2210	3260	4800	7040
50	1640	2690	4380	7110	11470

这些数据显示出，在经历了 50 年之后，这五个国家在增长率方面的差距是如何导致相对生活水平的巨大分化的。

现实生活中的实例也进一步说明了这一点。根据美国学者韦尔提供的数据，1960 年韩国和菲律宾的人均收入水平大体相当（分别为 1598 美元和 2153 美元），但是，在随后的年份里，它们的经济增长率差异非常明显，韩国年均增长率达到 6.1%，而菲律宾的年均增长率仅为 1.3%。到 2000 年，增长率上的这种差异已经转化成两国间收入水平的巨大差异：韩国为 16970 美元，而菲律宾只有 3661 美元。尽管韩国经济起步时更穷一些，但到比较期末，它比菲律宾要富裕得多。

三、经济增长的基本问题

对于经济增长，摆在人们面前的难题是，为什么收入和经济增长率在世界各国存在着巨大差异？对这一难题的认识，涉及经济增长的三个基本问题，它们是：

第一，为什么一些国家如此富裕，而另一些国家那么贫穷？

第二，什么是影响经济增长的因素？

第三，怎样理解一些国家和地区的增长奇迹？

在宏观经济学中，对于上述问题的解答有两种互为补充的分析方法：一种是增长核算，它试图把产量增长的不同决定因素的贡献程度数量化；另一种是增长理论，它把增长过程中生产要素供给、技术进步、储蓄和投资互动关系模型化。大致来说，这两种方法构成了分析增长问题的框架。

第三节　增 长 核 算

一、经济增长的决定因素

经济增长的概念虽然是清晰的，但导致经济增长的原因却是复杂的。为了认识经济增长的决定因素，西方学者区分了经济增长的直接原因和基本原因。

直接原因与经济中的投入要素，如与资本和劳动的积累有关，还与能够影响这些生产要素生产率的变量，如规模经济和技术变化有关。

另外，西方学者也意识到，一旦考虑了这些增长的直接决定因素的影响，人们就会面临更为深刻的问题："为什么有些国家比其他国家在积累人力和实物资本以及创造或接受新观念、新知识方面做得更好？"这就涉及经济增长的基本决定因素。

与增长的基本的或者说深层次的来源有关的变量是那些对一国积累生产要素的能力以及投资于知识生产的能力产生影响的变量，例如，人口增长、金融部门的影响力、一般宏观经济环境、贸易制度、政府规模、收入分配、地理的影响以及政治、社会的环境等。

为了说明经济增长的决定因素，西方学者提出了以下生产方程：

$$Y_t = F(K_t, R_t, N_t, A_t, S_t)$$

式中，Y_t 为一个经济的总产出；K_t、R_t 和 N_t 分别表示资本存量、自然资源和劳动投入；A_t 表示该经济应用知识的储备；而变量 S_t 则代表上面所说的基本决定因素，或称其为"社会文化环境"或"社会能力"，这是经济运行所不可缺失的。更加复杂的模型还对人力资本和实物资本作了区分。由于本书篇幅有限，故本章下面着重考察影响经济增长的直接原因。

二、经济增长的核算方程

我们知道，生产函数给出了投入与产出间的数量关系，设经济的生产函数为

$$Y = AF(N, K) \tag{7.7}$$

式中，Y、N 和 K 顺次为总产出、投入的劳动量和投入的资本量，A 代表经济的技术状况，在一些文献中，A 又被称为全要素生产率。

在式（7.7）中，若劳动变动为 ΔN，资本变动为 ΔK，技术变动为 ΔA，则由微分学的知识以及微观经济学中边际产量的概念可知，产出的变动为：

$$\Delta Y = MP_N \times \Delta N + MP_K \times \Delta K + F(N, K) \times \Delta A$$

式中，MP_N 和 MP_K 分别为劳动和资本的边际产品。将方程的两边同除以 $Y = AF(N, K)$，化简后，得：

$$\frac{\Delta Y}{Y} = \frac{MP_N}{Y}\Delta N + \frac{MP_K}{Y}\Delta K + \frac{\Delta A}{A} \tag{7.8}$$

上式进一步变形为：

$$\frac{\Delta Y}{Y} = \frac{MP_N \times N}{Y}\frac{\Delta N}{N} + \frac{MP_K \times K}{Y}\frac{\Delta K}{K} + \frac{\Delta A}{A} \tag{7.9}$$

根据《微观经济学原理与应用》的内容，在竞争性的市场上，厂商使用生产要素的原则是，将要素需求量固定在使要素的边际产量等于要素实际价格的水平上，因此，表达式 $MP_N \times N$ 和 $MP_K \times K$ 分别为劳动和资本的收益，从而表达式 $\frac{MP_N \times N}{Y}$ 就是劳动收益在产出中所占的份额，简称劳动份额，并将其记为 α。同样，表达式 $\frac{MP_K \times K}{Y}$ 就是资本收益在产出中所占的份额，简称资本份额，并将其记为 β。这样，方程（7.9）可写为：

$$\frac{\Delta Y}{Y} = \alpha \frac{\Delta N}{N} + \beta \frac{\Delta K}{K} + \frac{\Delta A}{A} \tag{7.10}$$

即：产出增长 = 劳动份额 × 劳动增长 + 资本份额 × 资本增长 + 技术进步。

这就是增长核算的关键公式，它告诉人们，产出的增长可以由三种力量（或因素）来解释，即劳动量变动、资本量变动和技术进步。换句话说，经济增长的源泉可被归结为生产要素的增长和技术进步。

增长核算方程不仅被用来说明经济增长的源泉，而且还被用来衡量经济的技术进步。一般的，由于技术进步无法直接观察到，所以需要间接的衡量。由方程（7.10）可得：

$$\frac{\Delta A}{A} = \frac{\Delta Y}{Y} - \alpha \frac{\Delta N}{N} - \beta \frac{\Delta K}{K} \tag{7.11}$$

此方程告诉人们，当知道了劳动和资本在产出中所占份额的数据，并且有产出、劳动和资本增长的数据，则经济中的技术进步就可以作为一个余量被计算出来，由于这一原因，表达式 $\frac{\Delta A}{A}$ 有时被称为索洛余量。

延伸思考 7 - 1

制度、激励与创新

在很长时期内，全球的产出和财富的增长主要取决于知识水平的提高。而在人类历史上，制度因素在新技术创新、新知识传播以及激励人们投身于工作等方面的起步却比较晚：直到近 500 年以来，鼓励创新的制度才在西欧慢慢发展。威廉·鲍莫尔曾经深刻地指明了这个问题。亚历山德里亚博物馆陈列了罗马帝国的技术发明。在公元后的第一个世纪，那里的人们事实上已经了解了今天我们所使用的各种机械装置，但它们看起来仅仅像是精巧的玩具而已。蒸汽机也只是被用于开启或关闭神庙的大门。

鲍莫尔和经济史学家琼·莫科尔都认为，激励机制的发展对于技术创新具有至关重要的作用。他们还特别指出，私人所有制、专利制度以及实施仲裁的法律体系等，都是激励技术创新的重要的动力。

在了解了经济增长的源泉之后，现在来看看有关增长的数据。表 7 - 3 给出了美国从 1948 年到 2002 年之间增长核算的有关数据。

该表表明，从 1948 年到 2002 年，美国实际 GDP 增长率平均为每年 3.6%，其中资本存量的增加和劳动投入的增加分别贡献了 1.2%，另外的 1.2% 是由全要素生产率的提高带来的。

表 7 - 3 还表明，1972~1995 年，美国全要素生产率的增长明显放慢了。为此，许多西方学者试图解释这一不利的变动。例如，有人从数据方面提出解释，认为实际上生产率的增长并没有放慢，只是因为数据有缺陷而造成的生产率增长放慢。还有一些人认为，1973 年和 1979 年两次石油价格的大幅上升是导致生产率增长放慢的主要原因。然而，有关生产率下降的原因的种种分析都还没能对此提出一个系统全面的解释。

表 7 - 3 　　　　　　　　　　　　美国经济增长的核算

年份	产出的增长 $\Delta Y/Y$	=	资本 $\alpha \Delta K/K$	+	劳动 $(1-\alpha)\Delta L/L$	+	全要素生产率 $\Delta A/A$
			\multicolumn{5}{c}{增长的源泉}		
1948~2002	3.6		1.2		1.2		1.2
1948~1972	4.0		1.2		1.0		1.8
1972~1995	3.2		1.3		1.4		0.5
1995~2002	3.7		1.7		0.9		1.1

资料来源：[美] N·格里高利·曼昆：《宏观经济学》（第六版），中国人民大学出版社 2009 年版，第 231 页。

三、经济增长因素分析

经济增长是一个复杂的经济和社会现象。增长核算方程虽然说明了经济增长的源泉，但在如何认识影响经济增长的因素这个问题上，人们还需要数据做进一步的分析，也需要把有关的因素进一步细化。从现实角度看，影响经济增长的因素有很多，正确的认识和估计这些因素对经济增长的贡献和影响，对于理解和认识现实的经济增长和制定促进经济增长的政策都是至关重要的。因此，很多西方学者都投身到这一研究中来，其中美国经济学家丹尼森的影响较大，下面介绍一下丹尼森对经济增长因素的分析。

在经济增长的因素分析中首先遇到的问题是经济增长因素的分类。丹尼森把经济增长因素分为两大类：生产要素投入量和生产要素生产率。关于生产要素投入量，丹尼森把经济增长看成是劳动、资本和土地投入的结果，其中土地可以看成是不变的，其他两个则是可变的。关于要素生产率，丹尼森把它看成是产量与投入量之比，即单位投入量的产出量。要素生产率主要取决于资源配置状况、规模经济和知识进展。具体而言，丹尼森把影响经济增长的因素归纳为六点，即：（1）劳动；（2）资本存量的规模；（3）资源配置状况；（4）规模经济；（5）知识进展；（6）其他影响单位投入产量的因素。

丹尼森进行经济增长因素分析的目的，就是通过量的测定，把产量增长率按照各个增长因素所做的贡献，分配到各个增长因素上去，用分配的结果来比较长期经济增长中各个因素的相对重要性。

在其1985年出版的《1929－1982年美国经济增长趋势》一书中，丹尼森根据美国国民收入的历史统计数字，对上述各个增长因素进行了考察和分析，其结果被总结在表7－4中。

表7－4 总国民收入增长的源泉，1929～1982年

增长因素	增长率（%）
总要素投入	1.90
劳动	1.34
资本	0.56
单位投入的产量	1.02
知识进展	0.56
资源配置	0.23
规模经济	0.26
其他	-0.03
国民收入	2.92

资料来源：[美] 多恩布什、费希尔：《宏观经济学》，中国人民大学出版社1997年版，第226页。

运用1929～1982年间的数据，丹尼森计算出2.92%的年实际产量增长率中的1.9%应归功于总要素投入的增加。

从表中可以看出劳动增加对经济增长的贡献相当大。其原因可以部分地从增长分解式中得到解释，即劳动的产出弹性相对较大，所以劳动的增长率就有相对大的权重。

下面来看要素生产率增加或每单位要素投入的产量的源泉。值得关注的是，知识的进展解释了技术进步对经济增长约2/3的贡献。此外，资源配置这一因素对要素生产率增加的贡献也不可忽视。例如人们从薪水少的工作单位"跳槽"到更好的工作单位，从而导致产量增加或收入增长。另一个重要情形是劳动力从农村到城市的就业而引起的生产要素的再配置。

另一个因素是规模经济。从表7－4可以看到规模经济对单位投入的产量增长率的贡

献仅次于知识。当经济运作的规模扩大时，每单位产量所需的投入更少，这主要是因为在小规模水平上使用技术经济的效率可能不高，而在更大的生产规模上则产生节约，带来规模经济效应。

据此，丹尼森的结论是，知识进展是发达资本主义国家最重要的增长因素。丹尼森所说的知识进展包括的范围很广。它包括技术知识、管理知识的进步和由于采用新的知识而产生的结构和设备的更有效的设计，还包括从国内和国外的有组织的研究、个别研究人员和发明家那里中得来的知识，或者从简单的观察和经验中得来的知识。丹尼森所谓的技术知识是关于物品的具体性质和如何具体的制造、组合以及使用它们的知识。他认为，技术进步对经济增长的贡献是明显的，但是只把生产率的增长看成大部分是采用新的技术知识的结果则是错误的，他强调管理知识的重要性。管理知识就是广义的管理技术和企业组织方面的知识。在丹尼森看来，管理和组织知识方面的进步更可能降低生产成本，增加国民收入。因此它对国民收入的贡献比对改善产品物理特性的影响更大。总之，丹尼森认为，技术知识和管理知识的进步的重要性是相同的，不能只重视前者而忽视后者。

第四节　构建和分析新古典增长模型

从当代的角度看，宏观经济学对经济增长理论所进行的较有影响的研究有两个时期：第一个时期是 20 世纪 50 年代后期和整个 60 年代；第二个时期是 20 世纪 80 年代后期和 90 年代初期。第一个时期的研究产生了新古典增长理论；第二个时期的研究产生了内生增长理论。本节考察新古典增长理论，下节论述内生增长理论。

一、基本假定和思路

新古典增长模型建立在一个新古典生产方程体系之上，强调了在一个封闭的没有政府部门的经济中储蓄、人口增长及技术进步对增长的作用，它关注的焦点是经济增长的直接原因。新古典增长模型的基本假定是：（1）经济由一个部门组成，该部门生产一种既可用于投资也可用于消费的商品；（2）该经济为不存在国际贸易的封闭经济，且政府部门被忽略；（3）生产的规模报酬不变；（4）该经济的技术进步、人口增长及资本折旧的速度都由外生因素决定；（5）社会储蓄函数为 S = sY，s 为储蓄率。

本着循序渐进的思路，这里关于新古典增长模型的推导和讨论分为两个部分，先论述没有技术进步的新古典增长模型，再论述具有技术进步的新古典增长模型。

二、没有技术进步的新古典增长模型

1. 基本方程

在没有技术进步的情况下，设经济的生产函数为：

$$Y = F(N, K) \tag{7.12}$$

式中，Y 为总产出；N 和 K 分别为总量劳动和总量资本，它们均随时间变化而变化，从而 Y 也随时间变化而变化。

根据生产规模报酬不变的假定，有：

$$\lambda Y = F(\lambda N, \lambda K) \tag{7.13}$$

对任何正数 λ 都成立，特别地，取 $\lambda = \dfrac{1}{N}$，上式变为：

$$\frac{Y}{N} = F\left(\frac{K}{N}\right) \tag{7.14}$$

为说明的简便起见，假定全部人口都参与生产，那么上式就说明，人均产量 $\dfrac{Y}{N}$ 只依赖于 $\dfrac{K}{N}$。用 y 表示人均产量，即 $y = \dfrac{Y}{N}$，k 表示人均资本，即 $k = \dfrac{K}{N}$，则生产函数可表示为下述人均形式：

$$y = f(k) \tag{7.15}$$

其中，$f(k) = F(1, k)$。

一般地说，资本积累受两种因素的影响，即投资（形成新资本）和折旧（旧资本的损耗）。假定折旧是资本存量的一个固定比率 $\delta k(0 < \delta < 1)$，人口增长率为 n，且储蓄（S）能有效的转化为投资（I），则有：

$$\Delta K = I - \delta K = S - \delta K = sY - \delta K \tag{7.16}$$

以上两边同除以 N，可得：

$$\frac{\Delta K}{N} = \frac{sY}{N} - \frac{\delta K}{N} = sy - \delta k = sf(k) - \delta k \tag{7.17}$$

另外，由 $k = \dfrac{K}{N}$，对该式关于时间变量求导，经运算可得：

$$\Delta k = \frac{\Delta K}{N} - \frac{\Delta N}{N} \cdot \frac{K}{N} = \frac{\Delta K}{N} - nk \tag{7.18}$$

进而有：

$$\frac{\Delta K}{N} = \Delta k + nk \tag{7.19}$$

将式（7.19）代入式（7.17），并整理，可得：

$$\Delta k = sf(k) - (n + \delta)k \tag{7.20}$$

式（7.20）是新古典增长模型的基本方程。这一关系式表明人均资本变化等于人均储蓄减去 $(n + \delta)k$ 项。表达式 $(n + \delta)k$ 可以理解为"必要"的或者是"临界"的投资，它是保持人均资本 k 不变的必要的投资。为了阻止人均资本 k 下降，需要用一部分投资来抵消折旧，这部分投资就是 δk 项。同样还需要一些投资，因为劳动量以 n 的速率在增长，这部分投资就是 nk 项。因此资本存量必须以 $(n + \delta)$ 的速度增长，以维持 k 不变。总计为 $(n + \delta)k$ 的储蓄（或投资）被称为资本广化。当人均储蓄（投资）大于临界投资所必要的数量时，k 将上升，这时经济社会经历着资本深化。根据以上解释，新古典增长模型的基本方程（7.20）式可表述为：

资本深化 = 人均储蓄（投资） - 资本广化

2. 稳态

（7.20）式说明了资本随时间的推移而变化的情况。按照这个方程，如果投资 sf（k）大于资本广化所需的投资，则资本存量的变化量为正数，即资本存量增加；反之，如果投资 sf(k) 小于资本广化所需的投资，则资本存量的变化量为负数，即资本存量减少。如果 sf(k) =（n＋δ)k，即投资量等于资本广化所需的投资量，或上面所说的临界投资，那么，资本存量将保持不变。

图 7-4 以图形的方式表示了（7.20）式所反映的内容。图 7-4 中给出了（7.20）式右边的两个组成部分，即 sf(k) 和（n＋δ)k，前者代表投资量，后者代表资本广化所需的投资量。为了便于参考，图中也画出了生产函数曲线。

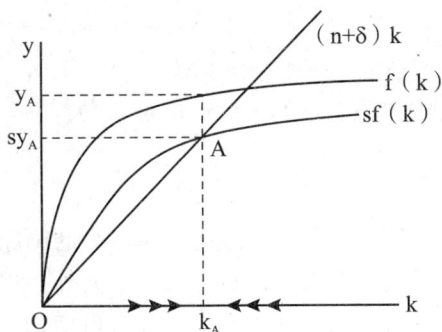

图 7-4 新古典模型的稳态

图中投资曲线上 sf(k) 和（n＋δ)k 线相交处的 A 点被称为稳态（steady - state）。在增长文献中，稳态意味着包括资本存量和产出在内的有关内生变量将不会随时间的推移而变化的一种状态。按照这一说明，在图 7-4 中，当经济在 A 点上运行时，对应的人均资本存量为 k_A，根据（7.20）式，当经济的人均资本 Δk 等于 k_A 时，Δk ＝0，即这时的人均资本量将不再随时间的推移而变化。

根据以上说明，在新古典增长模型中，经济达到稳态的条件是 Δk ＝0，进一步地，根据（7.20）式，该模型稳态的条件是：

$$sf(k) =(n + \delta)k \tag{7.21}$$

由（7.21）式所确定的人均资本量，即图 7-4 中的 k_A 被称为稳态资本存量。将 k_A 代入人均生产函数，即可求出相应的人均产量，在图中就是 y_A，y_A 被称为稳态人均产量。因此，在图 7-4 中，稳态 A 点既确定了内生变量人均资本存量的水平，又确定了内生变量人均产量的水平。

进一步地，如果资本存量不等于稳态水平，那么情况又如何呢？图 7-4 显示，在这种情况下，随着时间的推移，经济的资本存量将向稳态移动。例如，如果实际资本水平低于稳态水平，那么，从图中可以清楚地看出，投资量 sf(k) 将大于（n＋δ)k，这时，资本存量将像（7.20）式所显示的那样增加。同样，如果资本存量大于稳态水平，那么（n＋δ)k 项将大于投资量 sf(k)，在这种情况下，经济中的资本存量将随着时间的推移而减少。以上论述表明，当经济偏离稳定状态时，无论人均资本过多还是过少，都存在着某种力量使其恢复稳态。这意味着，新古典增长模型所确定的稳态是稳定的。

3. 对收入差异的解释

本章第二节已经表明，在世界范围内，国家间的收入差距是巨大的，那么不考虑技术进步的新古典增长模型对此能加以解释吗？

新古典增长模型的稳态条件式（7.21）所确定的人均资本量以及由人均生产函数所确定的人均产量在一定程度上能解释"为什么一些国家如此富裕，而另一些国家那么贫穷"的问题。

为此，将人均生产函数设定成一种特定形式，即 $y = f(k) = k^\alpha$，其中参数 α 介于 0 和 1 之间，则由稳态条件式（7.21）可知：

$$sk^\alpha = (n + \delta)k \tag{7.22}$$

求得：

$$k_A = \left[\frac{s}{n + \delta}\right]^{\frac{1}{1 - \alpha}} \tag{7.23}$$

由人均生产函数，又可求得稳态下的人均产出量 y_A 为：

$$y_A = \left[\frac{s}{n + \delta}\right]^{\frac{\alpha}{1 - \alpha}} \tag{7.24}$$

上述表明，若其他条件相同，则储蓄率或投资率较高的国家通常比较富裕，在这些国家中，劳动力人均资本量较高，因此人均产量比较高。另外，根据新古典增长模型，人口增长率较高的国家通常比较贫穷。在这些国家，面对人口增长，为保持资本—劳动比率不变，需要把更大比例的收入用于储蓄和投资。这种资本广化的要求使得资本深化变得更加困难，从而使人均资本量减少。

4. 比较静态分析

这里主要考虑储蓄率增加和人口增长对经济稳态的影响。图 7 - 5 显示了储蓄率的增加是如何影响产量的。

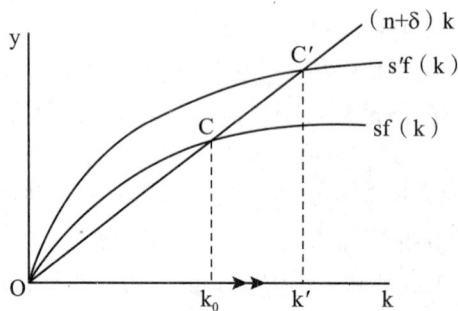

图 7 - 5　储蓄率增加的影响

图 7 - 5 中，经济最初位于 C 点的稳态均衡。现在假定人们增加了储蓄，这使储蓄曲线上移至 s′f(k) 的位置。这时新的稳态为 C′点，比较 C 点和 C′点，可知储蓄率的增加提高了稳态的人均资本和人均产量。

对于从 C 点到 C′点转变，这里需要指出两点。第一，从短期看，更高的储蓄率导致了总产量和人均产量增长率的增加，这可以从人均资本从初始稳态的 k_0 上升到新的稳态中的 k′ 这一事实中看出。因为增加人均资本的唯一途径是资本存量比劳动力更快地增长，进而又引起产量的更快增长。第二，由于 C 和 C′ 点都是稳态，按照前面关于稳态的分析，稳态中的产量增长率是独立于储蓄率的，从长期看，随着资本的积累，增长率逐渐降低，最终又回落到人口增长的水平。

总之，新古典增长理论在这里得到的结论是，储蓄率的增加不能影响到稳态增长率，但确能提高收入的稳态水平。用更专业的话说，就是储蓄率的增加只有水平效应，绝没有增长效应。

再来看人口增长对稳态的影响。新古典增长理论虽然假定劳动力按一个不变的比率 n 增长，但当把 n 作为参数时，就可以说明人口增长对产量增长的影响。如图 7 – 6 所示。

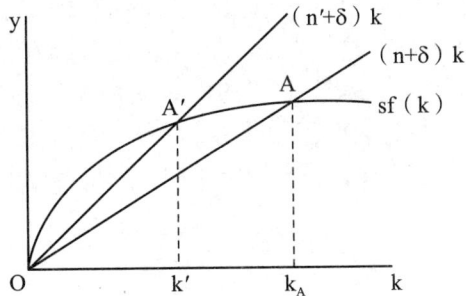

图 7 – 6　人口增长的影响

图 7 – 6 中，经济最初位于 A 点所示的稳态，现在假定人口增长率从 n 增加到 n′，则图 7 – 6 中的 $(n + \delta)k$ 线便移动到 $(n′ + \delta)k$ 线，这时，新的稳态为 A′ 点。比较 A′ 点与 A 点可知，人口增长率的增加降低了人均资本的稳态水平（从原来的 k_A 减少到 k′），进而降低了人均产量的稳态水平，这是从新古典增长理论得出的又一重要结论。西方学者进一步指出，人口增长率上升产生的人均产量下降正是许多发展中国家面临的问题。两个有着相同储蓄率的国家仅仅由于其中一个国家比另一个国家的人口增长率高，就可以有非常不同的人均收入水平。

对人口增长进行比较静态分析的另一个重要的结论是，人口增长率的上升增加了总产量的稳态增长率。理解这一结论的要点在于懂得稳态的真正含义，并且注意到 A′ 点和 A 点都是稳态均衡点。

5. 对增长率差异的解释

这里需指出的是，新古典增长模型不可能对经济增长率做出完全的解释。其原因在于，按照该模型，一旦某个国家达到它的稳态，那么它的人均收入就不再增长了。因此，这一模型将不能解释已经达到稳态的国家的长期经济增长，在这个长期的过程中，这些国家可能已经达到了它们的稳态。

此外，该模型能否解释相对增长率呢？或者说，为什么有的国家增长比其他国家快？对此，该模型可以作出一定的解释。

先介绍在特定生产函数假定下，观察新古典增长模型的新方式。根据关系式（7.20），假设 $y = f(k) = k^{\alpha}(0 < \alpha < 1)$，则有：

$$\Delta k = sk^{\alpha} - (n+\delta)k \tag{7.25}$$

上式两边同时除以 k，并记人均资本增长率 $g_k = \dfrac{\Delta k}{k}$，则有：

$$g_k = sk^{\alpha-1} - (n+\delta) \tag{7.26}$$

式（7.26）是由新古典增长模型求得的人均资本增长率方程。图 7-7 显示了上式右边两部分的关系。

根据式（7.26）、图 7-7，如果 $sk^{\alpha-1}$ 大于（$n+\delta$），则人均资本增长率（g_k）将为正值，这时 k 的值较小，图中 A 点的左边表示的就是这种情况。相反，当 k 值较大时，（$n+\delta$）将大于 $sk^{\alpha-1}$，这时 g_k 将为负值。换言之，人均资本存量将缩减。当两条线相交时，人均资本增长率将等于零，此时经济达到前面所说的稳态。注意，通过这里的分析可以看出，稳态的条件与前面式（7.21）所示的结果是一致的。

这种观察模型的新方式的好处是，它给出了某些经济变动使经济达到稳态的速度。因为从图形上看，人均资本增长率与表示 $sk^{\alpha-1}$ 的曲线和表示（$n+\delta$）的直线之间的距离成比例关系，因此，图 7-7 清楚地表明了，随着人均资本水平越来越接近稳态水平，表示 $sk^{\alpha-1}$ 和（$n+\delta$）的两条线将逐步接近，人均资本增长率将趋近于零。

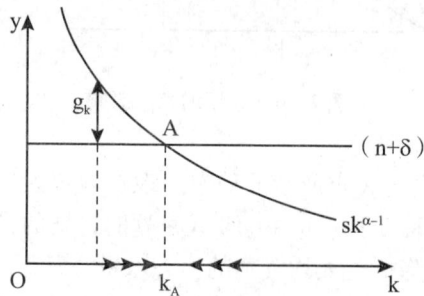

图 7-7　收敛于稳态的速度

根据以上分析，一个国家的经济比其稳态水平低的越多，则经济增长越快；同样，如果一个国家的资本存量远高于它的稳态水平，那么，它的资本存量将迅速减少，随着这个国家的资本存量逼近其稳态水平，资本存量下降的速度将趋近于零。

更具体地说，新古典增长模型形成了如下三个结论：第一，如果两个国家的储蓄率（或投资率）相同，但初始人均资本（从而初始人均收入）不同，那么，初始人均资本较低的那个国家将有效高的经济增长率；第二，如果两个国家的初始人均资本相同，但是投资率不同，那么，投资率高的那个国家将具有较高的经济增长率；第三，如果一个国家提高投资水平，那么，它的收入增长率也将提高。

总之，新古典增长模型分析相对经济增长率的关键，在于考察那些尚未处于稳态水平的经济。

三、具有技术进步的新古典增长模型

前面关于新古典增长理论的论述是在没有考虑技术进步的情况下进行的，现在把技术

进步这一因素引入进来，把经济中的生产函数写为：

$$Y = F(AN, K) \tag{7.27}$$

在上述生产函数中，当作为技术状态的变量 A 随着时间的推移而增大时，说明存在着技术进步，这时，经济中劳动效率提高了。20 世纪最有影响的劳动效率提高的例子是亨利·福特通过流水线进行大规模生产的创新，根据当时的观察计算，这一技术进步把工人组装一辆汽车的主要部件的时间从 12.5 小时缩短到 1.5 小时。

在生产函数 Y = F(AN, K) 式中，AN 被称为有效劳动，在这种情况下，新古典增长理论对生产函数的假定就变为，产出 Y 是资本 K 和有效劳动 AN 的一次齐次函数。如果记 $\tilde{y} = \dfrac{Y}{AN}$，称其为按有效率劳动平均的产量，$\tilde{k} = \dfrac{K}{AN}$，称其为按有效劳动平均的资本，则上式可写为：

$$\tilde{y} = f(\tilde{k}) \tag{7.28}$$

其中，$f(\tilde{k}) = F(1, \tilde{k})$。

新古典增长理论的一个重要假设是技术进步是外生给定的，即假定 A 以一个固定的比率 g 增长。

考虑到上述情况后，这时新古典增长模型的基本方程为：

$$\Delta \tilde{k} = s\tilde{y} - (n + g + \delta)\tilde{k}$$

图 7-8 给出了引入技术进步的新古典增长模型的稳态分析图。

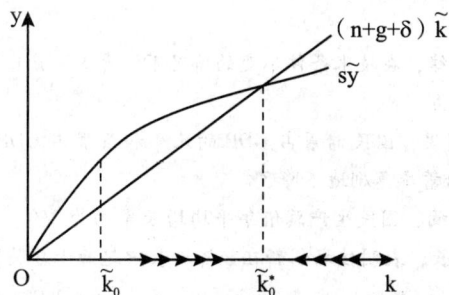

图 7-8　引入技术进步的新古典增长模型

从图 7-8 中可以看到，就稳态分析而言，引入技术进步并没有使稳态分析的结论产生大的变动。假定在经济的初始状态按有效劳动平均的资本为 $\tilde{k}_0$，它低于其稳态值，随着时间的推移，$\tilde{k}$ 值是逐渐提高的。因为在 $\tilde{k}_0^*$ 处，即达到 $s\tilde{y} = (n + g + \delta)\tilde{k}$，这时经济处于稳定状态，这种稳定状态代表经济的长期均衡。

利用增长率的运算，可以得到有关变量在稳态时的增长率的结果。表 7-5 说明了在考虑到技术进步的情况下，新古典增长模型在稳态时，4 个重要变量的增长率。

表7-5   具有技术进步的新古典增长模型中的稳态增长率

变量	稳态增长率
按有效劳动平均的资本	0
按有效劳动平均的产量	0
人均产出	g
总产出	n + g

由表7-5可知,在考虑到技术进步后,新古典增长模型可以解释一些国家生活水平的持续提高。根据表7-5,技术进步会引起人均产出的持续增长,一旦经济处于稳定状态,人均产出的增长率就只取决于技术进步的比率。换句话说,根据新古典增长理论,只有技术进步才能解释生活水平(即人均产出)的长期上升。

延伸思考7-2

经济增长的七个基本趋势

经济学家的研究表明,发达国家的经济发展史可以概括出以下七个趋势。

(1)资本存量增加的速度远比人口和就业量的增长速度快,并导致资本深化。

(2)20世纪绝大部分时间里实际工资水平呈现强劲的上升趋势。

(3)20世纪工资与薪金在国民收入中所占的份额相当稳定。

(4)实际利率和利润率有较大波动,特别是商业周期中。但在20世纪后期它们没有表现出明显的上升或下降的趋势。

(5)按照边际收益递减规律,在技术条件不变的情况下,资本—产出比率应稳步上升。但在1900年以来,这一比率实际上是下降的。

(6)20世纪绝大部分时间里,国民储蓄占GDP的比率和投资占GDP的比率一直是稳定的。但是,自1980年以后,美国的国民储蓄率急剧地下降了。

(7)不考虑商业周期的影响,国民生产总值年平均增长率约为3%。产出增长大大高于加权平均后的资本、劳动和资源投入的增长,表明技术创新在经济增长中起着十分关键的作用。

第五节 内生增长理论

新古典经济增长理论存在着以下一些缺陷:

(1)按照新古典增长理论的推论,不同国家的经济增长具有趋同性,即有着相同技术和人口增长率的国家最终会接近于相同的稳态增长率。然而,自20世纪60年代以来,各国之间存在着增长率上较大的差异,新古典增长理论的趋同论点并未得到印证;

(2)新古典增长模型把技术进步看作是以外生的固定比率增长,外生的技术进步是经济增长的源泉,而技术进步来自何处却无从得知。

20世纪80年代中后期以来,美国经济学家罗默等人提出了新经济增长理论。所谓新经济增长理论,是指用规模收益递增和内生技术进步来说明一国长期经济增长和各国增长率差异而展开的研究成果的总称。新增长理论最重要的特征是试图使增长率内生化,新增长理论又被称为内生增长理论。

假定市场是完全竞争的，使稳态增长率内生化的两个基本途径：一是将技术进步率内生化，二是通过某些方式使稳态增长率被要素的积累所影响。

假定生产函数为：

$$Y = AK \tag{7.29}$$

式中，Y 为产出；A 为反应技术水平的正的常数；K 为资本存量。

假设收入中的一个比例 s 用于储蓄与投资，因此，经济中的资本积累如下式：

$$\Delta K = sY - \delta K \tag{7.30}$$

此式表明，资本存量的变动（ΔK）等于投资（sY）减去折旧（δK）。将这一关系式与生产函数 Y = AK 结合在一起，进行一些运算之后可得：

$$\frac{\Delta Y}{Y} = \frac{\Delta K}{K} = sA - \delta \tag{7.31}$$

这一公式表明，在长期中，即使没有外生技术进步的假设，人均资本的增长也可以实现。储蓄率越高，产出增长率也将越高。该模型暗示，那些能永久提高投资率的政策会使经济增长率不断提高。

从上面的分析我们可以看出，在放弃资本边际收益递减的假设下，AK 模型得出了与新古典增长模型截然不同的结论。那放弃资本边际收益递减这一假设合理吗？这取决于对资本的理解。如果资本只是通常意义上的厂房、设备。则会出现资本边际收益递减。但内生增长理论认为，资本边际收益不变或递增的假设更为合理。因为知识是生产中重要的投入，如果把知识看成是资本，那么知识的边际收益是递增的。

内生增长理论的重要代表人物罗默认为，知识是一个独立的生产要素，它具有很强的正的外部性，任何企业的研究成果都不可能完全保密，知识会传播。一个企业的知识成本的增加不仅会使本产业的产量增加，也会使其他的企业的产量增加。知识的使用具有非竞争性，即一个人使用某种知识并不影响别人对该知识的使用，知识一经发现，提供的边际成本几乎为零。知识的排他性则取决于知识自身的性质和特定的法律体系。罗默模型认为，一些国家之所以长期处在低水平的增长路径上，就是由于对知识生产部门的投资不够，技术进步率太低的缘故。因此，一个显而易见的结论是，应该鼓励对知识生产的投资。

罗默理论的一个问题是，既然知识是不断扩散的，而且对大多数国家而言实际上并不存在多少获取基本知识和技术的障碍，那么为什么仍有相当多的国家没有获得应有的知识和经济增长呢？罗默没有回答这个问题。一个可能的解释是，这些国家的人们可能缺乏学习和使用知识的能力，这就是卢卡斯所持的观点。在卢卡斯人力资本理论中，人力资本是一个与知识有关系但又有区别的概念。人力资本和知识一样，在生产过程中也有良好的外部作用。在人力资本密集的地方往往会获得递增的规模收益，因此，人力资本会从人力资本稀少的地方流入人力资本稠密的地方，相应的物质资本也会跟随人力资本流入人力资本稠密的地方，这就是为什么我们经常看到国际资本主要在发达国家之间流动的原因。与罗默理论不同，人力资本并不像知识那样必须以物质资本为载体，它主要是通过学习和教育获得的，附着在活生生的人身上，因此人力资本具有某种"资产专用性"和竞争性。在不同的国家，由于所积累的人力资本不同，对相同知识的使用可以产生完全不同的收益，进而导致经济增长率和人均产出的不同。卢卡斯认为正是由于一些国家的人力资本相对于物质资本积累的太少，才没有获得应有的长期经济增长。因此相应的政策建议是：鼓励人们投资于教育和学习，从而积累更多的人力资本，这对经济增长至关重要。

内生增长理论是对传统的经济增长理论的一大突破，尽管他还不够成熟，但已成为当前西方经济增长理论主流学派的基础，它的发展深化了人们对于增长过程的认识。

第六节　促进经济增长的政策

由增长核算方程式 $\frac{\Delta Y}{Y} = \alpha \frac{\Delta N}{N} + \beta \frac{\Delta K}{K} + \frac{\Delta A}{A}$ 可知，政府可以影响决定经济增长的三个因素是技术进步、资本形成和劳动投入。

一、鼓励技术进步

索洛模型表明，人均收入的持续增长来自技术进步。虽然索洛模型没有解释技术进步，使人们在一定程度上无法理解技术进步的决定作用，但许多公共政策的目的仍在于鼓励技术进步。

例如，专利技术给新产品发明者以暂时的垄断权力。当一个人或一个企业发明了一种新产品时，发明者可以申请专利。如果认定该产品的确是原创性的，则政府就授予专利，专利给予发明者在规定年限内排他性地生产该产品的权利。通过允许发明者从其发明中获得利润，尽管只是暂时的，专利制度提高了个人和企业从事研究的积极性。类似的例子还有税收法规为进行研究和开发的企业提供税收减免。

政府在改善技术进步方面的一个重要领域是教育。在美国，州和地方政府提供了对小学、中学和大学的支持中的大部分。一支高素质的研究与开发团队是推动技术进步的一个关键因素。

美国政府长期以来在创造和传播技术知识方面发挥着作用。美国政府很早就资助耕作方法研究，并对农民如何最好地利用自己的土地提出建议。近年来，美国政府通过空军和国家航空航天局支持空间研究，同时，像国家科学基金这样的政府机构持续直接资助大学的基础研究。

二、鼓励资本形成

根据增长核算方程式 $\frac{\Delta Y}{Y} = \alpha \frac{\Delta N}{N} + \beta \frac{\Delta K}{K} + \frac{\Delta A}{A}$，资本存量的上升会促使经济增长。从直观的角度看，由于资本是被生产出来的生产要素，因此，一个社会可以改变它所拥有的资本量。如果今天经济生产了大量新资本品，那么，明天它就将有大量资本存量，并能生产出更多的各种物品与劳务。另外，资本存量的增长是储蓄和投资推动的，因此，鼓励资本形成便主要归结为鼓励储蓄和投资。这是政府可以促进经济增长的一种方式，而且在长期中，这也是提高一国公民生活水平的一种方法。

图 7 - 9 说明了投资对经济增长的重要性。

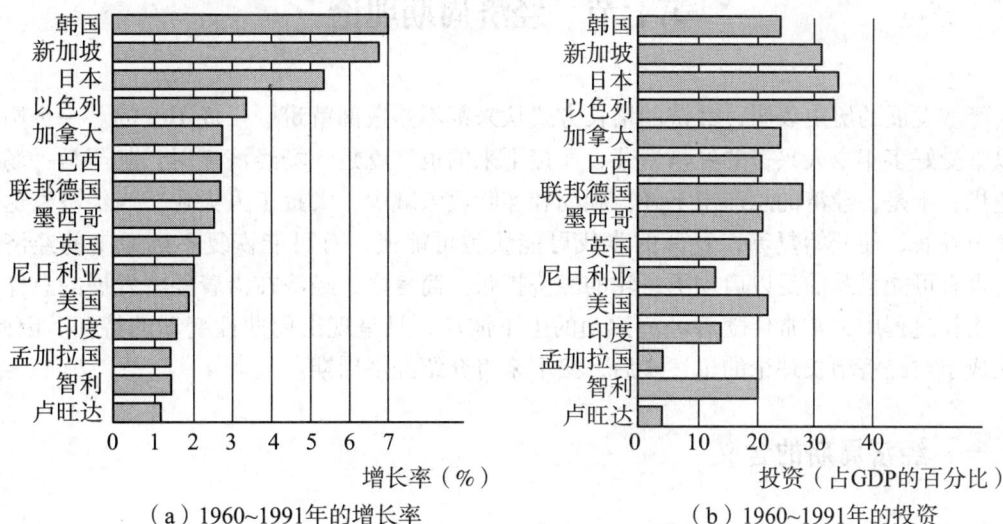

|（a）1960~1991年的增长率|（b）1960~1991年的投资|

图 7 - 9　增长与投资

图 7 - 9（a）表示在 1960 ~ 1991 年期间每个国家的增长率，各国按其增长率从高到低排序。图 7 - 9（b）表示每个国家用于投资的量占其 GDP 的百分比，增长和投资之间是相关的，尽管这种相关性并不完全，但也是密切的。把 GDP 中相当大的部分用于投资的国家往往有高的增长率，例如新加坡和日本。把 GDP 中一小部分用于投资的国家往往增长率也低，例如，卢旺达和孟加拉国。尽管这里的数据本身并没有告诉人们因果关系的方向，但由于投资对资本存量的影响如此明显而直接，所以，许多经济学家认为这些数据表明高投资引起了更快的经济增长。

三、增加劳动供给

增长核算方程式 $\frac{\Delta Y}{Y} = \alpha \frac{\Delta N}{N} + \beta \frac{\Delta K}{K} + \frac{\Delta A}{A}$ 表明，增加劳动供给会引起经济增长。例如，所得税的提高减少了工人的工作所得从而会降低工作的积极性；与之相反，所得税减免是加强激励、促使人们努力工作的一个途径。

与劳动供给相关联的一个概念是人力资本，它是指劳动者通过教育和培训所获得的知识和技能。尽管基本的新古典增长模型只包括物质资本，而且也没有努力去解释劳动效率，但人力资本在许多方面与物质资本类似。与物质资本一样，人力资本也提高了一国生产物品和劳务的能力。20 世纪 90 年代的一项研究强调了在解释各国的生活水平的差别中，人力资本至少与物质资本同样重要。因此，政府在政策方面可以提高生活水平的一种方法是提供良好的教育、培训体系，并鼓励人们利用这样的体系。

第七节　经济周期理论

经济发展的历史表明，经济的增长方式从来都不是按部就班、一成不变的。一个国家可以享受好多年令人兴奋的经济繁荣，而接下来的也许就是一场经济衰退，甚至是一场金融危机。于是，经济的总产出下降，利润和实际收入减少，大批工人失业。当经济衰退逐渐落至谷底，便开始复苏，复苏的步伐可能快也可能慢，有可能恢复不到原来的经济状况，也有可能强劲的足以启动下一轮的经济扩张。简言之，经济在沿着经济发展的总体趋势的增长过程中，常常伴随着经济活动的上下波动，且呈现出周期性变动的特征。因此，在完成了对经济增长理论的论述之后，接下来将介绍经济周期。

一、经济周期的含义

所谓经济周期（又称商业周期或商业循环），是指国民总产出、总收入和总就业的波动。这种波动以经济中许多成分普遍而同期地扩张或收缩为特征，持续时间通常为 2 ~ 10 年。在现代宏观经济学中，经济周期发生在实际 GDP 相对于潜在 GDP 上升（扩张）或下降（收缩或衰退）的时候。

图 7 – 10 对经济周期作了一般描述。

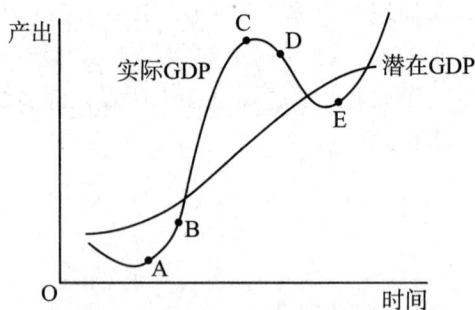

图 7 – 10　经济周期

粗线表示潜在 GDP 的稳定增长趋势，细线代表实际 GDP 变化情况。A 点对应着经济萧条，它是经济周期的底部。B 点表明经济进入了复苏阶段。随着复苏进程的发展产出到达趋势路径的上方，即图中的 C 点，称此时的经济处于繁荣阶段。然后经济进入衰退期，即图中的 D 点，此时产出增长速度慢于产出增长趋势，甚至产出可能为负增长。E 点代表经济萧条，然后经济又开始复苏，另一个周期重新开始。

西方学者认为，经济周期的形式是不规则的，没有两个完全相同的经济周期，也没有像测定行星或钟摆那样的精确公式可用来预测经济周期的发生时间和持续时间。相反，经济周期可能更像天气那样变化无常。

二、经济周期的特征

经济周期可以分为两个主要阶段，即衰退阶段和扩张阶段。衰退阶段的特征为：

（1）通常消费者购买急剧下降，同时，汽车和其他耐用品的存货会出人意料地增加。由于厂商会对此作出压缩生产的反应，所以实际 GDP 会下降。紧随其后，对工厂和设备的企业投资也急剧下降。

（2）对劳动的需求下降。首先是平均每周工作时间减少，其后是被解雇员工的数量和失业率上升。

（3）产出下降，导致通货膨胀步伐放慢。对原材料的需求下降，导致其价格跌落。工资和服务的价格下降的可能性比较少，但在经济衰退期它们的增长趋势会放慢。

（4）企业利润在衰退中急剧下滑。由于预期到这种情况，普通股票的价格一般都会下跌，同时，由于对贷款的需求减少，利率在衰退时期一般也会下降。

经济周期扩张阶段的情景是衰退阶段的镜像，上述所有特征正好呈相反方向的变动。

三、经济周期的成因

关于经济周期形成的原因，存在着许多的理论解释。总结各种经济周期理论，可以将关于经济周期根源的论述划分为两类，即外因论和内因论。

1. 外因论

外因论是在经济体系之外的某些要素和波动中寻找经济周期的根源。外因论认为，经济周期源于经济体系之外的因素——太阳黑子、战争、革命、选举、石油价格、移民、金矿或新资源的发现、科学突破或技术创新、天气等。下面列举几种理论：

（1）太阳黑子理论。

太阳黑子理论把经济的周期性波动归因于太阳黑子的周期性变化。因为据说太阳黑子的周期性变化会影响气候的周期变化，而这又会影响农业收成，而农业收成的丰歉又会影响整个经济。太阳黑子的出现是有规律的，大约每十年左右出现一次，因而经济周期大约也是每十年一次。该理论由英国经济学家杰文斯于 1875 年提出的。太阳黑子理论是典型的外生经济周期理论。

（2）创新理论。

创新是奥地利经济学家熊波特提出用以解释经济波动与发展的一个概念。所谓创新是指一种新的生产函数，或者说是生产要素的一种"新组合"。生产要素新组合的出现会刺激经济的发展与繁荣。当新组合出现时，老的生产要素组合仍然在市场上存在。新老组合的共存必然给新组合的创新者提供获利条件。而一旦用新组合的技术扩散，被大多数企业获得，最后的阶段——停滞阶段也就临近了。在停滞阶段，因为没有新的技术创新出现，因而很难刺激大规模投资，从而难以摆脱萧条。这种情况直到新的创新出现才被打破，才会有新的繁荣的出现。总之，该理论把周期性的原因归之为科学技术的创新，而科学技术的创新不可能始终如一地持续不断地出现，从而必然有经济的周期性波动。

（3）政治性理论。

外因经济周期的一个主要例证就是政治性周期。政治性周期理论把经济周期性循环的原因归之为政府的周期性的决策（主要是为了循环解决通货膨胀和失业问题）。政治性周期的产生有三个基本条件：一是凯恩斯国民收入决定理论为政策制定者提供了刺激经济的工具。二是选民喜欢高经济增长、低失业以及低通货膨胀的时期。三是政治家喜欢连选连任。

2. 内因论

内因论是在经济体系内部寻找经济周期的机制和原因。内因论认为，经济周期源于经济体系内部——收入、成本、投资在市场机制作用下的必然现象。这种理论认为，任何一次扩张都孕育着新的衰退和收缩，任何一次收缩也都包含着可能的复苏和扩张。下面列举几种理论：

（1）纯货币理论。

该理论主要由英国经济学家霍特里在1913～1933年的一系列著作中提出的。纯货币理论认为货币供应量和货币流通速度直接决定了名义国民收入的波动，而且经济波动完全是由于银行体系交替地扩张和紧缩信用所造成的，尤其以短期利率起着重要的作用。

（2）投资过度理论。

投资过度理论把经济的周期性循环归因于投资过度。由于投资过多，与消费品生产相对比，资本品生产发展过快。资本品生产的过度发展促使经济进入繁荣阶段，但资本品过度生产从而导致的过剩又会促进经济进入萧条阶段。

（3）消费不足理论。

消费不足理论的出现较为久远。早期有西斯蒙第和马尔萨斯，近代则以霍布森为代表。该理论把经济的衰退归因于消费品的需求赶不上社会对消费品生产的增长。这种不足又根据源于国民收入分配不公所造成的过度储蓄。该理论一个很大的缺陷是，它只解释了经济周期危机产生的原因，而未说明其他三个阶段。因而在周期理论中，它并不占有重要位置。

（4）心理理论。

心理理论和投资过度理论是紧密相联的。该理论认为经济的循环周期取决于投资，而投资大小主要取决于业主对未来的预期。而预期却是一种心理现象，而心理现象又具有不确定性的特点。因此，经济波动的最终原因取决于人们对未来的预期。当预期乐观时，增加投资，经济步入复苏与繁荣，当预期悲观时，减少投资，经济则陷入衰退与萧条。随着人们情绪的变化，经济也就周期性地发生波动。

四、经济周期的类型

自19世纪中叶以来，人们在探索经济周期问题时，根据各自掌握的资料提出了不同长度和类型的经济周期。

1. 短周期

短周期是1923年英国经济学家基钦在《经济因素中的周期与趋势》中研究了1890～1922年间英国与美国的物价、银行结算、利率等指标后，提出的一种为期3～4年的经济周期。基钦认为经济周期实际上有主要周期与次要周期两种。主要周期即中周期，次要周期为 3～4 年一次的短周期。这种短周期又称为基钦周期。美国经济学家汉森根据统计资料计算出美国 1795～1937 年间共有 37 个这样的周期，其平均长度为 3.51 年。

2. 中周期

中周期是 1860 年法国经济学朱格拉在他的《论法国、英国和美国的商业危机及其发生周期》一书中提出，危机或恐慌并不是一种独立的现象，而是经济中周期性波动的三个连续阶段（繁荣、危机、清算）中的一个。这三个阶段反复出现形成周期性现象。他对较长时期的工业经济周期进行了研究，并根据生产、就业人数、物价等指标，确定了经济中平均每一个周期为 9～10 年。该周期是以国民收入、失业率和大多数经济部门的生产、利润和价格的波动为标志加以划分的。这就是中周期，又称为朱格拉周期。美国经济学家汉森把这种周期称为"主要经济周期"，并根据统计资料计算出美国 1795～1937 年间共有 17 个这样的周期，其平均长度为 8.35 年。

3. 长周期

长周期是 1925 年俄国经济学家康德拉季耶夫在《经济生活中的长期波动》中研究了美国、英国、法国和其他一些国家长期的时间序列资料，认为资本主义社会有一种为期 50～60 年，平均长度为 54 年左右的长期波动。这就是长周期，又称康德拉季耶夫周期。

康德拉季耶夫根据美国、英国、法国一百多年内批发物价指数、利率、工资率、对外贸易量、煤铁产量与消耗量等的变动，认为从 18 世纪末期以后，经历了三个长周期。第一个长周期从 1789 年到 1849 年，上升部分为 25 年，下降部分 35 年，共 60 年。第二个长周期从 1849 年到 1896 年，上升部分为 24 年，下降部分为 23 年，共 47 年。第三个长周期从 1896 年起，上升部分为 24 年，1920 年以后进入下降时期。

4. 建筑周期

建筑周期是 1930 年美国经济学家库兹涅茨在《生产和价格的长期运动》中提出的一种与房屋建筑业相关的经济周期，这种周期长度在 15～25 年，平均长度为 20 年左右。由于该周期主要是以建筑业的兴旺和衰落这一周期性波动现象为标志加以划分的，所以也被称为建筑周期，或库兹涅茨周期。这也是一种长周期。

库兹涅茨主要研究了美国、英国、德国、法国、比利时等国 19 世纪初叶或中叶到 20 世纪初叶 60 种工农业主要产品的产量和 35 种工农业主要产品的价格变动的长期时间数列资料。他剔除了期间短周期和中周期的变动，着重分析了有关数列资料中反映出的长期消长过程，提出在主要工业国家存在着长度从 15 年到 25 年不等，平均长度为 20 年的长周期。这种周期与人口增长而引起的建筑业增长与衰退相关，是由建筑业的周期性变动引起的，而且，在工业国家中产量增长呈现出渐减的趋势。库兹涅茨提出的长周期受到了经济学界的重视。

5. 综合周期

奥地利经济学家熊彼特在 1939 年出版的两大卷《经济周期》的第一卷中，对朱格拉周期、基钦周期和康德拉季耶夫周期进行了综合分析。熊彼特认为，每一个长周期包括 6 个中周期，每一个中周期包括三个短周期。短周期约为 40 个月，中周期为 9～10 年，长周期为 48～60 年。他以重大的创新为标志，划分了三个长周期。第一个长周期从 18 世纪 80 年代到 1842 年，是"产业革命时期"；第二个长周期从 1842 年到 1897 年，是"蒸汽和钢铁时期"；第三个长周期从 1897 年以后，是"电气、化学和汽车时期"。在每个长周期中仍有中等创新所引起的波动，这就形成若干个中周期。在每个中周期中还有小创新所引起的波动，这就形成若干个短周期。

本 章 小 结

本章要点可被归纳如下：

（1）经济增长是指一个经济产量的增加，其中产量既可以表示为经济的总产量，也可以表示为人均产量。经济增长的程度可以用增长率来描述。

（2）在新古典增长模型的稳定状态下，人均收入增长率仅仅由外生的技术进步率决定。

（3）在新古典增长模型中，储蓄率的增加不能影响到稳态增长率，但确实能提高收入的稳定水平。

（4）在新古典增长模型中，人口增长率的上升增加了总产量的稳态增长率。

（5）资本的黄金律水平是指使稳态人均消费量达到最大化的资本量。其条件是资本的边际产品等于劳动的增长率。

（6）内生增长理论试图解释在新古典增长模型中作为外生变量的技术进步变量。有关的模型试图解释通过研究与开发创造知识的决策。

（7）经济周期是指实际总产出和就业相对于它们潜在水平的波动。

实 践 与 应 用

一、复习与思考

（一）单项选择题

1. 经济增长的标志是（　　）。

    A. 失业率的下降　　　　　　　　B. 城市化进程的加快

    C. 社会福利水平的提高　　　　　D. 社会生产能力的不断提高

2. 经济增长在图形上可表示为（　　）。

    A. 生产可能性曲线内的某一点向曲线上方移动

    B. 生产可能性曲线外的某一点向曲线上方移动

    C. 生产可能性曲线上某一点沿曲线移动

    D. 生产可能性曲线向外移动

3. 以下关于经济增长和经济发展的表述，正确的是（　　）。

    A. 经济增长是一个"量"的概念，经济发展则是一个比较复杂的"质"的概念

    B. 经济增长既是可表示为 GDP 总量的增加，也可表示为人均 GDP 的增加

    C. 经济发展反映一个经济总体的发展水平

    D. 以上三项表述均不正确

4. 根据丹尼森的观点，以下各项中，属于生产要素投入量增长的是（　　）。

  A. 劳动力人口增加   B. 生产技术水平的提高

  C. 教育事业的发展   D. 规模经济

5. 为提高经济增长率，可采取的措施是（   ）。

  A. 加强政府的宏观调控   B. 推广基础科学及应用科学的研究成果

  C. 刺激消费水平   D. 减少工作时间

6. 以下关于新古典增长模型的假定，错误的是（   ）。

  A. 该经济有一个部门组成

  B. 该经济为不存在国际贸易的封闭经济

  C. 该经济的技术进步、人口增长及资本折旧速度都由内生因素决定

  D. 生产要素的边际收益递减

7. 以下关于新古典增长模型中稳态的表述，正确的是（   ）。

  A. 资本是深化等于资本广化

  B. 储蓄率的增加不会影响总产量的稳态增长率，但能提高收入的稳态水平

  C. 储蓄率的增加会影响总产量的稳态增长率，也能提高收入的稳态水平

  D. 人口增长率的上升不会影响总产量的稳态增长率

8. 经济周期的四个阶段依次是（   ）。

  A. 繁荣、衰退、萧条、复苏   B. 衰退、复苏、繁荣、萧条

  C. 萧条、衰退、复苏、繁荣   D. 繁荣、萧条、衰退、复苏

9. 9～10 年一次的周期被称为（   ）。

  A. 基钦周期   B. 朱格拉周期

  C. 康德拉季耶夫周期   D. 库兹涅茨周期

（二）多项选择题

1. 经济增长的基本问题包括（   ）。

  A. 如何有效配置资源

  B. 如何提高生产效率

  C. 什么是经济增长的源泉

  D. 为什么一些国家如此富裕，而另一些国家如此贫穷

  E. 怎样理解一些国家和地区的增长奇迹

2. 发展中国家的经济特征包括（   ）。

  A. 贫困   B. 劳动生产率低下

  C. 人口出生率高，平均寿命短   D. 失业率高

  E. 经济发展严重不平衡

3. 衡量经济发展的几个主要指标包括（   ）。

  A. 人类基本需求法   B. 恩格尔系数

  C. 基尼系数   D. 幸福指数

  E. 人类发展指数

4. 推动发展中国家经济发展最主要的要素包括（   ）。

  A. 人力资源   B. 自然资源

  C. 资本的形成和积累   D. 技术与创新

E. 发达国家的援助

（三）问答题

1. 什么是新古典增长模型的基本公式，它有什么含义？

2. 假设不考虑技术进步，根据新古典增长模型，解释储蓄率的变动都会对经济产生哪些影响？

3. 根据新古典增长模型，解释人口增长率的变动都会对经济产生哪些影响？

4. 讨论有关经济增长的问题：

（1）请指出经济增长的源泉有哪些，并说明促进人均 GDP 增长的动力是什么。

（2）中国已经历了持续 30 多年的高速经济增长，请利用经济增长理论和 GDP 核算理论说明，中国经济增长的隐忧是什么？应该如何消除这些隐忧？

（3）是总供给方面的因素还是总需求方面的因素促进了经济增长？

5. 根据新古典增长理论，回答：

（1）怎样衡量各种投入对经济增长的贡献？

（2）"转变增长方式"的含义是什么？

（3）怎样转变增长方式？

6. 如何解释目前世界经济中有些国家很贫穷而有些国家却很富裕？贫困的国家是否有希望赶上富裕的国家？要求用相关的经济增长理论并结合中国实际来说明。

7. 简要说明内生增长理论的基本思路。

8. 已知资本增长率 $g_k = 2\%$，劳动增长率 $g_l = 0.8\%$，产出增长率 $g_y = 3.1\%$，资本的国民收入份额 $\alpha = 0.25$，在这些条件下，技术进步对经济增长的贡献为多少？

9. 已知人均生产函数为 $y = k - 0.2k_2$。其中，y 为人均产出，k 为人均资本。储蓄率为 0.1，人口增长率为 0.04，折旧率为 0.01。不考虑技术进步，根据新古典增长模型，求：

（1）稳态水平的人均资本和人均产出。

（2）稳态水平的人均储蓄和人均消费。

（3）长期中，人均产出和总产出的增长率。

（4）储蓄的黄金率水平。

10. 经济周期各个阶段的特征是什么？

二、综合案例

各国经济增长会趋同吗？德国、日本和中国的经济增长奇迹

案例内容：

第二次世界大战结束时，德国和日本经济一片凋敝，它们的资本存量被摧毁殆尽，因此与美国相比，可以说是落后的穷国。然而这两个国家却成为战后最耀眼的经济增长明星。从 1948 年到 1972 年日本人均产量年增加 8.2%，而德国年增长 5.7%。与它们形成鲜明对照的是，美国年增长率仅为 2.2%。到 20 世纪 70 年代，德国与日本就加入到美国为主的高收入国家俱乐部了。

在大国里面，中国是第二波成功实现高速经济增长的国家。虽然起步较晚，但是增长速度很快。中国从 1978 年改革开放开始，经济持续高速增长至 2011 年，年增长速度将近 10%。2011 年，中国的 GDP 是 1980 年的 20 多倍，翻了 4 倍有余；人均 GDP 达到 5414 美元，进入中高收入国家行列。在中国经济增

长闪耀着光辉的同时，昔日的明星德国和日本开始星光黯淡。1980~1990 年，德国与日本的 GDP 年增长分别为 2.3% 和 4.1%；1990~2002 年，分别为 1.6% 和 1.3%。

德国、日本和中国的经济奇迹似乎暗示着，低收入国家要比高收入国家增长得更快，因而，在经济增长的过程中，低收入国家有可能不断接近高收入国家。是不是这样呢？

问题讨论：

1. 能否依靠提高储蓄率来提高人均产量？能否依靠提高储蓄率提高生活水平？
2. 索洛模型和新古典增长模型的区别与联系是什么？

理论提示：

1. 新古典增长模型或索洛模型。
2. 稳态与趋同（收敛）。
3. 新经济增长理论。

第八章　西方经济学与中国

导入案例

墨西哥爆发金融危机

墨西哥金融危机开始于 1994 年末，12 月 21 日午夜，时任该国财政部部长塞拉突然宣布中央银行不再干预外汇市场，新比索与美元的汇率实行自由浮动机制，翌日这一措施生效。在这一新货币政策出台的当天，比索与美元的汇率立即出现大幅度下跌，买价以 4 比索兑换 1 美元，卖价以 5.1 比索兑换 1 美元，分别比实行自由浮动汇率前一天的平均价下跌了 0.7% 和 27.8%。次日，比索继续贬值，跌至 6 比索兑换 1 美元，与三天前的 3.47 比索兑换 1 美元的汇率平均价相比，贬值幅度达 40% 以上。而且，政府在决定比索与美元的汇率实行自由浮动前一天已宣布比索贬值 50% 以上。

在政府实行本国货币与美元自由浮动汇率机制之前，比索与美元的兑换是根据 1992 年 10 月 20 日制定的浮动机制进行。根据这个机制，在兑换美元时比索每天贬值不得超过 0.0004 个比索的限度，一旦超过这个极限，中央银行必须进行干预，以稳定比索的币值。12 月 19 日比索贬值率超过这个极限，中央银行抛售外汇进行干预，以稳定比索，但无济于事。第二天，比索继续贬值，迫使政府把比索兑换美元的贬值上限调整到 0.53 比索，但仍不能制止比索继续下跌，于是，政府不得不停止干预，宣布比索与美元的汇率实行自由浮动。墨西哥政府实行本国货币与美元的汇率自由浮动也是不得已而为之。在实行这一措施前的两周内，中央银行曾大量抛售以阻止比索的不断贬值，但收效不大。

当然，货币大幅度贬值受害最大的自然是广大的老百姓。货币贬值将降低购买力，生活水平也因此而下降，尽管政府在宣布实行自由浮动机制的同时也宣布在未来 60 天内冻结物价。但墨西哥工人联合会仍要求政府提高工资。

这场金融危机对外国投资者也带来了损失，金融危机爆发前美国在墨西哥投资达 750 亿美元。其中相当一部分是投入证券市场和购买国债，仅此一项美国投资者就损失近亿美元。

当然货币贬值也会产生一些积极的影响，如阻止资金外流、减少进口、增加出口、从而减少经常项目逆差。

为稳定货币和克服货币危机造成的严重后果，墨西哥联邦政府宣布实行经济应急计划，提出了三项目标：在短期内把经常项目逆差减少到一个可承受的水平；创造条件尽快恢复经济活力和增加就业；尽量把货币贬值引发的通货膨胀控制在最小范围内，避免通货膨胀节节上升。为了实行上述三个目标政府将采取四个具体步骤：与各国生产部门达成协议，采取切实可行的办法阻止货币不断贬值和通货膨胀率不断上升的恶性循环；削减今年计划内的公共开支；进一步深化经济结构改革，提高劳动生产率和增强经济的竞争力；利用国际信贷建立财政援助基金，以尽可能短的时间稳定金融。

对于墨西哥政府所采取的一系列紧急措施，国内外的反应基本上是好的。国际货币基金组织也支持，世界银行也称这些措施是明智的。以美国为首的一些经济大国以及一些国际金融集团为墨西哥筹措 180 亿美元的资金，以摆脱这场危机。

【案例导学】

一国货币的坚挺程度是该国经济实力的集中反应，在经济实力弱小的时候实行全面开放，货币的大幅度贬值是不可避免的。许多国家都采取逐步开放的方针，但也有人认为长痛不如短痛，假如墨西哥政府能妥善处置，不仅可以避免引发更大的社会动荡，而且可以借货币大幅度贬值的机会大力推动出口、刺激生产、促进产业结构的调整和企业的技术创造，那么，从长远看，这场危机未必不是一件好事。

第一节　西方经济学理论体系科学吗

西方经济学具有双重性质，即：既宣传资产阶级的意识形态，又是市场经济运行的总结。对于宣传资产阶级意识形态的一面，我们应持否定态度，而对市场经济所作出的总结在一定限度内又反映了客观存在的现实，特别是社会化生产的现实对推行社会主义市场经济的我国具有一定的借鉴意义。为此，我们要弃其糟粕、吸其精华；既使用它，又避免因之而带来的有害后果，达到"洋为中用"的目的。对此：

第一，根据实践是判别真理的标准，西方经济学的理论体系不完全符合科学的要求。科学是真理的代表，而用实践来判别真理已经成为世界公认的标准。先从马克思主义的观点来看，马克思、毛泽东、邓小平等都持有实践是判别真理的唯一标准的原则。在西方经济学中，作为其哲学基础的实证论也坚持科学必须能经受事实检验的论点。

然而，西方经济学的理论体系却尚未通过实践的检验。根据西方学者埃克纳的总结，这一理论体系是由四个部分组成，即（1）无差异曲线；（2）等产量曲线；（3）向右上方倾斜的供给曲线；（4）生产要素的边际产品曲线。上述四部分构成微观经济学的基本理论框架，而微观经济学又是宏观经济学的基础。换言之，如果这四个部分不能成立，那么，整个西方经济学的理论体系便成问题。然而，对这四个部分，埃克纳继续写道："关于这四个理论结构，最令人惊奇的是：尽管它们处于如此重要的地位，还都没有为经济学家在实践上加以证实。"即使个别的西方学者能注意到实践检验的问题，如另一位诺贝尔奖得主斯蒂格勒对上升的边际成本曲线的论证，其论证的手段非常草率，不符合科学论证的要求。正是由于缺乏实践的基础，许多西方经济学的论点不是由实践，而是由学者的"权威"所论证。所有这一切都是西方学者承认的。

很可能由于缺乏实践的检验，西方学者在目前普遍地把西方经济学的理论体系称之为"共同认可的理论结构"或"模式"。根据提出这一名词的西方科学史学者库恩的说法和其他人对该名词的解释，它的含义是："被一个学科的成员共同认可的信念、价值、技术等等所组成的全部整体内容"。应该指出，这里所指出的"全部整体内容"仅仅需要学科成员们的"共同认可"，而并不要求"实践检验"，实事上这一"整体内容"所包括的

"信念"、"价值"等范畴是不可能为实践所验证的。很显然，西方学者普遍承认的作为一种"共同认可的理论结构"的西方经济学既不符合马克思主义的，也不符合西方实证主义的对科学这一范畴必须通过实践验证的规定。因此，它不符合科学的要求。

第二，科学研究的进展所取得的成果往往是积累性的，而西方经济学却不是如此。在一般的科学领域中，随着研究的进展，新的理论不断建立，而原有的正确理论会被保留起来，因此，一门科学所积累的正确知识越来越多。例如，在物理学中，牛顿力学固然能解释宏观物体的运行，却对原子核内部的粒子运动不能加以论证。物理学的进展使它在保留原有的牛顿力学之外又增添了原子理论，从而，物理学在解释宏观物体运行之外，还能对原子内部的运行情况加以说明。因此随着时间的推移，物理学所含有的正确知识越来越多，所能运用的范围也日益广阔。

然而，西方经济学情形却不同于此。随着历史条件的变迁，新的理论往往完全排斥掉旧的学说，新旧之间的关系不是相互补充而是相互排斥，因此，正确的理论（如果存在的话）并不能随着时间的推移而被积累起来，从而得以增加其数量。例如，边际效用论的出现完全排斥掉了古典学派的劳动价值论；在1936年出现的凯恩斯定律压倒了原有的萨伊定律，而诺贝尔奖委员会主席韦林说："卢卡斯已经使得直到20世纪70年代为止所发表的大部分经济理论站不住脚。"换言之，学说的流行不取决于其内在的正确性，而要看历史发展的条件而定。这种随着历史条件的变迁而改变其基本内容的理论体系显然谈不上什么永恒的科学真理。

第三，苛刻的假设条件。假设条件是科学的研究所必需的。假设条件越宽松，越能符合现实生活，由此而形成的成果会具有越大的一般性和较宽广的应用范围。

西方经济学的基本理论体系的假设条件是异常苛刻的。例如，在论证作为它的核心观点的帕累托最优状态时，除了提到过的完全信息的假设条件外，至少还存在着16个与其苛刻程度相类似的假设。这里再举两个例子。其一，社会上存在的一切消费品和资本品都是可以无限分割的。这就是说，冰箱、钢琴、电视机、洗衣机等消费品和机器、桥梁、飞机、火车头等资本品可以被分割为无数个小型的同类物品。其二，收入分配对劳动生产率没有任何影响。很显然，在二者之中，前者在事实上是不可能的，而后者违反了"理性人"的说法。这些事例向我们表明：建立在这种违反现实的假设条件之上的西方经济学的理论体系或整体倾向性缺乏科学性。

其实，虽然西方学者的总结往往把西方经济学说成是科学，然而，迫于现实，他们也很难做到这一点。他们自己有时也会公开承认，西方经济学不完全是科学。西方知名学者鲍莫尔和布兰德说道："经济学具有某种精神分裂症。虽在社会科学领域中，它是最为严谨的学科。但是，和譬如说物理学相比，它看来肯定具有更多的'社会的'，而不是'科学的'成分。"萨缪尔森也曾写道："经济学含有的科学成分永远和它含有的艺术成分一样多。"可见，不论是用分裂症，还是用艺术成分的表达形式，西方学者承认西方经济学不完全是科学是显而易见的。

第二节 西方经济学的可借鉴性

除了意识形态以外，西方经济学也含有市场经济运行规律的总结这一方面。作为市场经济运行规律的总结，这些理论显然对我国的社会主义市场经济具有参考价值。更具体地说：西方经济学中的部分观点、概念和方法值得我们加以借鉴。由于这些值得借鉴之处具有相当的数量，我们在这里不可能对它们一一加以论述。下面将举出三方面内容作为例子。

在微观经济学中，均衡价格理论中的需求弹性和供给弹性理论对我们做好经济工作是有参考价值的。比方说，为了尽量少影响普通居民生活，政府不但要努力控制涨价的节奏和幅度，还要考虑在一定时期内给予适当补贴。又如，企业在生产经营中，同样需要以最小的成本消耗求取最大的经济收益，在此，机会成本、变动成本、固定成本、边际收益与边际成本等概念与理论都有用武之地。再如，市场结构和市场失灵理论中，关于垄断和竞争的理论，关于外部性的理论，关于信息不对称的理论等，在我们定制经济政策时，在企业做经营决策时，都是很有参考价值的。

在宏观经济学中，关于国民收入核算的理论和方法，事实上也已被我国采用。关于总需求调节主要靠财政政策和货币政策的理论和主张，同样也日益为我国政府所运用。在经济发展遇到较大困难，经济增速严重受阻甚至面临下行压力时，政府就会实行积极的财政政策和宽松的货币政策来对经济加以刺激，以稳定经济发展和劳动就业。相反，如果经济出现过热，通货膨胀势头加剧时，政府就会用紧缩的财政政策和货币政策加以抑制，例如用升息或上调存款准备金等措施来调节经济和人们的预期。

在国际经济中，由于我国要和西方市场经济国家往来，因此，更要运用国际金融、国际贸易和国际投资的许多理论，遵循一些国际惯例，才能使我们和这些国家在打交道过程中互利互惠，维护本国利益。例如，我国在实行外汇体制改革的时候，既要迈向市场化改革的大方向，又要运用一些经济手段控制人民币升值的节奏和幅度，以保持我国进出口贸易和国际收支差额在一个合理的限度内。

第三节　应用西方经济学应考虑我国国情的特殊性

西方经济学的部分论点、概念和方法有值得我们借鉴之处，但是，必须指出：在借鉴时，我们决不能使用生搬硬套的方式，而必须注意我国国情的特殊性。否则，借鉴不但不能带来预期的结果，有时反而会造成有害的影响。世界经济发展经验表明：把发达国家的工厂一成不变地移植到发展中国家的项目，即所谓交钥匙工程，十之八九要遭受失败的命运，其失败的主要原因在于国情的差异。

我国的国情，无论在范围上还是在程度上都和西方国家有着很大的差异。对于这些差异之处，我们在借鉴西方经济学时均应加以考虑。

在这些为数众多和轻重程度不同的差异中，下列三点是比较重要的。他们之所以重要，原因在于：无论就上一节中所论述的论点、概念和方法的哪一种而言，它们都是对西方市场经济运行所总结出来的经验，而正是由于我国社会主义市场经济和西方资本主义市场经济在市场经济的范畴上具有共同之处，所以作为西方市场运行经验的西方经济学值得我们加以借鉴。然而，下列三点所指出的我国目前的特殊国情却限制了我国市场经济发生作用的程度和范围，从而也就限制了西方经济学值得借鉴之处在我国所能发生作用的程度和范围。如果不顾这种程度和范围的限制而盲目滥用，则后果与上面所说的相同，即：不但无益，反而有害。这三点特殊国情是：

第一，我国是一个发展中国家，目前市场赖以运行的机制还不够完善，而西方经济学所分析的正是市场制度较为完善的情况，中国至今还处于转轨时期，从原来的计划经济体制向市场经济体制过渡，市场经济赖以运行的制度框架尚不完善，如现代企业制度、法律法规、公民的契约意识等。同样的事情在西方发达国家可能较为顺畅办成，而在我国当前可能就无章可循、有章不循或坎坷难行。在这些制度条件具备以前，市场机制的作用程度和范围就要受到限制，一些西方经济理论在我国的适应性就要打折扣。例如，在市场经济中经济活动主要靠当事人之间缔结的契约履行来实现，而契约缔结和履行的成功与否取决于是否存在完备的监督、管理和强制执行契约的法规或条例，即使有了较合理和完善的法律法规，人们是否仍能按契约办事，很大程度上还得看经济行为人的市场意识的强弱。由于我国曾经长期实行计划经济，人们按契约办事的市场意识和培养还要有一个过程，在此之前，市场机制恐怕难以很快顺利运行。比如，"欠债要还"是市场机制赖以顺利运行的最基本的法律条文和市场意识，然而缺乏这些"软件"就给我国带来了大量"三角债"问题，也带来了法院对债务的判决难以执行的问题，以致给我国经济运行造成困难，甚至由国家出面也难以解决。在欠债不还情况下，用货币政策来对经济进行宏观调控也会难以奏效。可见，在市场机制发生作用应有的软件条件具备以前，市场机制和西方经济学在我国发生作用的范围和程度都会受到限制。

第二，我国是一个有 13 亿人口的大国，人口压力也会使我国市场经济作用的程度和范围受到限制。在人口较少的国家，个体经济行为轻微变动的集合效应可能不甚显著，而在我国则可能形成巨大冲击。在可预测的未来几十年中，我国平均将新增加劳动力 700 万左右，农村还有 2 亿多剩余劳动力。若按农村人口城镇化每年 5% 计算，农村每年要向城镇转移约 1000 万人，而我国每年经济增长能达 9% ~ 10%，每年新增就业岗位也就 800 万个左右。这一情况决定了我国不可能什么事都按市场原则去办。例如，单个企业出于经济效益考虑而淘汰成员，有利于增加利润，但许多企业都如此做时，便会形成庞大的失业大军，由于我国社会保障机制还不完善，失业人员过多就会引起社会动荡。再如，我国近几年来春节期间交通客流量都会大幅猛增，春运压力无法靠客运票价的涨落来加以调节。为此国家只得事先作出计划安排，甚至用行政手段加以疏导分流来缓解矛盾，这和国外圣诞节期间可用供求关系调节交通运输的情况就明显不同。

第三，我国特有的文化传统也是我们要考虑的国情之一。例如，在西方经济舞台上，通行竞争和差别的原则，而在我国却流行"中庸之道"，"不患寡而患不均"的观念在许多人头脑中依然存在。因此，我们在实行分配制度改革时，尽管也要按市场化改革方向拉开差距，但差距要适当，高低不能过分悬殊，应当照顾左邻右舍关系，以构建一个既有活力又和谐的收入分配模式。

第四节　2008 年金融危机对现行西方经济学理论的挑战

2008 年起，一场由美国次贷危机引发的金融危机席卷了全球，不仅使西方发达国家经济遭受重创，也对现行西方经济理论提出了很大挑战；彻底粉碎了自由的市场经济机制总能有效配置资源的神话。

众所周知，西方经济学从诞生以来就崇尚亚当·斯密提出的那只"看不见的手"，即自由的市场机制。尽管 20 世纪 30 年代的大萧条后产生了凯恩斯经济学，主张国家干预才能稳定经济，但第二次世界大战以后随着西方经济的发展与繁荣，西方经济思潮又逐步回到了主张自由的新古典传统。1970 年美国经济滞胀又帮了经济自由主义大忙。在金融领域，凯恩斯曾将金融市场蔑视为财场的观点被"有效市场"理论所取代。这种理念宣称，给定所有公众可获知的信息，金融市场总能正确定价，投资者都会理性地权衡收益和风险这一假设所建立起来的所谓资产定价模型，会指导人们如何正确选择投资组织，如何对有价证券包括金融衍生品及其收益的索收权正确定价。在自由化的经济学和金融学理论不断占据上风的同时，美国经济和金融业在实践上也不断走向自由化。在历史上，美国在 1933 年大危机后为控制风险曾在金融领域实行严格的分业监管和分业经营。但随后 60 年里，美国金融业得到了快速发展，市场上不确定性也相应增加。1999 年美国国会通过《金融服务现代化法案》，推行了金融自由化，放松了金融监管，结束了银行、证券和保险业分业经营格局。曾长期任美联储主席的格林斯潘相信，应当充分信任市场，市场本身会得到有效调整。的确，传统的西方经济理论总认定，由理性投资者构成"有效"市场发出的价格信号，通常是正确的。然而，这场由美国次贷危机引发而来的严重金融危机告诉我们，事实不是这样。

美国发生这场次贷危机具有深刻的社会历史背景。20 世纪 90 年代，美国在信息技术等高科技进步支撑下，经济连续多年走强并滋生了经济泡沫。90 年代末网络经济泡沫破裂时经济本该作出一定调整，但刚上台的布什政府不希望经济调整。考虑到房地产业上下游关联几十个产业，布什政府就出台了一系列刺激政策，包括给缺乏实际还贷能力的次级客户发放房贷，用购买的住房作为抵押物。为刺激经济，美联储多年大幅降息。这样，美国房市持续火爆，房价一路上涨。由于抵押房产不断增值，这些房产似乎也成了优质资产，被只顾逐利的金融机构包装成能获利的抵押贷款债券，并和其他优质资产一次又一次捆绑打包出售。在过分金融自由化环境下，美国金融生态环境出现了社会信用恶化、监管缺失、市场秩序混乱、信息不对称、道德风险等一系列问题。被捆绑打包出售的金融资产不仅在国内大量销售，还在经济金融全球化浪潮中大量销售到国外。就这样，美国金融衍生品的价值链愈拉愈长，终于在美联储加息时在房地产按揭贷款环节发生断裂，泡沫终被刺穿，大量次级债券收益化为乌有，包含次级债券的大量金融资产迅速身价大跌，并造成许多大金融机构发生了支付危机，连雷曼兄弟公司这样著名老牌的金融机构也不得不破产倒闭。一场全球性的严重金融危机终于爆发了。

由次贷危机引爆的这场金融危机告诉我们，由于过分相信了经济自由化，放弃了应有的监管，由理性投资者构成的"有效"市场发出的价格信号并不可靠。包含次贷债券在内的金融资产被一次次打包化妆后实际已面目全非，购买者即投资者已根本弄不清这样的资产的真实价格应是多少，只知道大家去买的东西一定是好东西。资产评级公司由于根据评估业务量收费，债券卖得越多，收入会越高。在利益驱动下，它们甚至会指点金融机构如何把不同级别的债券打包，以使债券评级更高。正是由于放松了标准，过高评估，才使得大量次贷债券获得安全评价，被保险公司和退休基金这样谨慎的投资机构大量购买。至于那些金融巨头的高管人员，他们为了获得高额报酬不惜冒任何风险，即使公司破产了自己最多被解雇，而业绩好时拿的高额奖励并不会追回。在这些情况下，金融衍生品价格怎么会不失灵呢？传统的西方经济理论总假定，金融机构总会自己把握住风险，从而金融崩溃的概率被严重低估。金融危机的事实表明，经济学家关于经济人具有完全理性的假设是多么脱离实际。尽管理性预期的经济学穿了外表华丽的数字外衣，也只不过是一种浪漫化的和经过净化的经济现象。这种幻想迷住了人们的双眼，让他们忽视了那些可能出错的事情。

由美国次贷危机所引发的这场金融危机还告诉我们，必须正确理解和处理虚拟经济和实体经济的关系。虚拟经济是指资本以脱离实体经济的价值形态，以票据方式持有权益，按特定规律运动以获取价值增值所形成的经济活动。而实体经济则指物质产品和精神产品的生产、销售以及提供相关服务的经济活动，既包括工、农、交运、邮电、建筑等物质生产活动，也包括商业、教育、文化、艺术等精神产品生产和服务。虚拟经济产生于实体经济发展的内在需要，建立在实体经济基础之上，为实体经济服务。虚拟经济对实体经济的促进作用表现在金融自由化和深化可提高社会资源配置的效率和实体经济运行的效率，资本证券化和金融衍生工具提供的套期保值等服务，可为实体经济提供稳定的经营环境，为企业分散风险，降低实体经济波动引致的不确定性，并且虚拟经济自身发展也能促进 GDP 增长，为社会提供就业机会。但是，虚拟经济的发展是与投机活动并存的，因此虚拟经济提供的资本配置效率取决于虚拟资本的高度流动性，而这种流动性要靠投机活动实现，虚拟经济提供的风险规避功能如套期保值业务，其风险也靠投机者来分担。虚拟经济相比实体经济所具有的高风险、高收益特征，很容易吸引大批资金从事这类投机活动，而投机活动过度又会使虚拟经济过度膨胀而形成泡沫经济。泡沫经济主要是一种资产价格过分高于其价值的现象。货币政策失误和金融监管不当是泡沫经济产生的体制性因素。泡沫一旦破裂形成的金融危机会对实体经济发展产生多方面危害。近几年来拉美和东南亚地区的新兴工业化国家在金融自由化中由于监管失当引致泡沫经济就提供了深刻教训。这次美国次贷危机引发的金融危机是由于放松了金融监管，任虚拟经济的泡沫随意膨胀而引起的。从虚拟经济和实体经济关系的角度看，这次危机的发生，"根"还在于过去 20 世纪 60 ~ 70 年中没有过经济增长和消费超越了本国生产力的承受能力：一方面在实体经济虚拟化、虚拟经济泡沫化过程中实现了不堪重负的增长，另一方面美国又把这种沉重负担通过美国的世界储备货币地位和货币市场的价值传导机制分摊给全世界。美国过度消费完成的贸易逆差主要靠印刷美元"埋单"。中国、日本和石油生产国居民的储备过度和贸易顺差积累起来的大量美元储备为华尔街金融衍生品创造提供了条件，并促使其资产泡沫化。看起来美国经济一时异常繁荣，但实际上美国经济已进入 IT 产业周期波段末尾，缺乏投资机会，大量制造业转移到国外，短期内又不可能有大量科技创新项目吸纳资金。因此，这种"繁荣"其实已是泡沫，缺乏实体经济增长作为支撑。于是，虚拟经济过度膨胀形成的泡沫终于导致了这场危机。

对于这场危机，经济学家大都未预测到，难怪许多人甚至怀疑经济学是否还有存在的必要。但如此怀疑也可能并不正确。应当认为，现行传统经济理论受到近期金融危机挑战只能说明这种理论有必要根据形势需要作出修正和创新，而不等于经济学已无存在必要。实际上信息不对称、未来的不确定性以及经济自由运行需要规则和监管等等，都是现代西方经济学早就揭示了的，缺乏实体经济支撑的虚拟经济泡沫迟早要破裂也是不少经济学家早曾预料到的，但现行西方经济理论在新形势下确实不够用了。当今世界经济发展的新型势显示出来的两大事实即金融自由化使金融资产规模如此庞大，以及经济全球化使包括金融危机在内的经济波动会在全球范围内如此迅速蔓延，都要求传统的西方经济理论和金融理论作出与时俱进的创新。举例来说，虚拟经济的出现及发展，对传统的通货膨胀理论提出了严重挑战。按传统理论，所谓通货膨胀就是指货币对于实物资产的购买力削弱了，衡量指标主要是 CPI。但虚拟经济出现后，货币购买的不光是实物资产和实体资产（其实实体资产还不等于实物资产，如戏票、电影票或理发券之类属实体资产，因为是劳务购买券，但不是实物资产），还有虚拟资产（如股票、债券及金融衍生品等）。随着经济发展水平提高，虚拟经济规模不断扩张，而满足人类基本消费需求的物品数量在一定时期内反到比较稳定。于是，货币大量增加时，新增货币的购买力不仅要表现为实体经济产品的价格上升，还要表现为虚拟经济领域金融资产价格（包括不动产权、股票及相关金融衍生品）的上涨。由于金融资产价格比实物资产价格更易波动，因此前者较后者对货币供应量变化会更加敏感。这样，仅看 CPI 变化，就很难测量出通货膨胀的真实程度。也就是说，虚拟经济发展要求传统经济理论能作出相应的发展。

第五节　中国的供给侧改革[①]

2015 年 11 月以来，"供给侧改革"这个新名词成了中国经济中一个火热的关键词。国家主席习近平在中央财经领导小组第 11 次会议和亚太经合组织 APEC 工商领导人峰会上两次强调，要"加强供给侧结构性改革"。国务院总理李克强在"十三五"规划纲要编制工作会议上称，"要在供给侧和需求侧两端发力促进产业迈向中高端"。

一、何谓供给侧改革

对于供给侧改革，习近平主席的表述是："在适度扩大总需求的同时，着力加强供给侧结构性改革，着力提高供给体系质量和效率。"通俗解释一下这个"新概念"的话，就是，之前中国侧重于需求端管理，要刺激经济，首先想到的是扩大需求，增加消费。但供给侧同样有很多改进的空间。比如，出租车总量供给不增加，只是提价、增加油补，仍解决不了打车难问题。对此，国务院参事室特约研究员姚景源说，高层密集提出供给侧改革，正是要让今后经济发展的着力点，从原本的重需求逐步转变为供给、需求共同发力。

"供给侧"与"需求侧"相对应。需求侧有投资、消费、出口"三驾马车"，"三驾马车"决定短期经济增长率。而供给侧则有劳动力、土地、资本、创新四大要素，四大要素在充分配置条件下所实现的增长率是中长期潜在经济增长率。而结构性改革旨在调整经济结构，使要素实现最优配置，提升经济增长的质量和数量。

---

① 本节内容参见姜超、顾潇啸：《关于"供给侧改革"看完这十个问题你就懂了》，华尔街见闻 http：//wallstreetcn．com/node/226853。

二、为何要进行供给侧改革

表象是需求不足。2007 年以来，中国经济增速逐年下滑。从需求侧看，外需中，全球出口增速见顶回落，过去三年持续零增长，中国较难独善其身，而低成本优势不再，令低端制造业向东南亚转移不可避免。内需中，2011 年人口结构出现拐点，2012 年人口抚养比见底回升，2013 年地产销量增速持续下行，工业化步入后期，投资增速持续下行。

实质是供需错配。但需求刺激效果甚微，2015 年以来央行 5 次降息降准、发改委新批基建项目规模超过 2 万亿，但投资依然萎靡。而在消费领域中，则呈现出较为明显的供需错配：国内消费增速拾级而下，但中国居民在海外疯狂扫货，国内航空客运增速缓慢下行，但跨境出游却持续高增长。这意味着，当前中国经济面临的问题，并不在短期需求，而在中长期供给。

纵观世界经济历史，美国曾在 20 世纪 70 年代陷入滞胀，英国也在 20 世纪 70～80 年代面临滞胀叠加结构性问题的窘境。作为供给学派的典型实践，"里根经济学"（Reaganomics）和"撒切尔主义"（Thatcherism）分别采用减税和国企改革等措施帮助经济走出衰退的泥淖。

里根学派的核心是减税。以"里根经济学"为例，1981 年里根就任美国总统后，提出"经济复兴计划"，主要措施包括：降低税率，减少政府干预，缩减政府开支，紧缩货币供给。其中，个人所得税边际税率从 70% 降至 28%，提高了可支配收入，增加了劳动供给意愿，也推动消费上行；而企业所得税率从 46% 降至 33%，直接提高了企业盈利，也提高了企业投资意愿。里根经济学大获成功，令美国经济迎来"大稳健"时代，也为美国长期经济增长打下了坚实基础。

中国"供给侧结构性改革"并非简单复制供给学派的"供给管理"，而是希望通过改革实现经济结构的调整和优化，从而避免潜在增速的大幅下行，其实质是三中全会"全面深化改革"在要素领域的延续和聚焦。

三、供给侧改革的逻辑与路径

习主席在中央财经领导小组会议中明确指出：要促进过剩产能有效化解，促进产业优化重组；要降低成本，帮助企业保持竞争优势；要化解房地产库存，促进房地产业持续发展；要防范化解金融风险，加快形成功能健全的股票市场。中财办副主任杨伟民称之为推动经济结构改革的四个"歼灭战"。如何打赢这四个"歼灭战"？劳动力、资本、创新、政府 4 条主线是供给侧改革的关键！

1. 供给侧改革如何优化劳动力配置

第一，放开生育政策，补充人口红利。中国过去的主要增长动力来自于充足的劳动力。但 2011 年中国人口结构出现拐点，2012 年开始 15～64 岁劳动年龄人口的总数和占比都出现了下降。同时，人口老龄化现象愈发明显，截至 2014 年年底，60 岁以上老年人口已达 2.12 亿，占总人口的 15.5%。"十三五"规划建议提出，全面实施一对夫妇可生育两个孩子政策，这将成为未来劳动力要素改革的基础，在进一步释放生育潜力的同时，减缓人口老龄化压力，增加劳动力供给，补充人口红利。

第二，户籍制度改革，化解地产库存。户籍制度改革将是劳动力要素改革的重中之重，其目的在于促进劳动力要素的跨地区流动。"十三五"规划建议明确提出户籍人口城镇化率加快提高。中国城镇化率质量不高主要体现在户籍人口城镇化率不高。城镇现在约有7.5亿常住人口，其中2.5亿左右的人没能在城镇落户，2.7亿农民工，买房比例仅1%。早在2014年7月，国务院就已出台《推进户籍制度改革的意见》，但进展缓慢。当前二三线城市地产库存居高不下，户籍制度改革和住房制度改革双管齐下，不仅有助于提供有效供给、加快城镇化进程，也将创造需求、消化地产库存。

第三，服务业大发展，缓解就业压力。服务业是未来中国经济和社会的双重稳定器，淘汰落后产能意味着制造业部门就业承压，而服务业则可吸纳就业，因而创造条件、促成劳动力的跨部门流动，也将是未来劳动力要素改革的重要方向。根据统计局数据测算，第三产业每增长1个百分点能创造约100万个就业岗位，比工业多50万左右。而考察企业就业状况，2007年以来，服务业PMI就业在绝大多数时期高于制造业PMI就业指标，这意味着服务业就业状况好于制造业，将成为未来主要的就业容纳器。

第四，促扶贫重教育，提升人力资本。除增加劳动力供给、促进劳动力跨地区和跨部门流转外，提高劳动力素质也是劳动力要素改革的重要内容。其具体措施包括以下两方面：一是贫困人口脱贫。"十三五"规划建议明确提出，要在现行标准下农村贫困人口实现脱贫、贫困县全部摘帽、解决区域性整体贫困。我国现行脱贫标准是农民年人均纯收入按2010年不变价计算为2300元，2014年现价脱贫标准为2800元。按照这个标准，2014年年底全国还有7017万农村贫困人口。而通过实施脱贫攻坚工程，实施精准扶贫、精准脱贫，7017万农村贫困人口脱贫目标是可以实现的。二是加大教育投入力度。今年4月初，中央深改小组召开第11次会议，审议通过《乡村教师支持计划（2015～2020）》，并强调要"每个乡村孩子都能接受公平、有质量的教育，阻止贫困现象代际传递"。而今年以来，国务院常务会议也陆续通过一揽子教育法律修正案草案，并部署落实教育领域改革措施。

2. 供给侧改革如何优化土地和资本配置

土地制度改革，加速确权流转。土地制度改革的核心方向是提高土地的使用效率。农村土地流转以确权为基础，以放活经营权流转为目的，从而提升土地要素的流动性。同时，放活农村土地经营权流转意味着未来廉价的农村、土地用地供给瓶颈将打开，也有助于抑制地产泡沫、加速地产去库存化。

降低四大成本，改善资本回报。资本要素改革的方向之一是提高资本回报率，因而高成本是供给侧的最致命硬伤。以工业企业为例，2014年底规模以上工业企业主营业务收入中，主营业务成本占比高达86%，各种税费占比9%，主营利润占比仅5%。持续收缩的需求叠加高企的成本、费用，令企业盈利雪上加霜。而在需求整体不佳的大背景下，未来唯有依靠降低成本来改善企业盈利、提升资本回报。我们预计，未来将从以下四个方面降低企业显性成本：一是继续推进资源品价格改革，降低企业原材料成本；二是实施减税降费和加速折旧，降低企业财税成本；三是推进利率市场化，结合降息降低企业财务成本；四是实施养老保险体系改革，降低企业人力成本。

淘汰落后产能，提升资本效率。资本要素改革另一个方向是提升资本使用效率，其目的也同样是改善企业盈利。而产能利用率和主营业务利润率高度相关。2011年以来，中国工业企业产能利用率持续下滑，企业盈利也同步恶化，反映资本使用效率低下。2013年新一届政府执政以来，去产能化就已开始，伴随去产能延续，未来企业盈利有望随产能利用率回升而得到改善。

国企将是去产能的主要承担者。然而，一个不容忽视的事实是：各类企业中，国有企业以最高的资产负债率和最低的资产周转率、最低的主营收入利润率，实现了收入、利润的最大幅下滑。这意味着，各类企业中，国有企业盈利能力最为堪忧，产能过剩最为严重，未来也将是去产能化的主要承担者。但淘汰落后产能的过程将有可能造成大批国企员工下岗，因而发展服务业吸纳就业也将是必然的选择。

3. 供给侧改革如何提升全要素生产率

融资体制改革，提升创新意愿。全要素生产率的提高首先有赖于创新意愿的提升，而股权市场天然提供了鼓励创新的激励机制。而以创新著称的美国，也正是依靠资本市场哺育创新。值得注意的是，四个歼灭战中，习主席对建设股票市场的论述最为详尽：要防范化解金融风险，加快形成融资功能完备、基础制度扎实、市场监管有效、投资者权益得到充分保护的股票市场。这意味着，改革融资体制，促进直接融资发展，将是未来的重点方向。

鼓励两众两创，提升创新转化。全要素生产率的提升同样需要有便利的资源和宽松的成长环境，从而提高创新者的存活率和创新产品的转化率。李克强总理在2014年9月的夏季达沃斯论坛上提出"大众创业万众创新"，而过去一年中，国务院及各部委也纷纷出台优惠政策措施。预计未来以下三方面改革将同步推进：一是推进产学研结合，从而提高创新成果工业转化率。二是为创业企业提供更为便利的资金支持，譬如私募股权和创业投资。三是实施针对创新型企业的税收优惠和费用减免，譬如研发费用抵税等。

4. 政府自身如何落实"供给侧改革"

改革行政体制，降低制度成本。政府在"供给侧改革"中同样大有可为，一是降低"制度性交易成本"，保护市场这只"看不见的手"。具体改革力度由强到弱依次是加强反腐、打破垄断、放松管制。中国企业不仅面对来自原材料、税费、财务、人力等领域的显性成本，更面临来自上述领域的隐性成本。以反腐为例，新一届政府执政以来狠抓反腐，落马官员人数有增无减，预计未来也将在这三个领域进一步推进改革。

推进国企改革，实现强强联合。其二是加速国企改革，发挥好"看得见的手"的功能和作用。国企作为中坚力量，通过合并重组提升竞争力，将为经济增长提供长期动力。

四、供给侧改革的影响与未来

1. 供给侧改革如何影响经济结构

加速经济结构转型，重新分配经济蛋糕。从生产的角度看，供给侧改革将激发消费倾向，导致第三产业在经济中的占比进一步上升，而第二产业中的传统工业部门占比将明显收缩。而从收入的角度看，供给侧改革将引发经济蛋糕的重新分配：减税将导致生产税净额占比下降，加速折旧和去产能化将导致固定资产折旧占比短期上升、长期趋降，降低成本和去产能化将导致企业营业盈余占比上升，加速劳动力跨地域、跨部门流转以及提高人力资本，将导致劳动者报酬上升。

2. 供给侧改革如何影响中国杠杆率

供给侧改革同样将对中国杠杆率产生影响：去产能化意味着企业部门杠杆率将持续下行，户籍制度改革和二三线城市地产去库存化意味着居民部门杠杆率将持续下行，减税降费和财政支出提升意味着政府部门（主要是中央政府）的杠杆率将大幅上升，而防范化解金融风险和企业降低财务成本意味着金融部门杠杆率将缓慢上升。

本 章 小 结

本章要点可以被归结如下：

（1）虽然西方学者的总结往往是把西方经济学说成是科学，然而，迫于现实，他们也很难做到这一点。他们自己有时也会公开承认，西方经济学不完全是科学。

（2）作为市场经济运行的总结，西方经济学理论的部分内容尤其是与实践相联系的总结部分显然对我国的社会主义市场经济具有参考的价值。更加具体地说：西方经济学中的部分观点、概念和方法值得我国加以借鉴。

（3）我国的国情，无论在范围上还是在程度上都和西方国家有着很大的差异。对于这些差异之处，我们在借鉴西方经济学时均应加以考虑。

（4）2008 年美国次贷危机引发的金融危机席卷了全球，不仅使西方发达国家经济遭受重创，也对现行西方经济理论提出了很大挑战；彻底粉碎了自由的市场经济机制总能有效配置资源的神话。

（5）"供给侧"与"需求侧"相对应。需求侧有投资、消费、出口"三驾马车"，"三驾马车"决定短期经济增长率。而供给侧则有劳动力、土地、资本、创新四大要素，四大要素在充分配置条件下所实现的增长率是中长期潜在经济增长率。

实践与应用

一、复习与思考

1. 你认为西方经济学是科学吗？为什么？

2. 举出三个西方经济学宣传资本主义的事例。

3. 举出三个西方经济学对我国有用的地方。

4. 你认为我国应用西方经济学时应考虑哪些特殊国情？

5. 英国著名经济学家罗宾逊夫人说："马克思是在设法了解这个制度（即资本主义制度）以加速它的倾覆。马歇尔设法把它说得可爱，使它能为人们接受。凯恩斯是在力求找出这一制度的毛病所在，以便使它不致毁灭自己。"你是否同意这一说法？为什么？

6. 你是否认为 2008 年这场严重的金融危机是对西方的市场有效理论的挑战？

7. 为什么必须正确理解和处理虚拟经济和实体经济的关系？虚拟经济的过度膨胀可能会带来什么问题？

二、综合案例

新 理 论 影 响 历 史

案例内容：

新供给经济学近几年取得不断发展。2012 年，在中共十八大之前，这一学派向高层提报了《中国需要构建发展以改革为核心的新供给经济学》这篇文章。2013 年 6 月，他们给习总书记、李总理提交了建议稿《以新供给经济学的理论创新促进可持续发展——在改革中加快实现"中国梦"进程的政策建议》。2014 年 12 月，该学派向发改委规划司呈报了《中国"十三五"及中长期经济发展新动力研究》和《中国与世界主要经济体发展对比启示及政策建议》这两份报告。

"十三五"规划建议中强调要"推动大众创业、万众创新，释放新需求，创造新供给，推动新技术、新产业、新业态蓬勃发展，加快实现发展动力转换"。虽然重视"供给侧"的同时，并非意味着忽略"需求侧"，对二者的结构性改革或将双管齐下，相互结合，而不是相互对立，但"新供给"从提出"供给侧"理念到进入决策、执行层面，前后不过三年，有分析惊叹这堪称奇迹，并预料若中国果真实现了"十三五"确立的各项目标，"新供给"一定可以成为有中国特色、中国气派的新发展经济学，并载入史册。中国即将成为全球第一大经济体，中国的智库如果吸取日本教训，要求其经济学家群体始终站在理论前沿，这将是一种体现历史担当的高瞻远瞩。

问题讨论：

1. 何谓供给侧结构性改革？为何要进行供给侧改革？

2. 供给侧改革的逻辑与路径是什么？

理论提示：

1. 新供给经济学

2. 新供给经济学派

附录：历届诺贝尔经济学奖得主及成就（1969～2015年）

1969年　拉格纳·弗里希（Ragnar Frisch）和简·丁伯根（Jan Tinbergen），他们发展了动态模型来分析经济进程。前者是经济计量学的奠基人，后者是经济计量学模式建造者之父。

1970年　保罗·安·萨默尔森（Paul A. Samuelson）发展了数理和动态经济理论，将经济科学提高到新的水平，他的研究涉及经济学的全部领域。

1971年　西蒙·库兹列茨（Simon Kuznets）在研究人口发展趋势及人口结构对经济增长和收入分配关系方面做出了巨大贡献。

1972年　约翰·希克斯（John R. Hicks）和肯尼斯·约瑟夫·阿罗（Kenneth J. Arrow），在一般均衡理论和福利经济学方面做了"开创性的工作"。

1973年　华西里·列昂惕夫（Wassily Leontief）发展了投入产出方法，该方法在许多重要的经济问题中得到运用。

1974年　弗·冯·哈耶克（Friedrich August Von Hayek）和冈纳·缪尔达尔（Gunnar Myrdal），他们深入研究了货币理论和经济波动，并深入分析了经济、社会和制度现象的互相依赖。

1975年　列奥尼德·康托罗维奇（Leonid Vitaliyevich Kantorovich）和佳林·库普曼斯（Tjakking C. Koopmans），前者在1939年创立了享誉全球的线性规划要点，后者将数理统计学成功运用于经济计量学。他们对资源最优分配理论做出了贡献。

1976年　米尔顿·弗里德曼（Milton Friedman）创立了货币主义理论，提出了永久性收入假说，在消费理论、货币历史和理论以及对经济稳定政策的研究方面做出了突出的贡献。

1977年　戈特哈德·贝蒂·俄林（Bertil Ohlin）和詹姆斯·爱德华·米德（James E Meade）对国际贸易理论和国际资本流动作了开创性研究。

1978年　赫伯特·亚·西蒙（Herbert A. Simon）对于经济组织内的决策程序进行了研究，这一有关决策程序的基本理论被公认为关于公司企业实际决策的独创见解。

1979年　威廉·阿瑟·刘易斯（Arthur Lewis）和西奥多·舒尔茨（Theodre W. Schultz）在经济发展方面做出了开创性研究，深入研究了发展中国家在发展经济中应特别考虑的问题。

1980年　劳伦斯·罗·克莱因（Lawrence R. Klein）以经济学说为基础，根据现实经济中实有数据所作的经验性估计，建立起经济体制的数学模型。

1981年　詹姆士·托宾（James Tobin）阐述和发展了凯恩斯的系列理论及财政与货

币政策的宏观模型。在金融市场及相关的支出决定、就业、产品和价格等方面的分析做出了重要贡献。

1982 年 乔治·斯蒂格勒（George J. Stigler）在市场运行的方式、产业结构和组织、经济立法和管制的作用与影响方面，做出了创造性重大贡献。

1983 年 罗拉尔·德布鲁（Gerard Debreu）"1950 年代末发表的《价值理论》，由于其普遍的适用性和优美的分析方法，已经成为经典。"他概括了帕累托最优理论，创立了相关商品的经济与社会均衡的存在定理。

1984 年 理查德·约翰·斯通（Richard Stone）国民经济统计之父，在国民账户体系的发展中做出了奠基性贡献，极大地改进了经济实践分析的基础。他所提出的国民收入核算体系（SNA）已经成为为举世公认的国民核算标准化体系，为联合国和世界绝大多数国家所采用。

1985 年 弗兰科·莫迪利安尼（Franco Modiglani）第一个提出储蓄的生命周期假设。这一假设在研究家庭和企业储蓄中得到了广泛应用。

1986 年 詹姆斯·布坎南（James M. Buchanan, JR）创立了"公共选择理论"，将微观经济学分析市场运行的基本工具运用于政治决策的分析，使经济分析扩大和应用到社会—政治法规的选择。

1987 年 罗伯特·索洛（Robert M. Solow）对经济学的最大贡献在经济增长理论方面，他提出长期的经济增长主要依靠技术进步，而不是依靠资本和劳动力的投入，他创立的新古典增长理论，不仅对增长理论而且对整个经济学的发展产生了重要影响。

1988 年 莫里斯·阿莱斯（Maurice Allais）在市场理论及资源有效利用方面做出了开创性贡献。对一般均衡理论重新做了系统阐述。

1989 年 特里夫·哈维默（Trygve Haavelmo）建立了现代经济计量学的基础性指导原则。

1990 年 默顿·米勒（Merton M. Miller）、哈里·马科维茨（Harry M. Markowitz）和威廉·夏普（William F. Shaepe），他们在金融经济学方面做出了开创性工作。

1991 年 罗纳德·科斯（Ronald H. Coase）获奖的理由在于他的两篇论文，一篇是 20 世纪 30 年代发表的《企业的性质》，另一篇是在相隔 20 多年之后的 60 年代发表的《社会成本问题》。在这两篇论文里，他"发现并澄清了交易成本和产权对制度结构和机制的重要性，"从而"对理解社会经济的运行做出了突破性的贡献。"

1992 年 加里·贝克尔（Gary S. Becker）的贡献是"将微观经济分析扩大到对非市场领域人类行为的分析"，特别是"扩大到其他社会科学如社会学、人类学和犯罪研究的人类行为方面。"

1993 年 道格拉斯·诺斯（Douglass C. North）和罗伯特·福格尔（Robert W. Fogel），前者建立了包括产权理论、国家理论和意识形态理论在内的"制度变迁理论"。后者用经济史的新理论及数理工具重新诠释了过去的经济发展过程。

1994 年 约翰·纳什（John F. Nash）、约翰·海萨尼（John C. Harsanyi）和莱因哈德·泽尔腾（Reinhard Selten），这三位数学家在非合作博弈的均衡分析理论方面做出了开创性的贡献，对博弈论和经济学产生了重大影响。

1995 年 罗伯特·卢卡斯（Robert Lucas）充分发展和应用了理性预期假说，并由此改变了宏观经济分析，深化了人们对经济政策的理解，并对经济周期理论提出了独到的见解。

1996 年　詹姆斯·莫里斯（James A. Mirrlees）和威廉·维克瑞（William Vickrey），前者在信息经济学理论领域做出了重大贡献，尤其是不对称信息条件下的经济激励理论。后者在信息经济学、激励理论、博弈论等方面都做出了重大贡献。

1997 年　罗伯特·默顿（Robert C. Merton）和迈伦·斯科尔斯（Myron S. Scholes），前者对布莱克—斯科尔斯公式所依赖的假设条件做了进一步减弱，在许多方面对其做了推广；后者给出了著名的布莱克—斯科尔斯期权定价公式，该法则已成为金融机构涉及金融新产品的思想方法。

1998 年　阿马蒂亚·森（Amartya Sen）对福利经济学几个重大问题做出了贡献，包括社会选择理论、对福利和贫穷标准的定义、对匮乏的研究等。

1999 年　罗伯特·蒙代尔（Robert A. Mundell）对不同汇率体制下的货币与财政政策的分析以及对最佳货币区域的分析使他获得这一殊荣。

2000 年　詹姆斯·赫克曼（James J. Heckman）和丹尼尔·麦克法登（Daniel L. Mcfadden）在微观计量经济学领域的贡献。詹姆斯－赫克曼对分析选择性抽样的原理和方法所做出的发展和贡献，丹尼尔·麦克法登对分析离散选择的原理和方法所做出的发展和贡献。

2001 年　乔治·阿克洛夫（G. Akerlof）、迈克尔·斯彭思（M. Spence）和约瑟夫·斯蒂格利茨（J. Stigliz）奖励他们在"对充满不对称信息市场进行分析"领域做出了重要贡献。

2002 年　丹尼尔·卡尼曼（Daniel Kahneman）和弗农·史密斯（Vernon L. Smith），前者因为他"将源于心理学的综合洞察力应用于经济学的研究，尤其是在不确定情况下的人为判断和决策方面作出了突出贡献"；后者因为他"为实验经济学奠定了基础，他发展了一整套实验研究方法，并设定了经济学研究实验的可靠标准"。

2003 年　罗伯特·恩格尔（Robert F. Engle）和克莱夫·格兰杰（Briton Clive WJ Granger）发明了处理许多经济时间序列两个关键特性的统计方法：时间变化的变更率和非平稳性。

2004 年　挪威经济学家芬恩·基德兰德（Finn E. Kydland）和美国经济学家爱德华·普雷斯科特（Edward C. Prescott），获奖理由：在动态宏观经济学方面做出了巨大贡献。他们的研究工作解释了经济政策和技术的变化是如何驱动商业循环的。

2005 年　以色列经济学家罗伯特·奥曼（Robert J. Aumann）和美国经济学家托马斯·谢林（Thomas C. Schelling），因"通过博弈论分析加强了我们对冲突和合作的理解"所作出的贡献而获奖。

2006 年　美国经济学家埃德蒙·费尔普斯（Edmund S. Phelps）对宏观经济政策中跨期权衡分析所作的研究，加深人们对于通货膨胀和失业预期关系的理解方面做出了贡献。

2007 年　美国经济学家莱昂尼德·赫维奇（Leonid Hurwicz）、埃里克·马斯金（Eric S. Maskin）和罗杰·迈尔森（Roger B. Myerson）。他们在创立和发展"机制设计理论"方面做出了贡献。"机制设计理论"最早由赫维奇提出，马斯金和迈尔森则进一步发展了这一理论。这一理论有助于经济学家、各国政府和企业识别在哪些情况下市场机制有效，哪些情况下市场机制无效。

2008 年　美国经济学家保罗·克鲁格曼（Paul R. Krugman）。克鲁格曼整合了此前经济学界在国际贸易和地理经济学方面的研究，在自由贸易、全球化以及推动世界范围内城市化进程的动因方面形成了一套理论。他的新理论能够帮助解释自由贸易和全球化对世界经济产生什么样的影响以及世界范围内城市化进程的驱动力等一系列重要问题。

2009 年　美国经济学家埃莉诺·奥斯特罗姆（Elinor·Ostrom）和奥利弗·威廉森（Oliver·Williamson），奥斯特罗姆因为"在经济管理方面的分析、特别是对公共资源管理的分析"获奖，威廉森则因为"在经济管理方面的分析、特别是对公司边界问题的分析"获奖。

2010 年　美国经济学家彼得·戴蒙德（Peter A. Diamond）、戴尔·莫特森（Dale T. Mortensen），英裔、塞浦路斯籍经济学家克里斯托弗·皮萨里德斯（Christopher A. Pissarides），这三名经济学家凭借对经济政策如何影响失业率理论的进一步分析，摘得 2010 年诺贝尔经济学奖桂冠。三人的理论可以解释许多经济现象，包括：为何在存在很多职位空缺的时候，仍有众多人失业。三人建立的经济模型还有助于人们理解规章制度和经济政策如何影响失业率、职位空缺和工资。

2011 年　美国经济学家托马斯·萨金特（Thomas J. Sargent）与克里斯托弗·西姆斯（Christopher A. Sims）在"宏观经济因果关系的实证研究"方面作出了突出的贡献。自 20 世纪 70 年代初以来，萨金特一直是理性预期学派的领袖人物，为新古典宏观经济学体系的建立和发展作出了杰出贡献，对宏观经济模型中预期的作用、动态经济理论与时间序列分析的关系等方面作出了开创性的工作。克里斯托弗·西姆斯创立了名为向量自回归的方法来分析经济如何受到经济政策的临时性改变和其他因素的影响。西姆斯及其他研究者使用这一方法来研究诸如央行加息对经济的影响等诸多重要问题。

2012 年　瑞典皇家科学院已决定将该年度瑞典央行纪念诺贝尔奖授予哈佛大学教授埃尔文·罗斯（Alvin E. Roth）及加州大学罗伊德·沙普利（Lloyd S. Shapley）。他们得奖的理由是"以鼓励他们在稳定配置理论及市场设计实践上所作出的贡献"。2012 年的诺贝尔经济学奖关注了一个经济学的中心问题：如何尽可能恰当地匹配不同的市场主体。尽管两位研究者的研究是各自独立完成的，但沙普利的基础理论与罗斯的经验性调查一经结合，各类实验和实际设计已经产生出了一个繁荣的研究领域，改善了许多市场的表现。

2013 年　美国经济学家尤金·法马、拉尔斯·皮特·汉森和罗伯特·J·席勒获诺贝尔经济学奖，以表彰他们对"资产价格的经验主义分析"作出的贡献。这三名经济学家将分享 800 万瑞典克朗（120 万美元）的奖金。诺贝尔经济学奖评选委员会表示，"可预期性"是今年获奖成就的核心。法马、汉森和席勒的研究成果奠定了人们目前对资产价格理解的基础，资产价格一方面依赖波动风险和风险态度，另一方面也与行为偏差和市场摩擦相关。

2014 年　法国经济学家让·梯若尔（Jean Tirole）教授获奖。让·梯若尔是世界著名的经济学大师，现担任法国图卢兹大学产业经济研究所科研所长。他的主要研究和教学领域：公司财务、国际金融、企业理论、规制与激励、博弈论、宏观经济学。他的成就在于阐明了如何理解和监管由数家公司巨头主导的行业。

2015 年　安格斯·迪顿（Angus Deaton）教授获奖。他持英美双国籍，曾在剑桥大学赢得学士、硕士和博士学位。目前他是伍德罗·威尔逊学院德怀特·D·艾森豪威尔国际事务教授和普林斯顿大学经济系经济学和国际事务教授。安格斯·迪顿最主要的学术贡献在于提供了定量测量家庭福利水平的工具，以此来更准确地定义和测量贫困，对更加有效地制定反贫困政策有着重要意义。

参 考 文 献

[1] 卫志民：《宏观经济学》，高等教育出版社 2011 年版。

[2] 高鸿业：《西方经济学（宏观部分）》（第 5 版），中国人民大学出版社 2011 年版。

[3] 刘平：《宏观经济学》，机械工业出版社 2013 年版。

[4] 曼昆：《经济学原理：宏观经济学分册》（第 6 版），北京大学出版社 2012 年版。

[5] 高鸿业：《宏观经济学原理》，中国人民大学出版社 2012 年版。

[6] 张顺：《宏观经济学习题集》，中国人民大学出版社 2015 年版。

[7] 张远超：《宏观经济学》（第 4 版），经济科学出版社 2014 年版。

[8] 吴信如：《宏观经济学》，立信会计出版社 2013 年版。

[9] 石丹林：《宏观经济学》，清华大学出版社 2012 年版。

[10] 尹伯成：《西方经济学简明教程》（第五版），上海人民出版社 2006 年版。

[11] 梁小民：《西方经济学教程》（修订版），中国统计出版社 2001 年版。

[12] 多恩布什、费希尔、斯塔兹：《宏观经济学》（第七版），中国人民大学出版社 2007 年版。

[13] 萨缪尔森、诺德豪斯：《宏观经济学》（第 19 版），人民邮电出版社 2012 年版。

[14] 布兰查德：《宏观经济学》（第 5 版），清华大学出版社 2013 年版。

[15] 斯蒂芬·D·威廉森：《宏观经济学》（第五版），中国人民大学出版社 2015 年版。

[16] 吴汉洪：《西方经济学习题与解答》，高等教育出版社 2012 年版。

[17] 文建东：《西方经济学精要与案例解析》，高等教育出版社 2013 年版。

[18] 张苏：《宏观经济学》，清华大学出版社 2014 年版。

[19] 克鲁格曼：《宏观经济学》（第二版），中国人民大学出版社 2012 年版。

[20] 考夫曼：《宏观经济学学生指导和练习册》，中国人民大学出版社 2012 年版。